品质课程聚焦丛书

王雪梅　杨四耕　主编

# 学科育人的
# 整体课程范式

孙传华◎主编

全国教育科学"十三五"规划课题

"区域推进中小学品质课程建设的实践研究"

（课题编号 FHB180571）之研究成果

华东师范大学出版社

·上海·

**图书在版编目（CIP）数据**

学科育人的整体课程范式/孙传华主编 . —上海：
华东师范大学出版社，2021
（品质课程聚焦丛书）
ISBN 978－7－5760－2290－2

Ⅰ.①学… Ⅱ.①孙… Ⅲ.①小学教育－教育研究
Ⅳ.①G622.0

中国版本图书馆 CIP 数据核字（2021）第 237949 号

品质课程聚焦丛书

# 学科育人的整体课程范式

丛书主编　王雪梅　杨四耕
主　　编　孙传华
责任编辑　刘　佳
项目编辑　林青荻
特约审读　王莲华
责任校对　张丽洲　时东明
装帧设计　卢晓红

出版发行　华东师范大学出版社
社　　址　上海市中山北路 3663 号　邮编 200062
网　　址　www.ecnupress.com.cn
电　　话　021－60821666　行政传真 021－62572105
客服电话　021－62865537　门市（邮购）电话 021－62869887
地　　址　上海市中山北路 3663 号华东师范大学校内先锋路口
网　　店　http://hdsdcbs.tmall.com

印 刷 者　浙江临安曙光印务有限公司
开　　本　787×1092　16 开
印　　张　14.75
字　　数　170 千字
版　　次　2021 年 12 月第 1 版
印　　次　2021 年 12 月第 1 次
书　　号　ISBN 978－7－5760－2290－2
定　　价　46.00 元

出 版 人　王　焰

（如发现本版图书有印订质量问题，请寄回本社客服中心调换或电话 021－62865537 联系）

# 丛书编委会

**主　编**

　　王雪梅　杨四耕

**编　委**

　　孙　波　李德山　崔春华　裴文云　李　红　廖纯连　苏家云
　　刘文芬　王慧珍　牛旌丽　柴　敏　吴长生　裴章云　刘　兵

# 本书编委会

**主　编**

　　孙传华

**副主编**

　　陈　平　钟　鸣　郑鹏鸣　贾君琳

**编写人员**

　　钟　鸣　凌　翔　沈　亮　张　婧　张玉倩　沈　晖　孙传华
　　陈　艳　王　娟　王相怡　贾　锐　李梦然　葛玉婷　梁景怡
　　何　娟　郑鹏鸣　邢素丽　戴　艳　窦　娜　陆东红　徐梦晓
　　苏璐璐　张　薇　王亚屏　姚　艳　陈盼盼　牛利艳　刘　敏
　　常开彬　水海龙　祝仕强　李红林　吕　伟　史晶秀　夏　惠
　　钱　晶

# 丛书总序

自 2015 年以来，我们在合肥市蜀山区推进"品质课程"项目，致力于学校课程文化变革，改变区域课程改革生态。这些年，我们深刻地感受到，课程是一种文化存在，文化是课程的存在方式和存在本身。

怀特海指出，过程是世界万物固有的本性。① 在他看来，"事件"和"事物"不同：事件是唯一的，是不可重复的；而事物则是自然之物，是永恒的。② 据此，我们认为，课程文化不仅仅是事物的集合，更是事件的生成。我们可将课程文化理解为事件之展开而非仅仅是事物之集合，由此所展现的将是课程文化要素、课程文化形态、课程文化主体共同构成的一幅立体兼容的文化图景。

从"事物"角度看，课程文化是课程形态和课程实践蕴含的价值、信仰、规范以及语言等文化要素的合生体，这些文化要素构成了课程文化的基质。因此，课程文化是一种信仰、一种语言、一种规范、一种眼光、一种思维方式、一种处理问题的方式，它们具体表现为课程精神文化、行为文化、制度文化以及物质文化。课程文化要素的相互摄入以及微观生成，构成学校课程文化变革的内在过程。在怀特海看来，把具体要素据为己有的每一过程叫作摄入。③ "摄入"理论从微观层面说明了现实存在自我生成的内在机制。

课程精神文化、行为文化、制度文化以及物质文化诸要素相互摄入进而存在于另一存在之中，成为相互依存的合生体。在这个合生体中，课程精神文化是最核心的、最深层的、根部性的文化要素，是课程物质文化、制度文化与行为文化的价值凝练和理念引领。课程制度文化是具有中介性质的文化，它联结课程物质文化和行为文化，既是课程物质文化的制度保证，又是

① 怀特海. 过程与实在：宇宙论研究（修订版）［M］. 杨富斌，译. 北京：中国人民大学出版社，2013.
② 陈奎德. 怀特海哲学演化概论［M］. 上海：上海人民出版社，1988.
③ 杨富斌，等. 怀特海过程哲学研究［M］. 北京：中国人民大学出版社，2018.

课程行为文化的规约机制。课程行为文化是课程文化的表现，既受课程精神文化的直接影响，又受课程制度文化的现实规范。课程物质文化处在表层，是课程精神文化、课程行为文化和制度文化的空间和载体。如此，课程文化诸要素相互摄入、相互作用，共同构成课程文化的深层结构。

课程文化变革过程包含"物质性摄入"与"概念性摄入"，① 这两种摄入是多维关联的重构过程，其中微观生成是生动活泼而丰富多彩的。一般地说，学校课程文化诸要素之间的相互摄入，其中课程精神文化居于核心地位，它体现于其他各要素之中。课程文化变革可以从课程文化的部分要素开始，以点带面，但要实现课程文化彻底转向，或要真正提升学校课程品质，就必须整体协调课程文化之各要素，就要以"文化的眼光"或"思维方式"进行这种摄入行动的思考和判断。

以上是课程文化的"事物观"及其变革机理。在这里，我想再说一个观点，那就是：课程文化不是简单的要素组合，而是一个展开的事件。正如巴迪欧在《存在与事件》一书中所言：真理只有通过与支撑它的秩序决裂才得以建构，它绝非那个秩序的结果；我把这种开启真理的决裂称为"事件"；真正的哲学不是始于结构的事实（文化的、语言的、制度的等），而是仅始于发生的事件，始于仍然处于完全不可预料的突现的形式中的事件。② 从"事件"角度看，课程文化是一个不可能重复出现的生成过程，处于不断运动变化之中。作为"事件"的课程文化之真理即是在完整的课程实践中成就人、发展人和完善人。

课程文化是学校里公开的或隐蔽的信念、行为、习惯和价值观等要素相互"包含""进入""创造""构成"的"合生"事件，它融合了课程的物质和精神两个层面的意涵，它不仅包含课程意识、课程理念、课程价值等内隐的精神文化形态，而且包含学校课程实践过程中所创造的课程物质、课程制度以及课程行为等外显的文化形态，是诸要素相互参与和多维互动的创造过程，是"事件"生成与发生的过程——因为"文化的每一个方面都是一个能

---

① 怀特海认为，对现实存在的摄入——其材料包含着现实存在的摄入——叫作"物质性摄入"；对永恒客体的摄入叫作"概念性摄入"。参阅：杨富斌，等. 怀特海过程哲学研究［M］. 北京：中国人民大学出版社，2018.

② Alain Badiou. Being and Event［M］. London：Continuum International Publishing Group，2006.

够改变文化的创造源，都是非常主动的创造性力量"①。

一种文化首先意味着一种眼光，眼光不同，对所有事情的理解就不同。② 课程文化是我们做事的眼光、处事方式和思维习惯，是生长着的"事件"，是我们理解课程实践、推进课程变革的眼光。当然，课程文化虽然是一个"事件"，但在本体论意义上，课程文化仍然是一种不易感知的实在。人类学家指出，人们一般意识不到他们身边的文化，因为此类文化表现为平常的生活，表现为看上去正常和自然的东西。文化以无意识的状态或者说未被检查的状态悄悄地让我们做出选择、进入生活。③

但是，这并不妨碍我们认识课程文化，我们仍然可以用智慧感知课程文化的存在，我们仍然可以用眼睛捕捉课程物质文化、制度文化、行为文化和精神文化。课程物质文化是以物质形态存在的设施和空间，这是课程文化赖以存在的物质基础与场域条件；课程制度文化是学校制定的规约课程实践的活动程序和价值规范，是学校课程变革过程中形成的价值体系和活动规则；课程行为文化是行为主体在长期的课程实践过程中形成的处理课程事务的一以贯之的行为方式，这种行为方式具有长期稳定性、潜意识性和无需提醒等特点；课程精神文化是学校课程文化的核心，是主导学校课程实践的理念和精神，通常会借助富有哲理的语言加以概括。这些课程文化要素，我们可以"看见"它们的合生性存在，也可以"分辨"它们的原子性存在。

我们的结论是：课程与文化有着天然的血肉联系，凡是课程变革一定是文化变革，没有文化内核的课程变革很难取得成功；文化变革需要课程建设支撑，没有课程支撑的文化变革是不可思议的。怀特海指出，现实存在就是合生，每一个现实存在都不是只有一种元素的简单的存在，不是原子论意义上的存在，而是由诸多要素构成的合生或有机体。④ 在学校课程变革过程中，课程与文化二者"合生"即生成课程文化。课程与文化的"合生"设计，是学校课程文化变革的重要方法。

在具体操作上，推进学校课程文化变革有两条道路可供选择。第一条道

---

① ② 赵汀阳. 赵汀阳自选集［M］. 桂林：广西师范大学出版社，2000.
③ 约瑟夫，等. 课程文化［M］. 余强，译. 杭州：浙江教育出版社，2008.
④ 怀特海. 过程与实在：宇宙论研究（修订版）［M］. 杨富斌，译. 北京：中国人民大学出版社，2013.

路是自上而下的演绎道路，实现从文化概念到课程设计的"合生"。首先确定学校课程哲学，包括学校课程理念、课程愿景、育人目标和课程目标。其次，厘定学校育人目标和课程目标。再次，梳理学校课程框架，设计学校课程内容。复次，活跃学校课程实施，使课程功能最大化。最后，把握学校课程评价和管理。如此，课程文化建设是从文化概念建构开始的，由此展开学校课程整体规划，实现从文化概念到课程设计的"合生"。

第二条道路是自下而上的归纳道路，实现从课程实践到文化逻辑的"合生"。学校课程文化建设实际上也是学校文化决策过程，每一所学校都有自己的文化背景，包括周边的文化资源、历史传统、现实经验，这是学校课程文化变革的客观基础，也是学校课程哲学生长的土壤，"土质"的不同导致学校课程哲学追求的不同。在分析学校课程情境的基础上，对学生的需求进行调查，了解现有课程的实施情况，发现学校课程中存在的问题；根据学校课程情境分析和学生需求调查，形成学校课程哲学，明确学校的育人目标和课程目标；基于课程价值需求分析，建构学校课程框架与体系；布局学校课程实施的多维途径和多种方式，确保课程实施的有序与有效；制定一套课程管理制度，保障课程变革顺利推进；制定一套评估方法，对课程品质进行评估。这是由课程实践到文化逻辑的"合生"过程。

合肥市蜀山区"品质课程"项目实践表明，学校课程文化变革可以是演绎式，也可以是归纳式。演绎式可理解为"概念先行——实践验证"方式；归纳式可理解为"实践探索——归纳提升"方式。课程是具有情境性和价值负载的文本，学校课程文化变革宜采取"理论、研究与实践互动"的方式。这种方式不完全依赖于概念或理论，也不脱离学校实际情境。在学校课程实践中，以学校课程情境为基础，以课程的实际问题为切入点，以理论为指导，以概念为圆心，边研究边行动，在实践中总结提炼，又在实践中加以验证与改造，在理论与实践的互动互补、碰撞对话中生成学校独有的课程文化框架。

马克思说："全部社会生活在本质上是实践的。凡是把理论引向神秘主义的神秘东西，都能在人的实践中以及对这个实践的理解中得到合理的解决。"① 合肥市蜀山区"品质课程"项目探索告诉我们：实践是课程文化价值实现的根本途径，是推进学校课程文化变革的关键力量。学校课程文化变革必须为行动提供充分的理据，从而使得行动趋于合理化，增强学校文化变革的认同感和一致性。在某种意义上，这也是一种文化自觉。

杨四耕

2021 年 2 月 5 日于上海市教育科学研究院

---

① 马克思恩格斯选集（第 1 卷）［M］．中央编译局，译．北京：人民出版社，1995.

**目录**

在情智共生的课堂中，在浸润书香的节日中，在个性舒展的社团中，在创意非凡的行走中，在斗志昂扬的赛事中……我们引领儿童在优美的语言文字间穿行，为儿童提供最醇正的语文滋养。让儿童在学习运用语言文字过程中，感受美好、创造美好、成为美好，为儿童打下醇美的人生底色，这便是语文的使命。

数学的奥秘世界，每一个数字会说话，每一幅图形会舞蹈，每一组数据会歌唱，每一次实践出新知……醇慧数学，让孩子在自探、自研、练习、合作的空间中，

碰撞思维火花，拥有智慧能力，用数学眼光观看世界，
用数学语言表达世界，在善认知、赋能力和助发展的学
习中拥抱美好时光！

## 第三章　Fun 英语：让儿童在趣味英语世界里自由生长　　— 85

在丰富多彩的趣味课程中畅快遨游，在意趣盎然的
社团嘉年华中绽放精彩，在五彩缤纷的 Fun Club 中飞扬
个性，在异彩纷呈的 Fun Corner 中展现自我，在灵活多
样的云端学习中徜徉漫步……Fun 英语为孩子们提供了一
个风采展示和成长历练的舞台，让儿童在快乐真实的体
验中习得语言知识，在趣味的英语世界中拓宽视野、意
趣共生、自由生长。

## 第四章　灵动音乐：让音乐文化滋养儿童美好心灵　　— 115

音乐是流淌的旋律，旋转的舞步，飞扬的歌声，智
慧的启示，愉快的合作，更是情感的表达。我们引导儿

童在灵动的空间中载歌载舞，在灵韵的课堂中绽放精彩，在多彩的活动中展示自我……用跳动的音符谱写生活的乐趣，用丰富的情感润泽醇香童年。

**第五章　醇真美术：让孩子拥有纯真醇美的童年**　　　—— **145**

童年时光是一幅多彩的画卷。在色彩和线条的交汇中，在互动和探索的体验里，在人文与天性的碰撞间，遇见、陶冶、生成。让儿童于纯良的天性中发现美，以纯真的眼眸欣赏美，用灵巧的双手创造美，缤纷、愉悦、丰盈每一个儿童的内心。

**第六章　阳光体育：让儿童在阳光中茁壮成长**　　　—— **171**

我们惊叹阳光运动的力量之美，我们钦佩阳光体育的活力与韧劲，我们享受阳光健康的趣味与活动，我们探索阳光心理的奥秘与宝藏。我们引领儿童在阳光运动中，强身健体，迸发力量，我们带领儿童在阳光心理活动中，汲取幸福的味道，向阳而生，逐光前行！

## 第七章　求真科学：让儿童探索真实的世界　　　—— 191

科学之美，美在探索。宇宙之浩瀚深邃、自然现象之庞杂微妙，科学就在我们触手可及的地方：它藏在喝可乐的打嗝声中，它是迎着风的方向而翩翩起舞的风筝，它是树上落下的苹果，它是向日葵向着太阳……它驻足在每一次带着问题的求真与探究之中，去揭开科学神秘的面纱。科学是艺术的，格物致知，科学之路，求美求真，求证求智，意味无穷！

# 导论　立德树人的学科课程建设

　　课程与教育实践活动相伴共生，是人类社会教育活动的两种重要形式。一直以来人们从不同侧面与角度诠释着对于课程的不同认识和理解，其中，兴起于 20 世纪 80 年代末的整体课程思想，对课程理论与范式产生了重要影响。整体课程思想理论主张，通过谋求课程的统整，建构整体的教学、践行整体的语言、塑造整体的教师等措施，来促进整体儿童的成长。在此背景下，人们开始用整体思维来思考课程改革，随着理论与实践的发展，整体课程范式逐渐成为面向 21 世纪的课程愿景。

## 一、学科育人的整体课程范式的探索背景

　　党的十八大报告进一步强调"把立德树人作为教育的根本任务"。在教育教学过程中，要以习近平总书记关于"立德树人"的重要论述为根本，落实立德树人教育根本任务，发展中国特色社会主义教育事业。为什么要坚持立德树人的教育导向？"坚持把立德树人作为教育的根本任务，在根本上明确回答了新时代中国特色社会主义教育要做什么的问题。"[①] 新时代"立德树人"具有丰富的内涵，简而要之，"立德树人"就是要立社会主义之德，树社会主义事业的建设者和接班人。从教育规律来说，立德树人既是个体健康成长的内在要求，是个人全面发展的重要路径，也是中国特色社会主义事业不断推进的现实要求。

　　在具体工作中，立德树人已经成为整体课程范式的出发点和落脚点。2014 年《教育部关于全面深化课程改革落实立德树人根本任务的意见》特别强调："统筹各学科，特别是德育、语文、历史、体育、艺术等学科，充分发

---

① 靳玉乐，张铭凯．新时代中国特色社会主义教育思想体系的核心理念〔J〕．西南大学学报（社会科学版），2020，（1）：5—10.

挥人文学科的独特育人优势，进一步提升数学、科学、技术等课程的育人价值。"自此，以学科育人为切入点推动整体教育发展，已经成为学科教学改革的主要方向。随着基础教育课程与教学改革进入深水区，如何通过学科教学落实"立德树人"根本任务，习近平总书记以"培养什么人、怎样培养人、为谁培养人"三问为始点，提出了有关教育真谛的时代命题。在 2018 年全国教育大会上，习近平总书记再次强调，要把立德树人融入并贯穿于各级各类教育的各环节、各领域，构建基础教育、职业教育、高等教育全覆盖，思想政治教育、知识文化教育、社会实践教育全包括的育人体系，学科、课程、教学、教材、管理、评价等工作都要围绕立德树人工作有序开展。

从这一点来说，教育不只是简单的知识传授，更是一项塑造灵魂的事业。立德树人兼顾知识传授与灵魂塑造，是对教育根本问题的科学应答，也是习近平总书记有关教育重要论述的核心理念，给教育活动提供了基本遵循。

立德树人的教育思想为课程范式改革提供了时代背景。与传统的学科课程范式、经验课程范式相比，近些年强调的整体课程范式则和立德树人的内在要求是相统一的。整体课程范式抛弃了传统的二元论、二分法，强调世界是有机统一的整体，育人要实现培育"整体的人"。从儿童教育来说，整体课程范式强调重视儿童的整体性，要综合考虑儿童的智力、情绪或情感、体质，以及儿童的交际、审美、灵性等方面。当前，整体课程思想已经渗透于我国课程改革的方方面面，反映在课程领域即通过各种课程整合，实现培养具有自主独立学习能力的个体，这无疑是整体课程范式在具体语境中的实践。

## 二、整体课程范式的基本范畴

### （一）整体课程范式的内涵梳理

那么，什么是整体课程呢？整体课程（holistic curriculum）一般是指，以整体的人作为理论的参照点和内在的框架，通过对东方整体观及其课程意义的探讨，确立起后续研究的起点。它以连接、转变与灵性界定自身，逐渐形成了鲜明的理论特色。整体课程的理论突破在于，反对实利主义，转向对课程意义的寻求；反对分离，坚持课程的泛关系性特征；反对机械化，赋予课程创造的品格；反对唯理性，恢复课程的超验品质。

"范式"（Paradigm）是著名历史主义科学哲学家库恩（T. Kuhn）于 20 世纪 60 年代提出的。库恩在《科学革命的结构》一书中提出："范式一方面代表着一个特定共同体的成员所共有的信念、价值、技术等构成的整体。另一方面，范式指谓着那个整体的一种元素，即具体的谜题解答；把它们当作模型和范例，可以取代明确的规则以作为常规科学中其他谜题解答的基础。"[①] 由此可见，作为学术概念的"范式"实际上是一种复杂性思维，其具有两个层面的内涵，一方面，范式既是综合的整体，其中所彰显的有理论、观点、方法、信念；另一方面，范式又是整体的部分，是共有的范例，是对具体问题的解答。实际上，范式具有哲学思辨的意蕴，其既表示整体包含着部分，也表示部分包含着整体，它包含着一种部分与整体之间的全息关系。

随着基础教育课程改革的深入，对"整体课程范式"的内涵也有了不同的看法。从本研究出发，我们更倾向于库恩的范式概念，认为整体课程范式是指一个课程共同体所共同拥有的课程哲学观及相应的具体课程主张的统一。整体课程范式朝向整体课程的转变，意味学校课程要从社会、学习、学校三个层面进行重新转变：从社会层面来说，整体课程范式强调自我实现需求的满足；从学习层面来讲，整体课程范式强调学习应该是围绕目标自己探究的过程；从学校层面而言，使学习者从与他人"交往"中获得"有意义的人生"。

**（二）整体课程的基本特征与编制原则**

1. 整体课程的基本特征

整体课程具有联结、转化、超越等三个方面的特征。其中，"联结"是指将两个或多个元素或概念经过强化建立刺激与反应之间的合理互动；"转化"是指个人在感知和理解相关信息之后而做出的本能和理性认知；"超越"是指人的存在的不断提升，从而不断地超出自身而趋向未来。从基本特征来看，整体课程的关键内容是教师与学生联合创造的教育经验，学生与课程融为一

---

① （美）托马斯·库恩. 科学革命的结构［M］. 金吾伦，胡新和，译. 北京：北京大学出版社，2003.

体、相互渗透，使得人与世界联结，使人生成为可能。

整体课程以"联结、转化和超越"界定自身，强调儿童发展的内在价值，以抚育整体的儿童为目标，强调在教育教学过程中，要走培养"整体的人"的课程之路。整体课程使课程实践重新与理想相联，表达了一种课程理想与美好愿景。

2. 整体课程的编制原则

为谋求课程的统整，创造意义的联结，著名学者约翰·米勒提出了整体课程编制的三原则，即"关联、包容、和谐"。米勒认为，在基础教育过程中，课程的设置必须促进学生的情感、体质、审美、精神、智力的和谐发展，同时要处理好包括个人与小组、内容与过程、知识与想象、理性与知觉、定性与定量评价、技艺与视点、评价与学习以及技术与计划在内的这八项关系。

整体课程体系离不开"关联、包容、和谐"。整体是由每个个体组成的，个体之间通过联系形成整体；每个个体有自身的特质，通过对立统一相互包容；另外，包容与和谐是一种共生关系，没有包容就没有和谐。整体课程囊括了儿童生活的多样领域和维度，使教育变得更加丰富，有助于提供与未知事物的沟通，借助沟通发挥个人的潜能。

## 三、学科育人的整体课程范式的校本构建

合肥市稻香村小学为促进学生的情感、体质、审美、精神、智力的和谐发展，探索一种培养"整体的人"的课程范式，充分发挥各类教学主体的能动性并使其形成合力，把握各个学科育人价值基本内容，探寻学科育人实践路径的稻香村整体课程范式，力求在完成时代赋予教育的立德树人根本任务上呈现具有创新特色的"稻香村课程群方案"。

### （一）稻香村小学的整体学科课程范式脉络

从整体课程理念出发，我们认为，课程的最终价值是化为学生的实际发展，而且，这种发展必须是整体的发展，是在发展的各个环节，提供相应的国家课程、地方课程和校本课程。根据不同孩子的不同需要，进行不同比例的课程供给。稻香村小学创新学校管理机制，以课程改革带动学校发展，实现全学科育人，使学校课程品质向深度迈进。学校构建了七个学科课程群，

具体包括"醇美语文"课程群、"醇慧数学"课程群、"Fun 英语"课程群、"灵动音乐"课程群、"醇真美术"课程群、"阳光体育"课程群、"求真科学"课程群。学校聚焦学科核心素养和育人目标，制定学科课程目标，整合课程体系，优化学科课程的育人功能。

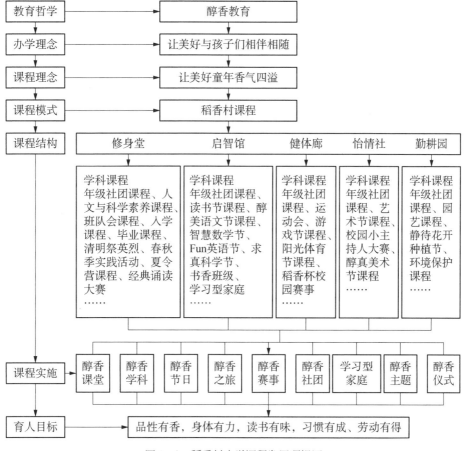

图 0-1　稻香村小学课程发展逻辑图

以上七个课程群涵盖了各学科，既注重儿童的知识或技能的培养，也重视儿童身体的、社会的、道德的、审美的、创造性的发展。各学科课程群看似独立，但与其他学科课程群息息相关，构成了一个整体的课程，向儿童提供了生命世界所渗透的经验，使儿童的学习同社会实际生活联系起来。

全书按章节探索一种培养"整体的人"的课程范式，充分而又深情地表达稻香村课程方案"浓浓书香味和暖暖人文情"的课程理想与课程实践的紧密相连。每一章课程群的编写体例从"四个"维度设计架构，分别是贴近学科本质的"稻香村"学科课程哲学、指向核心素养的"稻香村"学科课程目标、重构富有特色的"稻香村"学科课程框架和聚焦学科变革的"醇香村"学科课程实施。

"与儿童一起感受数学的味道"的"醇慧数学"课程，根据课标和现行教材，数学教师共同体制定了"慧研心算""慧探空间""慧统天下"和"慧究智探"四大教学板块，开发了丰富多彩、层级上升的拓展课程。构建"醇慧小先生自主学习"课堂教学模式，让儿童实现数学知识的自主建构。组建"醇慧部落"、开发"醇慧微课程"、举办"醇慧节日"、乐享"醇慧假期"、创建"醇慧小稻秧文化阁"，让儿童从"稻香统计局""思维港湾社""数学绘本屋""采购节""创拼节"等学习中，学会数学思考，增强数学兴趣，体会数学知识之间、数学与生活及与其他学科的联系，获得适应未来社会生活所需的数学能力，有良好的学习习惯与品格，有创新意识，有实践探究的主动性，从而提升儿童的数学核心素养。

"文字穿行中寻觅语文醇香"的"醇美语文"课程则采取"单元主题统整"教学策略，以主题为线索，重组教学内容，开发主题课程，避免学习内容的零散化。"醇美课堂"饱满、童趣、生动、智慧、深远；"醇美之旅"告诉儿童生活即语文，触摸世界；"醇美社团"让儿童如沐春风，舒展个性；"醇美赛事"让儿童树立理想，展示自我；"醇美节日"，让儿童浸润书香，展示自信。

"让儿童在自由的英语学习中意趣共生"的"FUN英语"课程，引导儿童在"趣·语音""乐·畅言""畅·悦读""享·写作""趣·沙龙"等多样化的英语活动中体验英语学习和生活，构建以生为本的趣味大英语学习方式，实现课程的有效整合，促进学生广泛、多样的发展。

"让灵动音律陪伴美好成长"的"灵动音乐"课程架构"灵涵于美""灵动于行""灵韵流香""灵创于新"模块，让儿童在"我的'music'""稻小好声音""稻香花戏楼""稻小歌剧院""舞动精彩"等学习中，吸纳优秀音乐文化，释放活力，提高儿童审美能力。

"最美的艺术出自最纯真的童心"的"醇真美术"课堂，以美术学科的图像识图、美术表现、审美态度、创新能力、文化理解五个核心素养作为导向；对教材进行统整，以开展主题单元式教学。"醇真美术"课程让儿童在"涂鸦小屋""茧花堂""布艺轩""巧手泥塑馆""美发屋""西窗剪纸"等体验式学习中，展示才华，发现美、欣赏美、探索美、创造美。

"让儿童在阳光中点燃生命的希望"的"阳光体育"课程让学生在"阳光赛事"中奋力拼搏，在"风火轮俱乐部（轮滑）""开心球童（乒乓球）""快乐足球"等学习中舒缓心情、学习体育技能、磨练意志、学会合作。

"自主求真中提升核心素养"的"求真科学"课程本着"实验创新中探索真实世界"的学科课程核心理念，对现象追本溯源，对世界探索求真，构建"求真课堂"、创设"求真节日"、开展"求真之旅"、推行"求真赛事"、组建"求真社团"，激发儿童对生活中的科学现象强烈的好奇心，通过科学实验探究促进儿童求真能力的提升，推动学生逻辑思维能力的发展，从而全面提升科学素养。

这些学科课程群的编排方式，符合学生的身心发展规律，能够强化单元知识的迁移，有效地达成学习目标。稻香村学科课程群为学生提供多元发展的机会，提供可选择的课程与教学方式，力求跟学生个人能力和特质匹配，助力每个学生获得充分的成长与发展。

**（二）稻香村小学整体学科课程范式的核心意涵**

基于"醇香教育"之哲学以及"让美好与孩子们相伴相随"的办学理念，稻香村小学整体课程理念是"让美好童年香气四溢"。课程力求用广阔世界引领孩子们成长，学科育人的价值追求被融入学校课程哲学的阐释之中。开启每一个孩子的生命成长之旅，用浓浓书香润泽童心，用满满美好滋养儿童。

1. 课程即带香味的知识。"稻香村课程"是具身性的感悟体验课程。为了更好地生存，人们必须掌握各种各样的知识。然而，仅仅知道这些知识是没有多少实际意义的，必须将"知识"提升为有宽度、有广度的"见识"。在"稻香村"里，孩子们与"带香味的知识"在一起，潜心思考，用心感悟，获得对完整知识的独特感悟，化"见识"为具有个性特征的"智识"，让孩子们获得满足感和获得感。

2. 课程即广阔的世界。"稻香村课程"是丰富学生学习经历的课程。"学校即微缩的社会"，作为一种特殊的育人环境，学校既应该呈现儿童现在的社会生活，又应该是一种生动活泼的存在，即"缩小到雏型的一种状态"。同时学校课程又不仅仅局限于校园里，要让孩子走出教室小课堂，走进社会大课堂，从校内学习延伸到校外学习。通过体验活动、合作探究等方式，使孩子们在"做中玩，玩中学"，学会服务、学会合作、学会沟通、学会生活。

3. 课程即美好的拥有。"稻香村课程"是引领孩子走向美好，拥有美好回忆的课程。有浓浓的书香味，更有暖暖的人文情是课程愿景最真诚的表达。在美好的校园，孩子们心怀美好的愿望，涵养美好的人格，奠定美好的人生之基础，自信地走向美好的未来。在和谐温馨的环境中，每一位教师也成为具有开阔视野、美好情怀、理性素养的"课程人"。

整体课程理念融入稻香村小学的育人目标，即培养"品性有香、身体有力、读书有味、习惯有成、劳有荣光"的"醇香少年"。将整体课程理念融入课程框架，学校设置修身堂、启智馆、健体廊、怡情社、勤耕园等五大模块课程，进而支撑育人目标的实现。学科课程实施过程中，从"醇香课堂、醇香学科、醇香节日、醇香之旅、醇香社团、醇香赛事、醇香家庭"等多维途径推进课程深度变革，并辅之以恰当的课程评价方式促进课程实施，教育全程凸显"醇香教育"的内涵特征和文化气质。

**（三）学科育人的整体课程系统建构**

整体课程的学科育人功能，指向涵养"整体的儿童"，即培养德、智、体、美、劳全面发展的整体人。稻香村小学的课程五大板块架构，为各学科的育人功能提供了支撑。学校的各学科以儿童学习为中心，以国家课程、地方课程、校本课程的实施为抓手，通过智育、德育、体育、美育、劳育等途径，落实立德树人的根本任务。各学科课程关注儿童的成长规律，注重生命时空的合理分配，同时兼顾其他教育元素，如：生活技能，社会技能，情感、态度和价值观问题等，使"教学"与"育人"从学科思想、学科知识、学科技能、学科活动、学科文化五个方面相互融合，结构学科课程群。

1. 学科思想育人。每个学科有每个学科的思想，不同的学科反映的知识体系、学科特点、思维方式、学习规律是不同的。在实践中我们发现，传统课程重视学科知识的传授，但是忽视了学科思想的传递，这容易导致学生的学科学习陷入庞杂、零散且缺乏整合的知识学习。另一方面，传统课程因为注重训练学生的解题技巧，而忽视了学生的创新能力。在整体课程思想的引领下，教师在更好地把握学科思想的基础上，可以引导学生对学科学习进行思维化和系统化，从而让学科教学更有效，更优质，让学生在学习过程中感受学科的魅力和"慧光"，收获思想，收获成长。

2. 学科知识育人。学科知识能够培育学生的认知和感知，借助学科知识能够让学生从"学会"走向"会学"，在整体课程启示下甚至达到"愿学""乐学"的状态。教师应该通过整体课程理念，启发学生从学科中发现知识所蕴含的"丰富营养"，从而提高他们的能力、悟性和修为。通过多年的摸索和实践，发现整体课程确实更能够激发学生求知的主动性和自觉性，从而实现从内心里生长出对知识的追求与热爱。

3. 学科技能育人。学科技能可以说是"有形"的，是能被学生实实在在感知的存在，通过学科技能的传授，可以激发学生的动力，培养他们的能力，特别是各学科的学习能力。在教育教学中我们发现，学科技能的习得，既要根植于学科的系统知识，还要依赖日常教学中的有效训练。这就对课程教学提出了新的要求，整体课程要能够更好地让学生掌握一技之长或数技之长，能够为不同学生的个性化发展提供必要途径，才能达到当前教育教学的要求。

4. 学科活动育人。学生学科知识的获得不仅来源于课本，很多习惯、技能的习得，还依赖于活动，在做中学、在学中做，更有利于学生获取知识、体悟人生、养成良好品德。从整体课程实施效果来看，整体课程可以为教师提供更好的活动条件，能调动学生参与学科教学活动的主动性，从而让他们在活动中发现自我，完善自我，超越自我。

5. 学科文化育人。文化是魂，是在教育过程中起着潜移默化作用的重要力量。教育，本身就是传承文化，并力求在传承中创新，从而推动人类的发展与进步。学科文化育人要求通过凝练学科的专业文化，从文化的视角构建学科教研组，引领学科教师和学生共同创造基于学科特性、师生特点和学校实际的学科课堂教学文化，从而实现育人的目的。整体课程可以让学科教师通过文化的力量来焕发学生自我约束的自律力、自我反思的成长力和自我成长的生命力。

教育的目的是使人的个性和潜能得到充分、和谐的发展，"稻香村课程"

关注的是儿童的兴趣、体验和经验，关注的是儿童的学习需求。学校的育人目标与课程目标在这里实现了零距离对接，经过不断的课程实践和探索，学校"自上而下"的顶层设计已经比较系统全面，来自教师、学生个体的"自下而上"的实践创新是学校课程实施不竭的动力和灵感的源泉。每个儿童都是一座宝藏，每个孩子都是行走的课程，在一定程度上实现了"浓浓书香味和暖暖人文情"的课程理想与课程实践的紧密相联。

# 第一章

醇美语文：
提供醇正语文滋养

　　在情智共生的课堂中，在浸润书香的节日中，在个性舒展的社团中，在创意非凡的行走中，在斗志昂扬的赛事中……我们引领儿童在优美的语言文字间穿行，为儿童提供最醇正的语文滋养。让儿童在学习运用语言文字过程中，感受美好、创造美好、成为美好，为儿童打下醇美的人生底色，这便是语文的使命。

合肥市稻香村小学教育集团语文学科教研组共有 76 人，其中合肥市骨干教师 11 人，蜀山区骨干教师 8 人，校级骨干教师 3 人。稻香村小学语文教研组秉承"让美好与孩子们相伴相随"的教育哲学，以教研组为单位开展教学研究，扎实进行新进教师听评课活动，长效推进骨干教师联盟活动，积极参与各级各类教育教学活动，精心打磨各级各类比赛课。立足校内，语文教研组以常规成常态，着眼教师的专业成长；放眼校外，语文教研组以合作为桥梁，开阔教师的成长视野。枝干繁茂，语文组的老师们向阳而生，拔节成长；花香满径，语文组的课程开发芬芳弥散，沁人心脾。全体语文教师在深化课堂改革，研究语文教材教法的不断实践中，提炼出了"醇美语文"的学科理念。我们依据教育部《关于深化课程改革，落实立德树人根本任务的意见》《义务教育语文课程标准（2011 年版）》等文件精神，推进我校语文学科课程群建设。

第一节

## 学科课程哲学　在文字
## 穿行中寻觅语文醇香

### 一、学科性质观和价值观

《义务教育语文课程标准（2011 年版）》指出："语文课程是一门学习语言文字运用的综合性、实践性课程，义务教育阶段的语文课程，应使学生初步学会运用祖国语言文字进行交流沟通，吸收古今中外优秀文化，提高思想文化修养，促进自身精神成长。工具性与人文性的统一，是语文课程的基本特点。"①

部编版语文教材主编温儒敏认为，"小学语文核心素养"包括四个方面："语言建构与运用""思维发展与提升""审美鉴赏与创造""文化传承与理解"。基于此，我们认为： 语文课程的核心价值是培养学生综合运用语言文字的能力。语文教育是母语教育，我们尊重儿童的天性，以语文课程为载体渗透与积累核心素养。我们致力于儿童在学习语言文字中习得语言规律，在运用中建构语言运用机制，增进语文素养，学会正确、熟练地运用祖国语言文字；在学习语言的运用中发展形象思维、逻辑思维、辩证思维和创造思维，提升思维的敏捷性、灵活性、批判性和独创性；在学习语言文字运用中形成正确的审美意识、健康向上的审美情趣与鉴赏品味；在学习语言文字运用中继承和弘扬中华优秀文化，理解和借鉴不同的文化，拓宽文化视野，提升文化自信，成为有文化底蕴、有精神涵养的人。

---

① 中华人民共和国教育部．义务教育语文课程标准（2011 年版）［S］．北京：北京师范大学出版社，2012：2.

## 二、学科课程理念

依据《义务教育语文课程标准（2011 年版）》，结合我校的稻香村课程设置，以及语文学科的实际情况，遵循儿童的身心发展规律，我们提出以"醇美语文"为核心的语文学科理念。《说文解字》中，"醇，厚也"，寓意气味、滋味纯正浓厚；"美"与"善"同义，也有甘甜之意。"醇美语文"是具有纯正滋味而又甘甜、真善的语文。"醇美语文"即"循着语文的醇香，感受语文生活的醇美，绽放语文生命的美好"。

——"醇美语文"童趣而生动。在教学内容的选取上，远离枯燥、单调，她是丰富多彩、活泼有趣的；在教学方式上拒绝繁琐、摒弃分析，她是生动、生长，意蕴深远的。在学习空间上，她是开放而灵动的，每个孩子都能找到自己的乐趣，找到属于自己成长的位置，美好绽放。

——"醇美语文"纯真而醇香。给纯真的儿童播下语文生命的种子，提供最醇正、经典的语文滋养，使孩子陶醉其中，在语言的建构中发展、提升思维，打下醇厚的人生底色。

——"醇美语文"甘甜而美好。语文知识是甘甜美好的，语文生活是甘甜美好的，带着孩童在优美的语言文字中穿行，在学习中和生活中感受美，品味美、创造美，让自己的人生观、价值观都变得高尚而美好。

## 第二节

# 学科课程目标　在言语实践中提升语文素养

## 一、学科性质观和价值观

北京师范大学王宁教授认为：语文学科核心素养是学生在积极的语言实践活动中积累与构建起来，并在真实的语言运用情境中表现出来的语言能力及其品质；是学生在语文学习中获得的语言知识与语言能力，思维方法与思维品质，情感、态度与价值观的综合体现。语文学科核心素养主要包括"语言建构与运用""思维发展与提升""审美鉴赏与创造""文化传承与理解"四个方面。基于对《义务教育语文课程标准（2011年版）》中"语文素养"的解读，小学语文学科核心素养可概括为四种能力表现，即阅读理解力、语言表达力、思维发展力、文化感受力。

依据语文学科核心素养，根据《义务教育语文课程标准（2011年版）》的要求，学校语文学科课程的总体目标是：

1. 在语文学习过程中，培养爱国主义、集体主义、社会主义思想道德和健康的审美情趣，发展个性，培养创新精神和合作精神，逐步形成积极的人生态度和正确的世界观、价值观。

2. 认识中华文化的丰厚博大，汲取民族文化智慧。关心当代文化生活，尊重多样文化，吸收人类优秀文化的营养，提高文化品位。

3. 培育热爱祖国语言文字的情感，增强学习语文的自信心，养成良好的语文学习习惯，初步掌握学习语文的基本方法。

4. 在发展语言能力的同时，发展思维能力，学习科学的思想方法，逐步养成实事求是、崇尚真知的科学态度。

5. 能主动进行探究性学习，激发想象力和创造潜能，在实践中学习和运用语文。

6. 学会汉语拼音。能说普通话。认识 3 500 个左右常用汉字。能正确工整地书写汉字，并有一定的速度。

7. 具有独立阅读的能力，学会运用多种阅读方法。有较为丰富的积累和良好的语感，注重情感体验，发展感受和理解的能力。能阅读日常的书报杂志，能初步鉴赏文学作品，丰富自己的精神世界。能借助工具书阅读浅易文言文。背诵优秀诗文 240 篇（段）。九年课外阅读总量应在 400 万字以上。

8. 能具体明确、文从字顺地表达自己的见闻、体验和想法。能根据需要，运用常见的表达方式写作，发展书面语言运用能力。

9. 具有日常口语交际的基本能力，学会倾听、表达与交流，初步学会运用口头语言文明地进行人际沟通和社会交往。

10. 学会使用常用的语文工具书。初步具备搜集和处理信息的能力，积极尝试运用新技术和多种媒体学习语文。①

学校语文学科课程的总体目标设计，是为了推进学生阅读理解力、语言表达力、思维发展力、文化感受力的发展，使全体学生语文学科核心素养得到整体提高。

## 二、学科课程年级目标

依据《义务教育语文课程标准（2011 年版）》的课程目标要求，从"全面提高学生的语文核心素养"这一基本理念出发，结合我校语文学科课程总目标和一至六年级的学情，"醇美语文"课程年级目标将分别从"醇美诵读""醇美识写""醇美阅读""醇美表达""醇美交际""醇美探究"六个内容领域入手，以主题为单元设置了各年级语文课程目标，并根据单元人文主题和语文要素设置了各单元的拓展目标。以下为五年级语文课程目标的设计：

---

① 中华人民共和国教育部. 义务教育语文课程标准（2011 年版）［S］. 北京：北京师范大学出版社，2012：6—7.

表1-1　合肥市稻香村小学"醇美语文"课程稻香五村目标

| 上学期 | 下学期 |
|---|---|
| **第一单元**<br>**人文主题**：万物有灵<br>**语文要素**：<br>1. 初步了解课文借助具体事物抒发感情的方法。<br>2. 写一种事物，表达自己的感情。<br>**基础目标**：<br>1. 认识"鹭、黛、蔓"等24个生字，会写"鹤、浸、嵌"等29个生字，读准"便、待" 2个多音字，会写并理解"精巧、恩惠、吩咐"等26个词语。正确、流利、有感情地朗读课文，背诵《白鹭》和古诗《蝉》。<br>2. 初步了解作者借助不同事物的特点来抒发情感的方法，并抓住体现作者情感的语句作简要品析。<br>3. 根据课文表达方法，仿写自己由一件事物想到的人。<br>4. 学会在集体讨论中尊重不同的见解，梳理总结意见，制定出符合本班实际的班级公约。<br>5. 围绕心爱之物，把事物的样子、来历、特点与喜爱的原因叙述清楚，突出"心爱"主题，表达喜爱之情。<br>**拓展目标**：<br>1. 通过"我手写我心"作文节——习作展评活动，进行全班习作互评和展示，取长补短，完善习作。<br>2. 拓展《醇美经典》校本教材《石榴》一课，让学生进一步了解文章借助具体事物抒发感情的方法。 | **第一单元**<br>**人文主题**：童年往事<br>**语文要素**：<br>1. 体会课文表达的思想感想。<br>2. 把一件事的重点部分写具体。<br>**基础目标**：<br>1. 认识"耘、蚱、簪"等41个生字，会写"昼、割、逛"等18个生字，读准"晃、供、燕" 3个多音字，会写并理解"锄头、水瓢"等10个词语。会借助注释和相关资料了解诗文意思。<br>2. 正确、流利、有感情地朗读课文，背诵三首古诗和《游子吟》，会默写《四时田园杂兴》（其三十一）。<br>3. 初步了解课文抓关键语句和借助具体事物抒发感情的方法，体会课文的思想感情。<br>4. 了解身边大人的童年往事，能根据需要提出不同的问题，认真倾听，边听边记录相关信息，并根据整理的记录有条理地表达出来。<br>5. 能把自己成长过程中印象最深的一件事写清楚，把自己感到长大的"那一刻"写具体，抒发真情实感。<br>**拓展目标**：<br>1. 通过"诗情画意"诗画节活动，给诗歌配画，并发挥想象说出诗句所描绘的情景，进一步感受诗中的童真童趣。<br>2. 拓展《醇美经典》校本教材《冬阳·童年·骆驼队》一课，让学生进一步掌握体会文章表达思想感情的方法。 |
| **第二单元**<br>**人文主题**：阅读有速度<br>**语文要素**：<br>1. 学习提高阅读速度的方法。<br>2. 结合具体事例写出人物的特点。<br>**基础目标**：<br>1. 认识"汛、藕、驼"等30个生字，会写"惰、俯、蔽"等42个生字，读准"间、削、冠"等6个多音字，会写并理解"汛期、胆怯、难以置信"等57个词语。正确、流利、有感情地朗读课文。<br>2. 养成集中注意力阅读的好习惯，学习"不要回读""连词成句地读""抓住关键词句""带着问题读"等阅读方法，提高阅读速度。 | **第二单元**<br>**人文主题**：古典名著<br>**语文要素**：<br>1. 初步学习阅读古典名著的方法。<br>2. 学习写读后感。<br>**基础目标**：<br>1. 认识"忌、幔、猕"等51个生字，会写"督、惩、诡"等26个生字，读准"泊、呵、擂"等5个多音字，会写并理解"调度、神机妙算"等17个词语意思。通读课文，大致了解课文意思。朗读、背诵《鸟鸣涧》。<br>2. 学会讨论，积极发表意见，认真听取并尊重别人的意见，最后通过协商达成一致。 |

第一章　醇美语文∷提供醇正语文滋养

**17**

| 上学期 | 下学期 |
|---|---|
| 3. 提高阅读的"速度意识"，学会用简要的语言概括文章主要内容。<br>4. 在阅读中，能通过印象深刻的画面或者具体的事例，感知人物的精神品质。<br>5. 筛选材料，选取恰当具体的事例，并借助语言、动作、心理、神态等细节描写，描写自己的老师，突出人物特点。<br>**拓展目标：**<br>　　通过"共享阅读"好书推荐节，开展班级好书推荐分享会，学生自由选择推荐书籍，在规定时间内完成对整本书的阅读，掌握提高阅读速度的方法。 | 3. 选择一本书或一篇文章中感触最深的地方，运用所学的写读后感的基本方法，清楚、具体地表达自己读后的感想。<br>**拓展目标：**<br>1. 通过"共享阅读"好书推荐节，并结合"快乐读书吧"中推荐的书籍，开展阅读经验分享会，使学生初步掌握阅读古典名著的方法，了解主要人物的性格特点。<br>2. 通过"积累文学常识，传承经典文化"文学常识竞赛，将阅读方法从课内迁移到课外，提高学生阅读古典名著的兴趣，进一步感受古典名著的独特魅力。<br>3. 拓展《醇美经典》校本教材《鲁智深拳打镇关西》一课，让学生初步掌握阅读古典名著的方法。 |
| **第三单元**<br>**人文主题：**口耳相传的民间故事<br>**语文要素：**<br>1. 了解课文内容，创造性地复述故事。<br>2. 提取主要信息，缩写故事。<br>**基础目标：**<br>1. 认识"酬、嫂、恳"等 24 个生字，读准多音字"落"，会写"娘、誓"等 25 个字，会写并理解"猎物、嫂子"等 32 个词语。能用较快的速度默读课文，理解课文主要内容。<br>2. 以故事中人物的口吻讲故事，并能丰富故事情节，展开想象，配上相应的动作和表情把故事讲具体。<br>3. 学会缩写故事，做到内容完整、情节连贯、语句通顺。<br>4. 在了解民间故事特点的基础上，产生阅读世界各地民间故事的兴趣。在阅读的过程中，体会意思相近的俗语和成语的不同表达效果，感受阅读民间故事的快乐。<br>**拓展目标：**<br>1. 将"快乐读书吧"学习内容与"书海漫步，共享阅读"读书节系列活动相结合，让孩子乐于分享，学会推荐好书，巩固阅读成果。<br>2. 拓展《醇美经典》校本教材《牛郎织女》一课，让学生进一步了解民间故事特点，巩固创造性地复述故事方法。 | **第三单元**<br>**人文主题：**汉字王国<br>**语文要素：**<br>1. 感受汉字的有趣，了解汉字文化。<br>2. 学习搜集资料的基本方法。<br>3. 学写简单的研究性报告。<br>**基础目标：**<br>1. 了解一些关于汉字历史和现状的知识，感受汉字的趣味，产生对汉字的热爱之情。增强对汉字的自豪感，树立规范使用国家通用语言文字的意识。<br>2. 了解搜集资料的基本方法。<br>3. 搜集字谜，通过开展猜字谜活动展示学习成果，激发学生对汉字的兴趣。<br>**拓展目标：**<br>1. 通过"汉字听写大赛"，开展一次趣味汉字交流活动。<br>2. 通过汉字历史、书法鉴赏、推普周活动、规范校园语言文字环境建设等主题活动，引导孩子收集与汉字相关的资料，学会写简单的研究报告。<br>3. 拓展《醇美经典》校本教材《文徵明习字》一课，继续让学生感受汉字的趣味，了解汉字文化。 |

| 上学期 | 下学期 |
|---|---|
| **第四单元** | **第四单元** |
| **人文主题：**家国之殇 | **人文主题：**家国情怀 |
| **语文要素：** | **语文要素：** |
| 1. 结合资料，体会课文表达的思想感情。 | 1. 通过课文中动作、语言、神态的描写，体会人物的内心。 |
| 2. 学习列提纲，分段叙述。 | 2. 尝试运用动作、语言、神态描写，来表现人物内心。 |
| **基础目标：** | **基础目标：** |
| 1. 认识"乃、熏、鳞"等32个生字，读准多音字"哼"，会写"祭、泻、潜"等30个字，会写并理解"毁灭、不可估量"等24个词语。有感情地朗读课文，并背诵《古诗三首》及《少年中国说（节选）》，默写《示儿》。 | 1. 认识"彭、拟、沃"等28个生字，读准"裳、吓"2个多音字，会写"仞、岳"等35个字，会写并理解"拟定、诊所"等29个词语。有感情地朗读课文。背诵三首古诗及《凉州词》《黄鹤楼送孟浩然之广陵》，并默写《从军行》《秋夜将晓出篱门迎凉有感》。 |
| 2. 借助题目、注释和搜集的相关资料，了解诗句及课文的大意，领悟课文表达的特点，体会诗文的思想感情。 | 2. 把握课文的主要内容，通过课文中对人物的动作、语言、神态的描写语句，体会人物的内心。 |
| 3. 学会列习作提纲，大胆想象，在习作中分段叙述，把重点部分写具体。 | 3. 选择某人给自己留下深刻印象的事情，写清楚事情经过。通过人物的语言、动作、神态等多角度描写，把人物当时的表现写具体，反映出他的内心。 |
| 4. 能借助资料理解课文内容、体会情感，掌握有感情朗读的方法，通过有感情地朗读体会课文的情感。 | 4. 了解篇章书写的格式要求，书写时做到标题和作者位置醒目、段落分明。 |
| 5. 学会辨别词语的感情色彩并能恰当运用。了解古诗硬笔书写的两种行款，正确书写。 | |
| 6. 联系所学课文内容，理解与国家兴衰相关的成语，并积累背诵。 | |
| **拓展目标：** | **拓展目标：** |
| 1. 通过"爱经典诗词　做醇香少年"诗词竞赛活动，让学生巩固学习古诗的方法，进一步提升学习古诗的能力，把握古诗文的情感。 | 1. 通过"我的中国心"演讲节，让学生深入感受革命先辈的崇高精神，激发爱国热情。 |
| 2. 拓展《醇美经典》校本教材《岳飞立志》《少年志存高远》两课，通过补充资料，让孩子进一步体会文章表达的爱国情怀。 | 2. 通过"书海拾贝"阅读笔记展评活动，交流通过人物动作、语言、神态的描写，体会人物内心的阅读方法，掌握阅读方法。 |
| | 3. 拓展《醇美经典》校本教材《我不能忘记祖国》一课，使学生通过课文中动作、语言、神态的描写，体会人物的内心。 |
| **第五单元** | **第五单元** |
| **人文主题：**把事物"说明白了" | **人文主题：**大千世界众生相 |
| **语文要素：** | **语文要素：** |
| 1. 阅读简单的说明性文章，了解基本的说明方法。 | 1. 学习描写人物的基本方法。 |
| 2. 搜集资料，用恰当的说明方法，把某一种事物介绍清楚。 | 2. 初步运用描写人物的基本方法，尝试把一个人的特点写具体。 |
| **基础目标：** | **基础目标：** |
| 1. 认识"摄、殖、驯"等12个生字，会写"摄、氏、鼠"等20个生字词，会写并理解"寸草不生、乖巧"等22个词语。 | 1. 认识"墩、搂、绊"等20个生字，会写"跤、搂、仗"等30个生字词，掌握多音字"监"的读音，会写并理解"摔跤、眼疾手快"等28个词语。 |
| 2. 自主默读课文，从文本中获取关键信息，有条理地记录下来。 | 2. 自主阅读，从具体语言文字中感受人物的特点，学会用关键词概括人物的特点。 |

| 上学期 | 下学期 |
|---|---|
| 3. 初步了解举例子、打比方、列数字等说明方法，从具体语句中感受这些说明方法的精妙之处。<br>4. 学会观察与搜集资料，学会分析、整理资料。学会运用常见的说明方法，多角度介绍事物，把事物的特点写清楚。<br>**拓展目标：**<br>　　通过"静待花开"植物成长故事节活动，进一步提升学生对科普说明文的认知水平，进一步提高学生阅读说明文的兴趣，感受说明文对说明事物的作用，并学会用恰当的说明方法，写清楚事物的特点。 | 3. 学会外貌描写、动作描写、语言描写、神态描写等人物描写的方法，从具体语句中感受这些描写方法对表现人物特点的好处。<br>4. 学会观察周边的人和事，积累素材。学会围绕特点去筛选典型事例来表现人物的特点，让笔下的人物性格更鲜明。<br>**拓展目标：**<br>1. 通过"我手写我心"作文节——"人物描写我有招"语文实践活动，让学生巩固对人物描写方法的认知，感受语言文字的魅力，体悟人物描写方法对塑造人物的重要作用。<br>2. 拓展《醇美经典》校本教材《泥人张》一课，继续学习描写人物的基本方法。 |
| **第六单元**<br>**人文主题：**舐犊之情<br>**语文要素：**<br>1. 注意体会作者描写的场景、细节中蕴含的感情。<br>2. 用恰当的语言表达自己的看法和感受。<br>**基础目标：**<br>1. 认识"魄、抑"等 31 个生字，会写"辞、抑"等 26 个生字，掌握多音字"龟"，会写并理解"连续、广播"等 37 个词语。<br>2. 通过默读课文，从具体的细节描写中体会文字蕴含的情感，感受父母和子女之间的爱。<br>3. 初步认识场景描写，懂得场景描写在塑造人物中的作用。<br>4. 初步理解反复手法的作用，并学会运用反复的手法写几句话，增强其表达效果。<br>5. 学会联系日常生活，回忆和父母生活在一起的点点滴滴，感受体会父母之爱，学会用文字描绘"画面"，让读者如临其境、感同身受。<br>**拓展目标：**<br>1. 通过"一封书信寄真情"书信节活动，给父母写一封信来表达对父母的感恩之情，将内心炽烈的情感通过语言文字表达出来，并能分享给父母。<br>2. 拓展《醇美经典》校本教材《秋天的怀念》一课，让学生体会作者描写的场景、细节中蕴含的感情。 | **第六单元**<br>**人文主题：**思维火花<br>**语文要素：**<br>1. 了解人物的思维过程，加深对课文内容的理解。<br>2. 根据情境编故事，把事情发展变化过程写具体。<br>**基础目标：**<br>1. 认识"吾、弗、夫"等 15 个生字，会写"矛、盾、誉"等 26 个生字，会写并理解"常识、风平浪静"等 20 个词语。掌握文言文《自相矛盾》中关键字的意思，弄明白其大意。<br>2. 通过默读课文，从具体的故事的阅读中，依托于故事情节，了解故事中人物的思维过程。加深对课文的理解。<br>3. 初步学会根据情境创编故事，按事情发展顺序写探险故事，合理想象情节，把过程写具体。学习叶圣陶先生的方法，自主修改习作。<br>4. 初步培养学生用缜密的思维过程来分析问题、研究问题、解决问题的能力。<br>**拓展目标：**<br>1. 通过"思维大闯关"语文实践活动，训练孩子解决生活中实际问题的方法，并能通过语言文字有条理地表述出来。<br>2. 拓展《醇美经典》校本教材《围魏救赵》一课，了解人物的思维过程，加深对课文内容的理解。 |

| 上学期 | 下学期 |
|---|---|
| **第七单元** | **第七单元** |
| **人文主题**：四季之美 | **人文主题**：异域风情 |
| **语文要素**： | **语文要素**： |
| 1. 初步体会课文中的静态描写和动态描写。 | 1. 体会景物的静态美和动态美。 |
| 2. 学习描写景物的变化。 | 2. 搜集资料，介绍一个地方。 |
| **基础目标**： | **基础目标**： |
| 1. 认识"榆、畔"等 17 个生字，会写"孙、泊"等 25 个生字，认识"更、悄"等 3 个多音字，会写并理解"黎明、陆续"等 23 个词语。有感情地朗读课文，背诵《古诗词三首》《四季之美》，默写《枫桥夜泊》。 | 1. 认识"尼、艄"等 26 个生字，会写"斯、仪、眺"等 30 个生字，认识多音字"哗"，会写并理解"纵横、仪态"等 28 个词语。正确、流利、有感情地朗读课文。 |
| 2. 借助注释理解诗句的意思，联系上下文，边读边想象课文所描绘的景象。 | 2. 体会课文中静态描写和动态描写的表达效果。 |
| 3. 初步体会课文中的静态描写和动态描写之美，品味、积累课文中的静态描写和动态描写的语句，掌握把画面写具体的方法。 | 3. 初步了解非连续性文本的特点，从中获取所需的关键信息。 |
| 4. 细心观察某种自然现象或某处自然景观，重点把景物的细微变化写具体。能按照一定的顺序描写景物，写出景物的动态变化，使画面更鲜活。 | 4. 指导学生学会搜集、整理资料，并准确、有条理地介绍一处自己感兴趣的中国的世界文化遗产。 |
| | 5. 引导学生交流、总结对静态描写和动态描写表达效果的体会。选择一个情景，写出景物的动静之美。 |
| **拓展目标**： | **拓展目标**： |
| 1. 通过开展"中国梦·君子风"美文诵读比赛，引导学生亲近自然，感受大自然四季的美妙，主动积累课内外阅读中的动态描写和静态描写的佳句。 | 1. 通过开展"我是小小讲解员"评比活动，指导学生学会列讲解提纲，能按照一定顺序讲述，并根据听众的反应及时调整讲解的内容，锻炼口语表达能力。 |
| 2. 拓展《醇美经典》校本教材《春》一课，让学生初步体会文章中的静态描写和动态描写。 | 2. 拓展《醇美经典》校本教材《荷兰的花》一课，体会静态描写和动态描写的表达效果。 |
| **第八单元** | **第八单元** |
| **人文主题**：读书明志 | **人文主题**：幽默、风趣（漫画） |
| **语文要素**： | **语文要素**： |
| 1. 阅读时注意根据要求梳理信息，把握内容要点。 | 1. 感受课文风趣的语言。 |
| 2. 根据表达的需要，分段叙述，突出重点。 | 2. 看漫画，写出自己的想法。 |
| **基础目标**： | **基础目标**： |
| 1. 认识"耻、识、矣"等 32 个生字，会写"耻、诲、谓"等 23 个生字，会读"识、传、着、卷、差、奔"这 6 个多音字，会写并理解"津津有味"等 15 个词语。借助注释读好并理解文言文，感受古人对读书的认识，从而提高自己对读书的认识。 | 1. 认识"诣、禽、弦"等 25 个生字，会写"梁、诣、禽"等 18 个生字，读好多音字"薄"，会写并理解"拇指、接触"等 9 个词语。借助注释理解文言文，背诵《杨氏之子》。默读课文，感受课文语言的幽默风趣。 |
| | 2. 摘抄文中幽默的语句，主动在生活中搜集、发现并整理运用巧妙的语言艺术。 |

| 上学期 | 下学期 |
|---|---|
| 2. 通过有感情地朗读课文，读懂课文内容，体会课文中蕴含的道理，明白读书的意义。联系生活实际改进读书的方法，培养读书的兴趣。<br>3. 引导学生在阅读时学会梳理信息，把握内容要点，分条叙述，分点阐明，有条理地表明自己的观点和理由。<br>4. 学会向他人介绍一本书，把推荐的理由分段表述清楚，并把重要的推荐理由写具体。<br>**拓展目标：**<br>1. 通过"书海漫步　共享阅读"读书交流活动，分享读书体验、读书方法。指导学生分条讲述分享，引导他们学会认真倾听，能抓住重点信息，并进一步感受阅读的重要意义，激发阅读兴趣，逐步养成阅读的习惯。<br>2. 拓展《醇美经典》校本教材《读书》一课，让学生进一步了解读书应有的态度和方法。 | 3. 了解课文深意，迁移生活，联想生活中形形色色的人，感悟人生哲理。<br>4. 体会例句把事物比作人、把人比作事物的表达特点，选择一个情景仿说，表达清楚、具体。<br>5. 按一定顺序仔细观察漫画，体会画家的用意，从不同角度联系生活实际、结合合理想象去表达自己的看法和想法，把看到的、想到的、感受到的写清楚、写具体。<br>**拓展目标：**<br>1. 通过"悦读乐享"故事大王比赛，培养学生的语言组织能力，进一步提高学生的语言水平，感受语言文字的魅力。<br>2. 拓展《醇美经典》校本教材《生机》一课，感受文章风趣的语言风格。 |

# 学科课程框架 在纵横联系中架构语文学习图谱

为实现上述课程目标，学校依照《义务教育语文课程标准（2011 年版）》和语文核心素养的基本要求，基于"醇美语文"课程理念，设立了基础性课程和拓展性课程相融合的"醇美语文"课程体系，力求让儿童在语文的醇香中醇美绽放。

## 一、学科课程结构

依据《义务教育语文课程标准（2011 年版）》，结合"醇美语文"学科课程哲学以及儿童发展的特点，将语文课程具体分为"醇美诵读""醇美识写""醇美阅读""醇美表达""醇美交际""醇美探究"。基于"醇美语文"的学科课程理念，根据课程目标，结合学校的原有语文校本课程特色，学校语文学科课程结构如下（图 1-1）。

图 1-1 合肥市稻香村小学"醇美语文"课程群图谱

上图中，各板块课程具体如下：

### （一）醇美诵读

为了让每一个孩子从国学经典中汲取智慧，从而提高自身的核心素养，学校针对学生的年龄特点和认知水平开发了系列经典课程，建设适合小学生经典诵读的微课程校本资源库，出版《醇美经典》校本教材6册，构建完整、立体的经典诵读课程体系。学校通过晨诵、午诵、经典诵读课等教学模式，开展班级活动、学科节活动等，让学生在醇美的读书氛围里美文美读，传承经典。

### （二）醇美识写

《义务教育语文课程标准（2011年版）》指出，小学语文识字写字教学的总体目标是：学会汉语拼音，能说普通话，认识常用汉字3 000个左右，其中2 500个会写，能正确工整地书写汉字，并有一定的速度。

为了提高学生的语言文字运用能力，更好地传承祖国五千年灿烂文化，让汉字在传承中更加熠熠生辉，学校针对不同学段学生的认知水平和心理特点，设置了不同的识字写字课程，配合学校的拼音歌谣、成语大赛、汉字的追根溯源等主题活动，让各年级学生在快乐的体验中识多才广、笔精墨美。

### （三）醇美阅读

《义务教育语文课程标准（2011年版）》指出，小学语文阅读教学的总体目标是：具有独立的阅读能力，学会运用多种阅读方法。有较为丰富的积累和良好的语感，注重情感体验，发展感受和理解的能力。能阅读日常的书报杂志，能初步鉴赏文学作品，丰富自己的精神世界。能借助工具书阅读浅显文言文。背诵优秀诗文160篇（段），小学六年级课外阅读总量应在145万字以上。

阅读教学是小学语文教学的重要组成部分，阅读是思想的碰撞与启发，是促进读者在前人的基础上继续思考。我们开发以中华传统文化精髓为核心的经典诵读校本教材，以部编小学语文教材各年级126首必背古诗词为基础，开发《醇美经典》校本教材。"醇美阅读"课程对学生的课内外阅读进行了系统的指导，为不同阶段的学生设置合理的阅读目标，教会学生正确的阅读方法，拓宽学生的阅读面，让学生在丰富的阅读中学会有层次、有取舍地博览群书、悦读阅美。

### （四） 醇美表达

《义务教育语文课程标准（2011 年版）》指出，小学语文写话与习作的总体目标是： 能具体明确、文从字顺地表达自己的见闻、体验和想法，能根据需要，运用常见的表达方式写作，发展书面语言运用能力。

"醇美表达"从口语知识的运用及其所蕴含的口语文化等维度着手，开发学生的想象力，引导学生清楚地表达自我、发现并说出、写出生活的美，在一系列的主题活动中，内化沉淀为学生的口语素养。努力构建适应学生语文生活、符合少儿身心发展规律与学科实际的口语表达课程，让学生在学会自我表达的基础上出口成章、美言善道。

### （五） 醇美交际

《义务教育语文课程标准（2011 年版）》指出，小学阶段口语交际教学目标是： 具有日常口语交际的基本能力，学会倾听、表达与交流，初步学会运用口头语言文明地进行人际沟通和社会交往。

部编版语文教材里设置有专门的口语交际课程，为学生创造了课堂上锻炼口语交际的机会，学校的"醇美交际"课程则在此基础上为学生提供了更多的平台来提高口语交际水平。低学段学生在自我介绍、有话好好说等活动中学会有效的沟通和交往；针对小学高学段的学生，则设置了辩论活动，更多地关注了学生的语境适应能力，训练学生的应变能力，能根据对象、场合和情景，抓住语言主旨，推断他人的立场、观点和意图，让学生们在各种语境中美谈阔论、妙语连珠。

### （六） 醇美探究

《义务教育语文课程标准（2011 年版）》指出，小学阶段综合性学习的总体目标是： 学会使用常用的语文工具书，初步具备搜集和处理信息的能力，积极尝试运用新技术和多种媒体学习语文。

"醇美探究"是一种新的，以学生为主体的自主性学习方式，学生通过生活中的所见所闻、所观所感，形成的自我学习的状态。在学习中，学生的自主性和创新思维能够得到充分显现，对培养学生的实践能力和构建语文基础知识有重要作用。"醇美探究"注重学生的情感体验，增加学生在学习过程中的亲历性，同时进行情感引导，带领学生躬体力行、遇见美好。

## 二、学科课程设置

"醇美语文"依据语文内容结构、遵循儿童年龄特点和智力发展水平，采用逐步递进的方式推进并完善课程设置。从"醇美诵读""醇美识写""醇美阅读""醇美表达""醇美交际""醇美探究"六大领域，开发了丰富多彩、层级上升的拓展课程，具体课程设置如下表（见表1-2）。

表1-2　合肥市稻香村小学"醇美语文"课程设置表

| 课程类别<br>年级学期 | | 醇美<br>诵读 | 醇美<br>识写 | 醇美<br>阅读 | 醇美<br>交际 | 醇美<br>表达 | 醇美探究 | |
|---|---|---|---|---|---|---|---|---|
| | | | | | | | 醇美节日 | 醇美之旅 |
| 稻香一村 | 上学期 | 《弟子规》 | 拼音歌谣 | 儿童的诗 | 小小的我 | 你问我答 | "穿越拼音王国"拼音节 | 地质博物馆探秘古生物之旅 |
| | 下学期 | 《三字经》 | 趣味识字 | 童心童话 | 四季你好 | 图片里的故事 | "闹元宵，猜灯谜"灯谜节 | 非物质文化遗产园传承之旅 |
| 稻香二村 | 上学期 | 《幼学琼林》（节选） | 字典达人 | 神话故事 | 能说绘道 | 想象王国 | "我和妈妈"故事绘本节 | 地质博物馆探秘古生物之旅 |
| | 下学期 | 《声律启蒙》（节选） | 字谜天地 | 民间传说 | 博采群议 | 我的发现 | "静待花开"植物成长故事节 | 非物质文化遗产园传承之旅 |
| 稻香三村 | 上学期 | 《乐府诗》（节选） | 趣味形近字 | 诗情画意 | 故事大王 | 童年趣事 | "诗情画意"诗画节 | 三国遗址公园历史文化之旅 |
| | 下学期 | 《诗经》（节选） | 成语大观园 | 趣味寓言 | 有话好好说 | 见字如面 | "学成语，明事理"寓言节 | 源泉博物馆徽文化之旅 |
| 稻香四村 | 上学期 | 《全唐诗》（节选） | 书韵飘香 | 童诗传情 | 梦想天地 | 且读且思 | "我手写我心"作文节 | 三国遗址公园历史文化之旅 |
| | 下学期 | 《宋词元曲》（节选） | 一音多字 | 感悟生命 | 我们的约定 | 缤纷活动 | "畅游书海，创意书签"书签节 | 源泉博物馆徽文化之旅 |
| 稻香五村 | 上学期 | 《礼记》（节选） | 形近归类 | 历史博览 | 新闻发布会 | 心灵之窗 | "共享阅读"好书推荐节 | 安徽博物院历史寻踪之旅 |
| | 下学期 | 《大学》（节选） | 楷正书端 | 异域风情 | 名城风采 | 偶像力量 | "我的中国心"演讲节 | 渡江战役纪念馆红色经典故事之旅 |
| 稻香六村 | 上学期 | 《诸子百家》（节选） | 追根溯源 | 走进经典 | 时说新语 | 小诗集创 | "做读书的种子"小说节 | 安徽博物院历史寻踪之旅 |
| | 下学期 | 《四大名著》（节选） | 汉字书写小擂台 | 梦想的力量 | 唇枪舌剑 | 诗意校园 | "一封书信寄真情"书信节 | 渡江战役纪念馆红色经典故事之旅 |

第四节

# 学科课程实施　在主题统整中助力儿童成长

《义务教育小学语文课程标准（2011年版）》指出："要充分发挥师生双方在教学中的主动性和创造性，在教学中努力体现语文的实践性和综合性，重视情感、态度、价值观的正确导向，重视培养学生的创新精神和实践能力。"

在"醇美语文"课程的实施中，课堂教学活动不仅要注重课程目标的达成，还要为儿童创设有利于自主、合作、探究学习的环境，发挥儿童在学习中的主体作用；不仅要引领儿童感知语言的醇妙，提升语文素养，还要加强课内教学内容的整合，引领儿童发现语文的醇真；不仅要提升基本的听说读写技能，还要激发儿童的好奇心、求知欲，感受生活的醇香，提升儿童的语文素养。

在"醇美语文"课程的评价中，不仅要对儿童语文学习的基本知识和技能进行素养评价，还要对儿童学习能力、态度、方法和实践能力进行综合评价；不仅要对儿童语文学习的过程进行评价，还要对儿童语文学习的情感态度、感受语文美的能力等个体发展素养进行评价。评价可以采用测试、行为观察与记录、问卷调查、面谈讨论等多种方式。注重将教师评价同自我评价、相互评价相结合，培养儿童主动反思的习惯，提升语文自主学习能力。

在"醇美语文"课程研发的过程中，我们以课本教学为基点进行拓展延伸，确定符合学校传统活动和学生实践经验的课程内容，进行系列化的语文学习和实践。

醇美语文，以语文知识为本，使学生获得语文素养的提升和心灵的润泽。"醇美语文"从落实"醇美课堂"、设立"醇美节日"、建设"醇美社团"、开拓"醇美之旅"、开展"醇美赛事"、开放"醇美主播"等多种路径推进课程实施。

## 一、落实"醇美课堂"，飞扬课程魅力

"醇美课堂"是在我校"醇香教育"的基础上建立的语文学科特色课堂。"醇美课堂"是儿童生命拔节的课堂，是儿童心灵滋养的课堂，是儿童享受成长的课堂。

### （一）"醇美课堂"的特点

"醇美课堂"是内容饱满、富有童趣、习得方法、传承经典、传播美的课堂。"醇美课堂"的基本特点可以用五个关键词来概括：

1. 饱满：师生情绪饱满，儿童的心灵在教师的关注和爱护中得到滋养和润泽，潜能得以释放，个性差异得到尊重。课堂内容饱满丰盈、课堂有活力和张力，课后收获丰硕。

2. 童趣：课堂内容的设置符合儿童心理，符合儿童认知。以儿童为主体，尊重儿童的体验和感受，用多种形式，多样化的活动、实践、体验，探索语文学习，积累语感。

3. 生动：教师带给儿童生动的教学内容，教学方式灵动多样，儿童在参与课堂的过程中动脑、动手、动口、动眼，是如同源头活水般流动起来的语文课堂。

4. 智慧：儿童在"教"和"学"达到最优化的配置的课堂中学习，探究、发现语文学习的规律，获得语文学习的方法，进而提升自主学习、迁移、创新、实践与合作能力。

5. 深远："醇美课堂"在内容丰富的同时，传承文化经典，传播美的教育。在课堂中感受中华文化的博大丰厚，汲取民族文化智慧，形成积极而智慧的处世态度。

### （二）"醇美课堂"的实施策略

以教研为依托，以课程为载体，始终把孩子的学习需求放在首位。我们希望：课堂上弥漫着浓厚的学习气氛，学生沉醉于学习中，课堂散发着可爱的童年味道。醇美语文课堂"一干多枝"，以教材为"干"，整合一单元主题

的各类学习资源为"枝"，各自芬芳，互为补充。在实践中，逐步探索出一条花香满径的醇美语文之路。"醇美课堂"实施策略如下：

1. 建构模式助成长

我们以醇美语文课堂要义为依据，以课例研究为抓手，尝试建构单元一体化教学模式。如在阅读单元中，我们建构了"整体感知导读课——深入研品精读课——以一带多阅读课——主题推进拓展课——感悟表达读写结合课——主题节日赛事课"的单元主题一体化教学模式。以部编版三年级下册第二单元为例，我们做了如下整合和设计，来体现单元一体化的教学模式：

本单元由四篇不同时期、不同地域、不同文体样式的寓言故事——《守株待兔》《陶罐和铁罐》《美丽的鹿角》《池子与河流》，口语交际、习作和语文园地组成。

我们围绕学科的基本理念进行课程整合和开发，"瞻前顾后"地设计教学，"化零为整"地创设活动，将原本合计十二课时的教学整合为六个课时的教学设计，为学生落实语文要素"读寓言故事，明白其中的道理"做了进阶式的安排。将知识转化为儿童自身的经验，孩子成为课程的设计者、实施者和评价者。最终让儿童在寓言学习中从得"意"走向得"言"、得"法"和得"能"。具体整合如下：

**整体感知深入研品：**《守株待兔》《陶罐和铁罐》整合教学分为两课时，第一课时教学目标为：能正确、流利朗读课文；认识两课生字词，正确书写生字。第二课时教学目标为：引导学生对比两篇寓言的文体，了解朗读的侧重点各有不同；引导学生对比两篇文章的结构，初步了解寓言的特点；引导学生迁移实际，明白寓言是生活的一面镜子。

**以一带多主题推进：**《美丽的鹿角》《池子与河流》整合教学为一课时，教学目标为：认识生字词，正确书写生字，能正确、流利、有感情地朗读课文；学以致用，运用前两课习得的方法对比两篇寓言，了解寓意，进一步感受寓言的特点。

**读写结合主题活动：**寓言教学分为课外阅读分享会、创编我能行、寓言故事秀三个主题，通过模仿"故事＋语言"的描写，让儿童尝试自主创编寓言，并分享优秀作品，架起课内阅读和课外阅读的桥梁，拓展视野，自主体会其中的寓意，提高语文理解和运用的能力，学习古代哲人的处世之道，从而巩固儿童对寓言的认知，感受中华传统文化的魅力。

这样的整合最大限度地使主题资源丰富化，节约了课程时间，让单元整组教学的内涵和价值真正得以实现。我们在"一课三上"和"三上一课"中对比模式的优劣、对比实验班与非实验班的教学效果，一方面不断提炼、改进教学模式，另一方面吸引更多的老师加入。

2. 提炼主张展风采

"醇美课堂"的教师团队基于醇美语文的理念，采取"理论学习——凝练反思——讨论分享——实践丰富"的循环研究方式，思考、梳理、提炼自己的教学经验，在此基础上提出自己的"教学主张"。

课堂是教学主张落地生根的主阵地。醇美课堂求实效、善整合，"醇美课堂"采用单元一体化教学模式，整合教学内容，整合教学时间，整合设计教学方法，整合设计单元主题作业，整合富有"教学主张"的微课程。

"醇美语文"教师团队在国家统编教材基础上，结合学校传统和自身特长自主开发设计微课程教材，如已出版的《经典诵读》 6 本。这些微课程进课表、落课堂，我们拓宽视野，用教材教，而不只教教材，教学内容板块化，让语文课堂学习更加饱满丰厚。值得一提的是，学科微课程设计给语文老师提供了展示教学主张的平台，六大板块则为老师们提供了自由选择的多元菜单。每一位教师所呈现出来的风采风格千姿百态、各美其美、美美与共，向"醇美课堂"更深处漫溯。

### （三）"醇美课堂"的评价方式

《义务教育小学语文课程标准（2011 年版）》指出： 语文课程评价应准确反映学生的学习水平和学习状况，全面落实语文课程目标。应充分发挥语文课程评价的多重功能，恰当运用多种评价方式，注重评价主体的多元与互动，突出语文课程评价的整体性和综合性。要根据不同年龄学生的学习特点，按照不同学段的课程目标，抓住关键，提高评价效率。语文课程评价应该改变过于重视甄别和选拔的状况，突出评价的诊断和发展功能。为此，我们设计了"醇美课堂"具体评价细则（见表 1-3）。

表1-3 合肥市稻香村小学"醇美课堂"评价量表

| 评价项目 | | 具体要求 | 优 | 良 | 一般 |
|---|---|---|---|---|---|
| 智慧 | 1. 学习目标 | 清晰、合理、可测量。 | | | |
| | 2. 学习重点 | 对目标达成有方向引领作用,教师能够用心去开启孩子们的语文智慧,获得语文学习的方法。 | | | |
| | 3. 学习难点 | 准确掌握学生学习的难点和易错点。 | | | |
| 童趣 | 4. 学习任务 | 课堂有儿童性和趣味性,以儿童为主体,尊重儿童的体验和感受。用多种形式,多样化的活动、实践、体验,探索语文学习,积累语感。使学生能够在做中学,在课堂上感受快乐,保持童心。 | | | |
| 饱满 | 5. 课堂氛围 | 师生情绪饱满,教师悦纳、欣赏学生,儿童积极向上、兴趣盎然,积极参与语文学习。 | | | |
| 生动 | 6. 问题设置 | 教师带给孩子生动的内容,问题设置能引发学生的深度思考,能培养学生的批判性思维。孩子在参与每节课的过程中动脑、动手、动眼,是活起来的语文课堂。每个孩子都有充分绽放自己的机会,个性得到舒展。 | | | |
| 深远 | 7. 学习点拨与总结 | 引领学生反思问题、困惑,引导学生进行思维建构。课堂能不断创新,有深度。满足每一个儿童的好奇心。 | | | |
| | 8. 学习反馈 | 练习、评估题目能精准测评目标达成。课后收获丰硕,课堂有底蕴,"醇美语文课堂"在内容丰富的同时,传承文化经典,传播美的教育。 | | | |

## 二、设立"醇美节日",丰富课程内涵

节日承载着丰富的文化内涵,课程的文化精神通过节日的表达,变得可感可触。"醇美语文节"是以节日拓宽语文的学习途径,以活动创新语文课程的实施。每一年的"醇美语文节"都有一个明确的主题,如"畅游书海,乐享稻香""阅读悦美,醇美书香"等。

### (一)"醇美语文节"的内容和实施路径

诗意的主题之下,是一项项形式多样、内容丰富、精彩纷呈的活动(见表1-4)。

表1-4 合肥市稻香村小学"醇美语文节"课程安排表

| 时间 | 特色节日 | | |
|---|---|---|---|
| | 年级 | 课程 | 实施 |
| 一月 | 一上 | "穿越拼音王国"拼音节 | 拼音王国大闯关 |

| 时间 | 特色节日 | | |
| --- | --- | --- | --- |
| | 年级 | 课程 | 实施 |
| 二月 | 一下 | "闹元宵，猜灯谜"灯谜节 | 猜字谜，巧识字 |
| 三月 | 二上 | "我和妈妈"故事绘本节 | 年级绘本评选 |
| 四月 | 二下 | "静待花开"植物成长故事节 | "植物精灵说成长"故事比赛 |
| 五月 | 三上 | "诗情画意"诗画节 | "诗情画意"原创儿童诗配画比赛 |
| 六月 | 三下 | "学成语，明事理"寓言节 | 成语故事经典人物我来秀 |
| 七月 | 四上 | "我手写我心"作文节 | "暑期读一本好书"读后感评比 |
| 八月 | 四下 | "畅游书海，创意书签"书签节 | "畅游书海，创意书签"书签制作评比 |
| 九月 | 五上 | "共享阅读"好书推荐节 | "暑假读一本好书"好书推荐卡评比 |
| 十月 | 五下 | "我的中国心"演讲节 | "我的中国心"主题演讲比赛 |
| 十一月 | 六上 | "做读书的种子"小说节 | 班级小说阅读交流会 |
| 十二月 | 六下 | "一封书信寄真情"书信节 | "我想对你说……"书信大赛 |

围绕"醇美语文节"的主题词，学校全体语文老师群策群力、集思广益，设定活动版块，确定活动内容，制定活动方案，并提前一个月将方案汇编成册，保障各项活动按时、有序、保质进行。如第八届语文节以"畅游书海，乐享书香"为主题，以"醇香校园书香浓，醇美少年读书乐"为口号，精心设置了"悦读乐享"故事大王比赛、"书海拾贝"阅读笔记展评、"诗情画意"诗配画比赛、"小岗位，大智慧"图书管理经验分享、"好书共享，共建图书角""故事妈妈进课堂""小小设计师"读经典故事，设计人物头饰、"读书品香，淘书添乐"稻香图书淘宝节、"为你读书""作家进校园"等系列活动。

"醇美语文节"面向全体师生，同学们热情参与，感受审美乐趣，采撷文字曼妙，锻炼交际能力，展示自信风采，带来了一场缤纷多彩的视觉盛宴，让孩子们在文字的有声世界中绽放光彩，让生命在启蒙之初浸润书香！

**（二）"醇美语文节"的评价**

"醇美语文节"主要从课程内容和课程成效两方面进行记录和评价，关注孩子在活动中的参与率、积极性，以及在自我能力提高、认知度、社会认同感三方面的成效。"醇美节日"课程评价标准如下：

1. 课程内容。各班学生参与率是否达到 90% 以上；活动中是否整齐安静不混乱；活动中能否安全文明遵守纪律；是否保护公共设施、保持环境整洁；内容是否丰富、新颖、有创造性。

2. 课程成效。实践能力是否增强、审美能力是否提高、合作能力是否加大、思想教育是否加深；活动形式成效是否得到人们的公认赞誉；是否了解掌握该年段活动所要掌握的课程目标。

### 三、建设"醇美社团"，丰盈语文视角

我校醇美社团为孩子们提供多样化、个性化的自由展示空间，舒展个性，让儿童像青青的小草，在丰富的社团活动中如沐春风，繁茂生长。

#### （一）"醇美社团"实施路径

学生根据自身兴趣爱好及个人特长在线选择社团。各社团制定本社团章程，制定社团活动计划，根据安排开展活动。每个学生社团要有活动计划，每节课外活动，都落实到人，做到有组织、有实施。每次活动必须严格按计划进行，并做好相关记录。记录内容要齐全，每次活动应拍摄图片以作保存。学校领导小组成员对每次活动进行不定期检查，各社团辅导教师随时了解学生的感受，按时到岗，认真负责，完善自己的教学辅导工作。每期学校组织各社团进行展示，评选出优秀社团进行奖励。我校成立了众多优质语文学习社团，具体设置如下：

"稻香启蒙馆"社团主要通过读、背、演、练，学习国学经典启蒙读物、诗文，启发学生心智，锻炼记忆、诵读能力，提升阅读品味，在经典诵读中培养气质，在文化浸润中丰富积累。

"小脚丫旅行社"开阔了学生的视野，丰富学生的阅历，增长旅游知识，了解本地人文和地理知识，培养其热爱家乡、热爱自然的情怀。引导学生学习野外旅行的基本生存技巧和方法，提高强身健体、自我保护、自我生存的意识和能力。

"小小书法家（铅笔）"社团指导学生正确使用铅笔写字，学会执笔方法和写字姿势，养成良好的书写习惯，初步掌握写字的基本规律，能把字写得正确、端正、整齐，力求美观，达到提高学生书写能力的目的。

"绘本故事廊"社团通过阅读绘本故事、经典美文，感受绘本故事的有

趣和美妙，训练朗读、表达、表演、想象等能力，培养学生专心听讲、潜心阅读的习惯，提升与人交往和表达的能力。

"稻香私塾"通过读、背、演、练经典诗文，启发心智，锻炼记忆能力、诵读能力，提升阅读品味，在经典诵读中培养学生气质，在文化浸润中丰富积累，内化为自己的素养。

"小书虫俱乐部"引导学生乐于读书，乐于分享，提升与人交往和表达的能力。通过学习阅读方法，交流阅读感受，激发学生阅读的兴趣，培养学生课外阅读的习惯，感受语言文字的美，从而提升个人的综合素养。

通过"金话筒广播站"，儿童们可以了解广播发展的历史和广播节目录制的过程，通过他们自己动手录制的广播内容，感受广播的快乐，并将快乐传播。

"童话王国"社团，让孩子们在与童话故事接触的过程中，不仅了解童话分类、童话作家、童话影视，而且通过讲述、表演童话等形式，锻炼了学生专心听的好习惯，培养讲故事的能力。

"翰墨书香屋"，在书法学习中，熟悉文房四宝，通过有关书法基础知识的学习和实际训练，使学生养成良好规范的软笔书法的书写姿势和习惯，体会到中国书法的妙趣，最终达到提高学生书写能力的目的。

"五洲旅行团"通过开展地理知识讲座、旅行路线设计、我的旅行趣事等内容，让学生了解生态旅游的知识和国家丰富的自然文化底蕴。

"稻香书苑"社团，让儿童通过学习阅读方法，交流阅读感受，激发阅读童话的兴趣，培养课外阅读的习惯，感受语言文字的美，从而达到教学延伸的目的。

"作家街"社团通过对中外知名作家的了解，激发学生的阅读兴趣，分享阅读快乐。学生在教师导读活动的指引和带领下，走进整本书的阅读，扩大阅读面，增加阅读量。

"神奇博物馆"社团突破传统课堂的局限，带领学生横穿世界、穿越古今，直面鲜活的文化、悠远的历史。学生将学会利用社会资源自觉开展学习，使其终身受益。

"雅韵茶艺"社团，在茶艺老师的指导下，认识茶叶、茶具，学习茶艺的基本礼仪，学会茶水泡饮的基本步骤，让学生们感受到茶文化的魅力。

## （二）"醇美社团"的评价（见表1-5）

醇美社团课程通过学生自评、教师评价、学生互评、家长评价的方式，从学生的实践能力、合作交流、情感态度、成果展示及在家庭、课外生活中的综合运用等几方面对学生在社团活动中的表现和收获给予评价。

表1-5 合肥市稻香村小学"醇美社团"课程评价

| 评价主体 | 评价内容 | 评价标准 | 评价结果（★级评价，1~3★） |
|---|---|---|---|
| 学生自评 | 实践能力 | 1. 课前搜集课程相关资料、课程材料准备等 | 1. 能参与搜集资料或材料。★<br>2. 积极主动搜集资料或材料。★★<br>3. 积极主动搜集并能向大家介绍搜集的资料或材料。★★★ |
| | | 2. 对课程兴趣、参与程度 | 1. 有兴趣，能参与。★<br>2. 很有兴趣，能主动参与。★★<br>3. 兴趣浓厚，能积极参与。★★★ |
| | | 3. 参与交流、合作 | 1. 能够参与。★<br>2. 主动参与并完成任务。★★<br>3. 积极参与，主动与人交流、合作。★★★ |
| | | 4. 掌握课程中所学的基本知识与技能 | 1. 基本掌握。★<br>2. 掌握较熟练。★★<br>3. 熟练掌握并会运用。★★★ |
| 教师评价 | 合作交流 | 1. 帮助同学 | 1. 有帮助同学的意识。★<br>2. 能够主动帮助同学。★★<br>3. 能积极主动帮助同学。★★★ |
| | | 2. 倾听同学的意见 | 1. 能倾听同学意见。★<br>2. 倾听同学意见并分享自己的体会和感受。★★<br>3. 倾听同学的意见，并能受到启发，表达自己的见解。★★★ |
| | | 3. 与人合作、团结同学的意识 | 1. 有与人合作的意识。★<br>2. 能主动参与合作。★★<br>3. 能积极参与合作。★★★ |
| | 情感态度 | 1. 参与活动及表现 | 1. 能参与活动，基本完成学习任务。★<br>2. 能主动参与活动，表现较积极，较好完成学习任务。★★<br>3. 能积极参与活动，表现积极主动，很好完成学习任务。★★★ |
| | | 2. 提出活动的设想、建议 | 1. 有活动的设想、建议。★<br>2. 能主动提出活动的设想、建议。★★<br>3. 能积极提出活动的设想和建议，有自己想法。★★★ |

| 评价主体 | 评价内容 | 评价标准 | 评价结果（★级评价， 1~3★） |
|---|---|---|---|
| | | 3. 克服困难和挫折能力 | 1. 有克服困难和挫折的意识。★<br>2. 能主动克服困难和挫折。★★<br>3. 能积极主动克服困难和挫折。★★★ |
| 学生自评或互评、教师评价 | 成果展示 | 1. 活动过程记录 | 1. 能参与活动。★<br>2. 能主动参与活动。★★<br>3. 能积极参与活动。★★★ |
| | | 2. 作品展示呈现 | 1. 基本能完成作品。★<br>2. 可较好完成作品。★★<br>3. 能够很好完成作品。★★★ |
| | | 3. 成果创意 | 1. 有少许创新意识。★<br>2. 创新意识良好。★★<br>3. 创意新颖、独具特色。★★★ |
| 家长评价 | 在家庭中表现 | 1. 完成课前准备任务 | 1. 参与准备搜集资料或材料。★<br>2. 积极准备收集资料或材料。★★<br>3. 积极参与，能充分准备资料或材料。★★★ |
| | | 2. 向父母展示并介绍自己的学习成果 | 1. 能够展示并介绍自己的学习成果。★<br>2. 主动展示并较为完整的介绍自己的学习成果。★★<br>3. 积极展示并完整介绍自己的学习成果，抒发自己的见解或体会。★★★ |
| | | 3. 利用课余时间学习和补充感兴趣的学习内容并向家长分享自己的感受 | 1. 能够参与。★<br>2. 能够主动参与。★★<br>3. 能够积极主动参与，表现出色。★★★ |

## 四、开拓"醇美之旅"，引领语文实践

　　"醇美之旅"是基于国家课程、基于学生，在学校醇香教育课程思想统领下，以立德树人为根本目的，培养学生用双脚去丈量世界，用双眼感知世界，用心灵触摸世界，促进学生书本知识和生活经验深度融合的课程。通过春游、秋游、工业游、夏令营等社会实践活动，培养学生的生活价值观和文明价值观。有意义的"醇香之旅"是学校教育和校外教育衔接的创新形式，是教育教学的重要内容，是综合实践育人的有效途径，更是醇美语文课程的拓展，有利于推动全面实施素质教育，引导学生主动适应社会，促进书本知识和生活经验的深度融合。

### （一）"醇美之旅"实施途径

"醇美之旅"是融语文学习于生活的课堂，通过研学游、工业游、夏令营等社会生活实践活动，引导学生感受语文的魅力。合肥是安徽省省会，有着悠久的文化历史，是国家重要的科教中心、国际影响力的创新之都，将其与语文学习进行深度结合，力求在社会生活实践活动中，通过观察、调查、获取信息、形成报告、成果展示等形式，培养孩子听、说、读、写等各种综合能力。通过"走进省博物院""野生动物园探秘""探访安徽名人馆""徽文化主题研学游"等活动，让学生感受身边的语文，了解家乡的文化。

### （二）"醇美之旅"的评价

为了进一步关注"醇美之旅"课程设置的合理性、学校组织活动的完成度，以及学生在"醇美之旅"活动中表现的特质，我们制定了"'醇美之旅'课程总体评价标准""'醇美之旅'课程学生过程性文本成果评价标准"，从多方面、多角度对课程本身及学生收获进行综合的评价。"醇美之旅"课程总体评价标准如下（见表1-6）。

表1-6　合肥市稻香村小学"醇美之旅"课程总体评价表

| 评价内容 | 醇美之旅活动过程性资料：学校方案、教师指导相关材料、学生过程性文本和成果展评。 | | | | |
|---|---|---|---|---|---|
| 评价项目 | 评价要点 | 评价等级 | | | |
| | | A | B | C | D |
| 学校方案 | 1. 把醇美之旅纳入学校教育教学计划，与综合实践活动课程统筹考虑，促进醇美之旅和学校课程有机融合。 | | | | |
| | 2. 精心设计醇美之旅活动课程，做到目的明确、活动生动、学习有效。 | | | | |
| 教师备课 | 1. 有依附醇美之旅教学设计的二次备课，要有个人特色。 | | | | |
| | 2. 能体现出对醇美之旅活动指导的文本材料。 | | | | |
| 过程管理 | 1. 食、宿、学统一，培养学生刻苦学习、自理自立、互勉互助、艰苦朴素、吃苦耐劳等优秀品质和精神。 | | | | |
| | 2. 安全保障，活动前做好安全宣传，活动中做好安全保障，遇到不可抗因素，处理好安全善后工作。 | | | | |
| 学生过程性文本材料 | 1. 学生研学旅行策划书、设计研学任务单、研学地点介绍等。 | | | | |
| | 2. 集体或个人完成研学任务单，做好研学记录。 | | | | |
| 成果材料 | 1. 作品或照片（PPT、美篇、电子相册等形式）。整体美观、数量足，材料数量达到班级学生的90%以上。 | | | | |
| | 2. 心得体会。文本数量达到班级学生的90%以上。 | | | | |

## 五、开展"醇美赛事"，激发学习热情

"醇美赛事"是为激发语文学习的热情，整合语文知识和能力，激发儿童语文学习的潜能而组织的各种赛事活动。在赛事活动中，让每一个儿童爱上语文、会学语文，促进个性和谐发展；让儿童在赛事中树立理想、展示自我，不断提高自身人文素养。

### （一）"醇美赛事"实施路径

立足语文学科的特点，赛事涵盖了识字写字、阅读、习作、口语交际、综合性学习等多个方面；从形式上看，班级比赛和年级比赛相结合，普及和提高相结合，从个人、小组、班级到全校层层深入，从学校向家庭、社会层层辐射。"醇美赛事"校级比赛如下：

1. "方寸世界，韵满书情"书签设计。设计图文并茂的手工书签，班主任选取优秀作品至学校参评，学校评选并布置优秀展品展板。旨在培养儿童动手能力，养成多读乐读的阅读习惯。

2. "积累文学常识，传承经典文化"文学常识竞赛。竞赛以试题的形式呈现，考试内容为小学文学常识，经班级赛、校赛选拔评奖。旨在增加儿童文学知识，提高文学素养。

3. "爱经典诗词，做醇香少年"诗词竞赛。全体学生在 40 分钟内完成"我是古诗小能手"的古诗文书写竞赛，根据比赛结果，每班选出"诗词小达人"直接进入决赛，最终产生"古诗词小能手"。旨在引导儿童感悟中华文化沁香，增强传统文化底蕴。

4. "书海漫步，共享阅读"读书交流活动。班级举办读书交流会后推选参赛选手，介绍书本内容，交流自己读书心得、感受和体会，联系实际，熏陶情感。旨在引导儿童徜徉书海，以书为伴。

5. "中国梦·君子风"美文诵读比赛。比赛的内容可以是散文、寓言故事、童话故事、成语故事、英雄故事，体裁不限，具体篇目和朗读形式自定；表演展示团队合作精神以及良好的精神风貌，鼓励尝试有创意的表演形式；年级赛推选优秀作品至学校参赛。旨在引导儿童激发诵读兴趣，提升语文素养。

6. "汉字听写大赛"。听写大赛采用积分制：考官随机抽取听写内容，

每班 8 位选手按照主持人念取姓名依次上台听取考官所念词语。在考官念完后的 40 秒内书写在黑板上。每听写完一词，裁判根据参赛选手书写是否正确，决定选手得分。旨在夯实儿童基础知识，感受竞赛氛围。

**（二）"醇美赛事"的评价**

"醇美赛事"活动过程力求完整，活动的方案力求详尽，活动的内容要符合语文学科课程目标，体现学校课程特色，活动的效果要关注全体孩子，提升孩子综合运用语文知识能力，每一项赛事都是"醇美语文"学习的一张亮丽名片。具体评价细则如下（见表 1-7）。

表 1-7　合肥市稻香村小学"醇美赛事"评价细则

| 评价项目 | 评价标准 | 权重 |
|---|---|---|
| 赛事准备 | 1. 赛事方案完善齐全，流程清晰；<br>2. 能按照任务、要求进行细致明确的分工；<br>3. 有严密的评分系统，避免出现比赛的不公平现象。 | 30% |
| 赛事内容 | 1. 比赛内容积极向上，具有普遍意义，体现学生和学科的双重特点；<br>2. 符合学科课程目标，体现学校课程特色；<br>3. 能关注到学生的兴趣点，激发学生的参与热情；<br>4. 形式不拘一格，具有创新性。 | 40% |
| 赛事效果 | 1. 拓宽知识面，综合运用知识的能力得以提高；<br>2. 以赛促学，关注全体孩子，对不同层次的孩子做到兼顾，体现孩子主体；<br>3. 在赛事中促进与人交往、协作的能力。 | 30% |

（撰稿人：　钟鸣　凌翔　沈亮　张婧　张玉倩　沈晖）

# 第二章

醇慧数学：让『数学味』浓郁芬芳

数学的奥秘世界，每一个数字会说话，每一幅图形会舞蹈，每一组数据会歌唱，每一次实践出新知……醇慧数学，让孩子在自探、自研、练习、合作的空间中，碰撞思维火花，拥有智慧能力，用数学眼光观看世界，用数学语言表达世界，在善认知、赋能力和助发展的学习中拥抱美好时光！

合肥市稻香村小学有 31 位数学教师，其中安徽省特级教师 1 人，合肥市小学数学学科带头人 2 人，蜀山区小学数学学科带头人 3 人，蜀山区小学数学骨干教师 2 人，高级职称 2 人，一级职称 9 人。数学教研组团结协作，研究氛围良好。我们根据《教育部关于全面深化课程改革落实立德树人根本任务的意见》《义务教育数学课程标准（2011 年版）》，推进本校数学学科课程群建设。

## 学科课程哲学　与儿童
## 一起感受数学的味道

### 一、学科性质观和价值观

《义务教育数学课程标准（2011年版）》指出："义务教育阶段的数学课程是培养公民素质的基础课程，具有基础性、普及性和发展性。数学课程能使学生掌握必备的基础知识和基本技能，培养学生的抽象思维和推理能力，培养学生的创新意识和实践能力，促进学生在情感、态度与价值观等方面的发展。义务教育的数学课程能为学生未来生活、工作和学习奠定重要的基础。"①

基于以上认识，我们数学团队认为，小学数学课程追求的是促使学生掌握"数学知识"，领悟"数学思想"，学会"数学思考"，形成"数学思维"，具有"数学的眼光"，提升"创新实践意识"，发展"情感价值观"，培养从数学的视角发现问题、提出问题、分析问题和解决问题的能力。

### 二、学科课程理念

我们依据《义务教育数学课程标准（2011年版）》，结合学校数学学科实情，确立了"醇慧数学"学科课程哲学。

《说文解字》中，"醇，厚也"，寓意气味、滋味纯正浓厚；"慧者，从彗从心，心有尘则借彗以除之，心则保其清明"，本义为聪明、智慧。考特

---

① 中华人民共和国教育部.义务教育数学课程标准（2011年版）[S].北京：北京师范大学出版社，2018：2.

说："数学是人类智慧皇冠上最灿烂的明珠。""慧"是数学高度抽象、逻辑严密等学科特点的最好浓缩。"醇慧数学"是具有浓厚的数学素养味道的学科。

依据"醇慧数学"哲学，我们提出了"让'数学味'浓郁芬芳"的学科课程核心理念。在数学学习过程中，践行"与儿童一起感受数学的味道"的信条，培养儿童的小学数学核心素养。

小学数学核心素养是什么呢？王永春教授在《小学数学核心素养教学论》一书中，诠释了对小学数学核心素养体系[①]内容的理解。我们认同并借鉴这一体系，认为"醇慧数学"的数学核心素养有三个维度，一是数学认知；二是思想能力；三是个人发展。"醇慧数学"在内容上，让儿童建立数学知识内外联系，自主建构数学模型；在方法和能力上，让儿童运用数学思想，提高发现、提出、分析和解决问题的能力；在个人发展上，让儿童通过多种学习方式和积极健康的心态形成核心素养。

**（一）"醇慧数学"善认知，是迸发智慧源泉"知花"的学科**

"认知"即数学认知。包括"数学概念、数学命题和数学结构"。它是数学核心素养的基础，是思想、能力和个人发展的载体，是形成数学思想和个人发展的过程，是数学迸发智慧的源泉。"醇慧数学"是培养儿童善于抓住事物本质和建立数学概念的学科，是培养儿童善于发现掌握法则、运算定律、性质等数学命题的学科，是培养儿童善于建构系统的、整体的和网状化的数学结构的学科。因此，"醇慧数学"是促进教师依据学生特点和认知规律，让儿童在多种学习方式中，理解数学知识，掌握数学知识，不断完善其认知结构，提升数学核心素养的学科。"醇慧数学"追求的境界是让儿童"摘取数学认知'知'花"。所以，它是善认知的数学。

**（二）"醇慧数学"赋能力，是散发浓郁"思能"味道的学科**

"思能"即数学思想与能力。它包含"数学抽象、逻辑推理、数学模型、数学运算、直观想象、数据分析、转化思想等诸多方面"。数学思想是数学的本质，是帮助建立数学认知结构的手段，是数学认知结构的灵魂，是解决数学问题的根本策略。数学能力是运用数学思想面对现实世界的外在表

---

① 王永春. 小学数学核心素养教学论［M］. 上海：华东师范大学出版社，2019：33.

现，是从数学思想方法中产生的，是具备数学核心素养的标志。思想与能力是数学核心素养的核心。"醇慧数学"是帮助儿童在纷繁复杂的事物中运用数学思想把握本质，形成数学抽象和数据分析能力的学科；"醇慧数学"是帮助儿童在杂乱无序的事物中运用数学思维理清头脑，形成数学运算和推理能力的学科；"醇慧数学"是帮助儿童在千头万绪的事物中运用数学思想发现规律，形成数学建模能力的学科；"醇慧数学"是帮助儿童在盘根错节的事物中运用数学思想，形成数学转化和直观想象能力的学科。因此，"醇慧数学"是培养儿童用"数学眼光"观看世界，用"数学思维"思考世界，用"数学方法"解决问题的学科。"醇慧数学"追求的是与儿童一起品味具有醇厚"思能"味道的数学。[①] 因此，它是赋能力的数学。

### （三）"醇慧数学"助发展，是滋养聪慧"小稻秧"的学科

"小稻秧"即合肥市稻香村小学的儿童，他们犹如稻香村里正在茁壮生长的"小稻秧"。"滋养聪慧'小稻秧'"是指注重儿童个人发展。它是数学核心素养的关键，是数学核心素养的目的，是达成数学核心素养的途径。"醇慧数学"是孕育"小稻秧"保持身心健康、持续乐于学习的学科；"醇慧数学"是孕育"小稻秧"学会独立思考、善于自主学习的学科；"醇慧数学"是孕育"小稻秧"乐于合作交流、勇于创新实践的学科。因此，它是助发展的数学。

总之，"醇慧数学"是基于小学数学核心素养的学科；是致力于"认知"之花盛开的学科；是"思能"味道浓郁的学科；是"小稻秧"茁壮生长的学科。通过善认知、赋能力和助发展的数学学习过程，儿童能在真实的问题情境和数学活动中，通过自己体验、感悟和反思，抽象出数学知识，建立数学模型，并运用数学知识和数学思想方法解决问题，由此养成儿童数学素养，进而提升儿童的数学核心素养。

---

① 王永春. 小学数学核心素养教学论［M］. 上海：华东师范大学出版社，2019：33.

第二节

## 学科课程目标　用数学思维拥抱广阔的世界

### 一、学科课程总体目标

　　《义务教育数学课程标准（2011 年版）》的总目标要求："通过义务教育阶段的数学学习，学生能获得适应社会生活和进一步发展所必需的数学基础知识、基本技能、基本思想、基本活动经验；体会数学知识之间、数学与其他学科之间、数学与生活之间的联系，运用数学的思维方式进行思考，增强发现和提出问题的能力、分析和解决问题的能力；了解数学的价值，提高学习数学的兴趣，增强学好数学的信心，养成良好的学习习惯，具有初步的创新意识和科学态度。"[①] 结合我们对"醇慧数学"理念的理解，制定了学校数学学科课程的总体目标，我们用"一会""二增强""三能"和"四有"来概括。即儿童通过六年的数学学习，会数学思考；增强数学学习的兴趣，增强数学的能力；能体会到数学知识之间、与生活及与其他学科的联系，能获得适应未来社会生活所需的数学，能获得助力个人发展所需的数学；有学好数学的自信，有良好的学习习惯与品格，有创新意识，有实践能力。

### 二、学科课程年级目标

　　依据《义务教育数学课程标准（2011 年版）》要求："从知识技能、数学思考、问题解决、情感态度等四个方面加以阐述，数学课程目标包括结果目

---

[①] 中华人民共和国教育部. 义务教育数学课程标准（2011 年版）[S]. 北京：北京师范大学出版社，2018.

标和过程目标。结果目标使用'了解''理解''掌握''运用'等行为动词叙述，过程目标使用'经历''体验''探索'等行为动词表述。"① 结合我校数学课程总目标，以提高学生核心素养为目的，在单元统整的基础上，我们提出了"醇慧数学"课程单元学习目标。下面以四年级为例，阐述年级课程目标的设计（见表2-1）。

表2-1　合肥市稻香村小学"醇慧数学"课程稻香四村目标

| 上学期 | 下学期 |
|---|---|
| **第一单元：图形的测量——升和毫升**<br>1. 通过具体情境，感受并认识容量以及容量单位"升"与"毫升"，知道1升=1000毫升。<br>2. 初步了解比较一些简单容器容量的方法，增强估计意识。<br>3. 能运用合适的容量单位描述常见容器的容量，感受数学与生活的紧密联系。<br>4. 通过具体的实践、操作，建立1毫升和1升的模型概念。<br>**第二单元：数的运算<br>——两、三位数除以两位数**<br>1. 结合以往的除法计算经验，自主探索两、三位数除以整十数的口算和笔算方法。继续完善除数是两位数的计算方法，掌握把除数看作是和它最接近的整十数试商的方法。<br>2. 在试商的基础上，继续学习用"四舍""五入"的方法来进行调商，提高两位数除法的计算速度。<br>3. 能运用商不变的规律来理解并掌握被除数和除数末尾都有0的除法简便算法。在探索的过程中，体会解决问题方法的多样性，感受运用规律解决问题的简便性。<br>4. 结合"醇慧数学课程——算无遗策"进一步完善除数是两位数的计算方法，理解计算的算理，在活动中不断积累学习经验和方法，提高运算能力。<br>**综合与实践：简单的周期**<br>1. 结合具体情境，会用"排一排""画一画""圈一圈"等方法探索并发现周期现象中蕴藏的规律。 | **第一单元：图形的运动<br>——平移、旋转和轴对称**<br>1. 借助日常生活中熟悉的运动现象，在观察、操作等活动中，明确图形在方格纸上的平移、旋转方向；能在方格纸上按照旋转和平移的要求，画出对应运动后图形位置；能根据轴对称图形的特点，在方格纸上将图形补充完整。<br>2. 经历在方格纸上画运动后的图形位置的过程，优化作图方法，利用找对应点或对应边的方法，解决图形旋转或平移后图形的位置问题。<br>3. 借助图形运动特点设计自己喜爱的图案，感受图形运动变化中的美。<br>4. 通过观察、操作等活动，进一步发展空间想象能力；在设计活动中发展创新意识。<br>**第二单元：数的认识——认识多位数**<br>1. 在具体情境中，认识含有万级或亿级的数，能将整万、整亿的数，用"万"或"亿"为单位进行改写。通过实际情境，理解近似数的含义，能用"四舍五入"法求近似数。<br>2. 经历对多位数的意义、大小的比较、求近似数等过程，感受多位数各部分知识之间的联系，发展比较、判断的思维能力，培养数感。<br>3. 经历"一亿有多大"问题的研究过程，感受具体数量的多少，体会数的实际意义。<br>4. 根据数与生活的联系，进一步培养学生的数感，逐步形成用量化的眼光观察、分析事物的习惯。 |

---

① 中华人民共和国教育部. 义务教育数学课程标准（2011年版）［S］. 北京：北京师范大学出版社，2018.

| 上学期 | 下学期 |
|---|---|
| 2. 会用除法算式来解决周期问题，感受除法在解决周期问题中的便捷性。<br>3. 结合"醇慧数学课程——周而复始"进一步在探索规律的过程中，体会数学与生活的密切联系，感受解题方式的多样化，增强学好数学的自信心。<br>**第三单元：观察物体**<br>1. 通过从前面、右面、上面观察物体，感受不同方向看到的视图，能规范、正确地在方格纸上画出看到的视图。<br>2. 通过从不同角度看到的视图，来推断可能会出现哪些摆法，并通过动手拼摆验证猜想。<br>3. 进一步培养空间想象能力，发展空间观念。<br>**第四单元：统计——统计表和条形统计图**<br>1. 感受当统计数据较多时，可以将数据分段进行整理，能对分段整理后的数据进行简单的分析和说明。<br>2. 在整理记录表的基础上，继续认识统计表和条形统计图，了解统计图表分别由哪些部分组成，知道每部分表示的意思。<br>3. 会用不同的方法来计算一组数据的平均数，并能灵活运用平均数的知识来解决简单的实际问题。<br>4. 结合"醇慧数学课程——有条有理"及"醇慧节日课程——采购节"，进一步理解较复杂的统计表和条形统计图，能对图表中的数据进行分析和说明。还能制作统计表和条形统计图，会用统计图表呈现数据，提高学生的应用意识。<br>**综合与实践：运动与身体变化**<br>1. 通过测量、记录，并比较运动前后脉搏跳动情况，进一步感受平均数的应用，巩固求平均数的方法。<br>2. 结合"醇慧数学课程——身体力行"，进一步测量不同的运动与身体变化，感受生活中处处充满数学，在具体的情境中发展创新精神和创新能力。<br>**第五单元：解决问题的策略**<br>1. 能用"一题多解"的方式解决两步连除，感受并理解"用一个数连续除以两个数，等于用这个数除以那两个数的乘积"。<br>2. 当信息较多时，会用列表法选择并整理相关的信息，并能从条件或问题出发来分析数量关系，确定先算什么，再算什么。<br>3. 会用"把得数代入原题"的方法进行检验，养成及时检验和反思的好习惯。 | **第三单元：数的运算——三位数乘两位数**<br>1. 根据三位数乘一位数以及两位数乘两位数的计算经验，继续掌握三位数乘两位数的笔算，能用简便方法计算乘数末尾有"0"的乘法。<br>2. 经历自主探索笔算方法的过程，体会新旧知识之间的联系，培养合作探究的学习能力。<br>3. 在探究三位数乘两位数的计算中，提高运算能力，感受与他人合作的乐趣，获得成功的喜悦。培养细心计算，认真检查的学习习惯。<br>**第四单元：用计算器计算**<br>1. 用计算器计算一步或两步混合运算，能借助计算器探究计算规律。<br>2. 进一步提高计算器计算的技能，感受计算器在探究计算规律中的应用，培养观察、比较和抽象、概括等思维能力。<br>3. 在探究计算规律的过程中，感受数学的奇妙，产生对数学的好奇心。<br>**综合与实践：一亿有多大**<br>1. 经历实验、推算等活动，能借助生活中已有的素材，联系和感受一亿的实际意义，了解一亿的数量大小。<br>2. 经历"说一说""数一数""量一量""称一称"等活动，将一亿的抽象概念建立在现实生活中的具体数量上，体会量化思想，积累数学经验。<br>3. 结合"醇慧数学课程——亿兆于心"，利用量化思想和利用样本类推解决问题的策略，培养学生的数感和推理能力，积累数学活动经验，提高解决问题的能力。<br>**第五单元：解决问题的策略**<br>1. 在具体情境中，认识单价、数量、总价和速度、时间、路程。在具体事例中抽象出"单价×数量＝总价"和"速度×时间＝路程"数量关系，能应用它们解决相应的实际问题。<br>2. 在解决较为复杂的实际问题时，借助线段图或示意图，明确数量关系，并能正确阐述解题思路。<br>3. 经历画线段图或示意图描述和分析问题，体会画图解决问题的价值，感悟直观化的思想方法。<br>**第六单元：数的运算——运算律**<br>1. 在具体情境中，通过演绎推理，发现并验证加法和乘法的运算律，能应用加法和乘法的运算律进行简便计算。 |

| 上学期 | 下学期 |
|---|---|
| 4. 在解决问题的过程中，培养学生的分析能力。 | 2. 儿童经历观察、验证、概括等活动，体会发现运算律的过程，初步体验用字母表示数的优越性，培养初步的符号意识。 |

**上学期**

4. 在解决问题的过程中，培养学生的分析能力。

**第六单元：概率——可能性**

1. 通过多次摸球游戏感受可能性事件和确定事件的不同。
2. 通过摸牌游戏感受事件发生的可能性有大小之分。
3. 能在具体的情境中，准确判断不同可能性出现的大小，能为游戏设计公平的比赛方案，感受数学与生活紧密相连，激发学生学习的热情。

**第七单元：数的运算——整数四则混合运算**

1. 掌握没有括号的三步算式、含小括号的三步算式、含中括号的三步算式的运算顺序，理解算理并能正确计算。
2. 能正确添加括号来改变运算顺序，能结合实际问题将分步算式改写成综合算式。
3. 在小组合作交流中，培养自主探索与合作的意识，养成良好的学习习惯。

**第八单元：图形的认识——垂线与平行线**

1. 通过将线段向一端或两端无限延长来认识射线和直线，了解三者之间的联系和区别。了解角与射线的关系，知道角的各部分名称，会借助尺子准确、规范地画角。
2. 结合日常生活中常见的场景来感受两条直线互相垂直、互相平行的位置关系，能从生活中找出互相垂直、互相平行的例子。
3. 结合"醇慧数学课程——一线生机"，进一步明确角的分类和名称，能结合测量角的度数，根据角的大小准确进行分类，提高分类意识。能用多种方法勾画已知直线的垂线和平行线。在参与数学活动的过程中，进一步感受数学与生活的联系，发展空间想象能力。

**综合与实践：怎样滚得远**

1. 通过探索，感受斜面与地面角度不同，物体滚的距离也不同，在多次实验中收集、记录并整理数据。
2. 通过分析数据，判断什么角度物体能滚得比较远，体会平均数的应用价值。
3. 在小组合作交流中，培养合作与交流意识，感受动手实践的乐趣。

**下学期**

2. 儿童经历观察、验证、概括等活动，体会发现运算律的过程，初步体验用字母表示数的优越性，培养初步的符号意识。
3. 在合情猜想和演绎推理的过程中，掌握探究运算律的一般方法。尝试用演绎推理探究其他的运算律。
4. 结合"醇慧数学课程——奇思巧算"及"醇慧节日课程——巧算节"，进一步感受数学知识的规律性，用运算律进行简便计算，优化计算过程，体会运算律的优势，提高运算能力，增强学习数学的兴趣。

**第七单元：图形的认识——三角形、平行四边形和梯形**

1. 通过观察、测量和画图等活动，扩充对三角形基本特征的认识；能画出三角形底边上对应的高。
2. 通过操作、观察等活动，抽象概括三角形的基本特征。经历摆小棒、测量三角形各角大小、拼出平角等活动，探索三角形边和角的规律，明确三角形的重要特性。培养观察比较、归纳概括的能力和空间观念。
3. 通过观察、作图等活动，进一步丰富对平行四边形和梯形的基本特征的感知，掌握平行四边形和梯形在方格上的基本画法。能画出平行四边形底边上对应的高，认识并测量梯形的底和高。
4. 结合"醇慧数学课程——群形荟萃"，在观察、操作、实验中，进一步体会操作、实验是探索数学问题的重要途径。进一步发展学生的空间观念和应用意识。进一步感受图形的多样性，增强对数学学习的兴趣，提高学习数学的积极性。

**第八单元：图形与位置——确定位置**

1. 结合具体情境，了解"列""行"的含义，利用列和行相交于一点来确定位置。理解数对的含义，能利用数对确定位置，也能根据数对找出相应的位置。
2. 经历从具体事物到用平面图表示，再抽象到用数对表示位置的过程，感受由具体到抽象的数学化过程，培养符号意识和空间观念。
3. 感受数学方法的科学性和严谨性，体会一一对应的思想，感受符号的价值。

学科育人的整体课程范式

| 上学期 | 下学期 |
| --- | --- |
| | **综合与实践：数字信息与我们**<br>1. 通过介绍、查询生活中的数字编码，认识到数字按照一定的要求、规则排列，可以表示相应的信息。<br>2. 经历探究数字编码规律和方法的过程，感受不同编码的作用。<br>3. 感受数字编码在日常生活里的广泛应用，激发学习数学的兴趣。 |

第三节

## 学科课程框架　绘制
## 醇慧数学学习的蓝图

为实现上述课程目标，学校依照《义务教育数学课程标准（2011年版）》和数学核心素养的基本要求，基于"醇慧数学"课程理念，设立了基础性课程和拓展性课程相融合的"醇慧数学"课程体系，力求让儿童在醇厚的"数学味"的滋养中生长聪慧。

### 一、学科课程结构

依据《义务教育数学课程标准（2011年版）》，结合"醇慧数学"学科课程哲学以及儿童发展的特点，将"醇慧数学"课程分为"慧研心算""慧探空间""慧统天下"和"慧究智探"四大领域。具体课程结构图如下（见图2-1）。

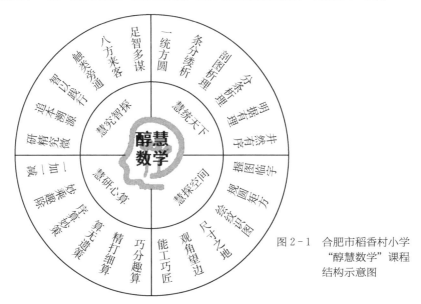

图2-1 合肥市稻香村小学
"醇慧数学"课程
结构示意图

（一）慧研心算

"慧研心算"属于数学教材"数与代数"领域。旨在发展儿童的数感、符号意识、估算意识，理解掌握并应用数模型、公式模型、方程模型等数学模型，体会数学与现实生活的联系，从中感悟数学的价值。

（二）慧探空间

"慧探空间"属于数学教材"图形与几何"领域。将生活中的事物抽象成数学图形，经历观察描述、动手操作和图形规律的探究等活动，建立空间观念，培养儿童的动手操作能力、想象力和创造力。儿童在潜移默化中运用图形语言进行表达与交流，体会数形结合的思想，感受数学与生活的联系。

（三）慧统天下

"慧统天下"属于数学教材"统计与概率"领域。根据需要解决的问题设计调查方案，通过数据的收集整理，选择合适的统计图表对统计数据进行分析比较，让儿童熟悉统计与概率的基本思想方法，逐步建立统计观念。通过查找已有数据信息，读懂有关统计图表，了解数据所蕴含的信息，并与他人交流自己的理解与判断，形成用数据实事求是的表达态度。

（四）慧究智探

"慧究智探"属于数学教材"综合与实践"领域。儿童利用所学的数学知识和生活经验，独立思考或与他人合作，经历发现问题、提出问题、分析问题和解决问题的过程，感悟数学各领域之间、数学与生活之间、数学与其他学科之间的联系，提升儿童对所学知识的理解应用能力及创新意识。

## 二、学科课程设置

"醇慧数学"依据数学内容结构、遵循儿童年龄特点和智力发展水平，采用逐步递进的方式推进并完善课程设置。它从"慧研心算""慧探空间""慧统天下"和"慧究智探"四大领域，采用螺旋式的课程排序方式，开发了丰富多彩、层级上升的拓展课程，基于教材，为了质量，具体课程设置如下表（见表2-2）。

表 2-2 合肥市稻香村小学"醇慧数学"课程设置表

| 内容\课程类别\年级 | | 慧研心算 | | 慧探空间 | | 慧统天下 | | 慧究智探 | |
|---|---|---|---|---|---|---|---|---|---|
| | | 课程名称 | 课程内容 | 课程名称 | 课程内容 | 课程名称 | 课程内容 | 课程名称 | 课程内容 |
| 稻香一村 | 上学期 | 一加一减 | 十拿九稳 | 能工巧匠 | 方圆世界 | 井然有序 | 分门别类 | 足智多谋 | 拼搭小工匠 |
| | 下学期 | | 百里挑一 | | 方正有序 | | | | 锱铢必较 |
| 稻香二村 | 上学期 | 妙乘趣除 | 口算大比拼 乘除法大闯关 | 观角望边 | 探秘多边形 单位变变变 | 明据有理 | 外调内查 皆学问 | 八方来客 | 七巧板 我最爱 |
| | 下学期 | | 速算与巧算 | | 角的王国 | | | | 慧眼识方向 小小设计师 |
| 稻香三村 | 上学期 | 序算妙策 | 由表及里 | 尺寸之地 | 从长计议 | 分条析理 | 我是 "小班长" | 触类旁通 | "间隔排列" 小侦探 |
| | 下学期 | | 有的放矢 步步探秘 | | 面面俱到 | | | | "24"点 小达人 |
| 稻香四村 | 上学期 | 算无遗策 | 周而复始 | 绘纹识图 | 一线生机 | 剖图析理 | 有条有理 | 智以践行 | 身体力行 |
| | 下学期 | | 奇思巧算 | | 群形荟萃 | | | | 亿兆于心 |
| 稻香五村 | 上学期 | 精打细算 | 计小算微 | 规圆矩方 | 棱角分明 | 条分缕析 | 井井有条 | 追本溯源 | 按图索骥 |
| | 下学期 | | 一拍即合 | | 自圆其说 | | 穿针引线 | | 无独有偶 |
| 稻香六村 | 上学期 | 巧分趣算 | 分合有数 | 握图临宇 | 智趣点线面 | 一统方圆 | 理财小能手 | 研精究微 | 变通小达人 |
| | 下学期 | | 趣解比例 | | 妙解百变图 | | 收支我当家 | | 神奇测量师 |

第四节

# 学科课程实施　在数学的香味中拔节孕穗

《义务教育数学课程标准（2011年版）》指出："教学活动是师生积极参与、交往互动、共同发展的过程。数学教学应根据具体的教学内容，注意使学生在获得间接经验的同时也能够有机会获得直接经验，即从学生实际出发，创设有助于学生自主学习的问题情境，引导学生通过思考、探索、交流、实践等，获得数学的基础知识、基本技能、基本思想、基本活动经验，促使学生主动地、富有个性地学习，不断提高发现问题、提出问题、分析问题和解决问题的能力。"①

**我们对"醇慧数学"课程实施的认识**：数学课堂教学活动，不仅要注重课程目标的达成，还要重视儿童的主体地位；不仅要注重儿童认知素养的培养，学会基础知识，掌握基本技能，还要引导儿童感悟数学思想，积累数学活动经验；不仅要关注儿童学习数学的个体差异，还要关注儿童自学思考、合作交流、健康快乐、创新实践等个体素养的培养和提升。

**我们对"醇慧数学"课程评价的认识**：不仅要对儿童掌握基础知识和基本技能的认知素养进行评价，还要对儿童数学思考能力素养进行评价；不仅要对儿童数学探究过程进行评价，还要对儿童的数学学习情感、学习态度等个体发展素养进行评价。评价以自评、互评为主，辅以问卷、书面和展示等多种方式。有效运用评价，增强儿童学习数学的主动性。

---

① 中华人民共和国教育部. 义务教育数学课程标准（2011年版）［S］. 北京：北京师范大学出版社，2018.

我们对"醇慧数学"课程研发的认识：教师可以依据教材相关知识进行拓展，借助课外数学书籍、数学绘本、已有的数学校本教材等文本资源进行研发整合，可以依托社会、生活中与数学相关的资源进行研发。儿童也可以通过微课堂、论坛、小日记、小论文或微视频等方式，讲解例题、习题，展示自己的数学小妙招，分享对数学小问题的研究，记录对生活中数学问题的观察和思考。

基于以上理解与认识，"醇慧数学"从打造"醇慧课堂"、组建"醇慧部落"、开发"醇慧微课程"、举办"醇慧节日"、乐享"醇慧假期"、开展"醇慧项目式学习"、创建"醇慧小稻秧文化阁"等七个方面进行课程实施及评价。让"小稻秧"在智慧的香味中拔节孕穗，努力践行"我们与儿童一起体会智慧的味道"信条。

# 一、打造"醇慧课堂"，酿出醇香数学味

## （一）"醇慧课堂"的价值观

让数学课堂散发浓郁的"认知""思能""发展"的味道是我们的追求，即儿童"善认知"、师生"赋能力"、课堂"助发展"。

1. 认知味："醇慧课堂"依据儿童的认知特点，关注儿童学习的主观性及个体差异性，致力于让儿童自主建立结构化、网状化和系统化的数学知识体系。儿童在真实的问题情境和数学活动中，通过自己体验、感悟和反思，用数学的眼光发现问题、提出问题，通过数学思考，抽象出数学概念，在概念基础上推导出法则、运算定律、性质等数学命题，并建立数学认知结构。在此过程中，形成数学概念认知素养、数学命题认知素养、数学结构认知素养。简称"三知"，称之为"认知味"。

2. 思能味："醇慧课堂"致力于让儿童运用数学认知、数学思想方法和数学思维方式分析问题、解决问题，从而发现规律，注重培养儿童的数据分析、数学运算和推理、数学建模、转化和直观想象等七个思想能力，称之为"思能味"。

3. 发展味："醇慧课堂"致力于让儿童通过学习，不仅具有个人可持续发展的"三会"数学素养（即会用数学眼光观察世界，会用数学思维思考世界，会用数学语言表达世界），而且具备超越数学学科本身的"四备"素养

（即具备"自学思考、合作交流、健康乐学、创新实践"[①] 的素养）。简称"三会四备"，称之为"发展味"。

**（二）"醇慧课堂"的设计**

结合以上"醇慧课堂"价值观，学校精心设计"单元主题"教学[②]，课堂实施"醇慧小先生自主学习"教学模式，让儿童通过自主、合作和交流等多种学习方式，实现数学知识的自主建构；通过运用数学知识和思想方法解决问题，实现能力的提高，从而提升儿童数学核心素养。

1. "醇慧课堂""单元主题"教学研讨。以"醇慧数学"核心素养内容为线索，选择学习主题，对学习内容进行整体分析，确定学习目标，进行单元主题教学研讨，主要从四个要点展开，具体如下：

（1）单元主题。单元主题的选择要以"醇慧数学"核心素养为基础，确定本单元的核心内容，梳理要掌握的知识技能，挖掘数学学习内容中蕴含的数学思想方法。

（2）单元目标。单元学习要达成的效果，要以"醇慧数学"核心素养为线索，对单元内容进行整体分析，对儿童的学习情况进行整体分析，关注儿童深度理解与灵活运用数学知识、技能和策略，关注儿童的个体发展需求。

（3）单元活动。活动的设计要以适合本单元学习的问题情境为基础，引导儿童进行基于真实问题情境的探究活动，包括学习的过程、方法和策略，在理解核心知识的基础上，发展高阶思维，培养核心素养。

（4）单元评价。反馈主题学习的效果，帮助儿童改进和发展。要依据单元学习目标，建立评价标准。

2. "醇慧课堂""醇慧小先生六环节自主学习"教学模式。具体环节有："醇慧先生"，师生共建；围绕重点，自研初探；小组合作，自学共研；回顾反思，相互评判；练习应用，内化提炼；拓展延伸，升华体验。

**第一环节："醇慧先生"，师生共建**

师生共建。它打破了传统的教师教、儿童听的教学模式，主张教师与儿

---

① 王永春.小学数学核心素养教学论［M］.上海：华东师范大学出版社，2019：33.
② 马云鹏，吴正宪.深度学习：走向学科素养［M］.北京：教育科学出版社，2019.

童互换角色，儿童变身"小先生"，走上讲台，以自己喜欢的方式自信"教学"。因此，在具体实施上，可以从以下几方面着手。

（1）内容选择：从教材或生活中的数学小问题等方面选择课题，也可对前期知识进行复习回顾，便于以旧换新。具体分为：教材练习、作业讲解、思维导图、数学文化、数学生活、数学思维拓展和原创题七大类别。

（2）具体方式：每日一名"小先生"，根据自己选择的内容，借助课件、学具等，畅言自己对数学小问题的研究成果，分享解题小妙招，交流数学的发展史。最后，提出本节课将要学习的重点内容。

（3）其他儿童认真倾听，讲解结束后，可以发表点评或建议。教师及时给予指导性评价和鼓励。

（4）本环节时间控制在5分钟左右。

**第二环节：围绕重点，自研初探**

自研初探。每堂课都有自己的重点和难点，挖掘重点，突破难点，也是掌握知识和技能的关键，这个环节是儿童在预习自学的基础上探寻重点。因此，在具体实施上，可以从以下几方面着手。

（1）教师制作课前预习单，布置儿童课前带着问题自学，对本节课基本脉络做到心中有数。

（2）教师指导自学方法：小声读一读例题，关注课本上的提示问题及解题方法，圈一圈关键字词，必要的地方，画一画、算一算，在不清楚的地方做上标记。自学时间5分钟。

（3）儿童自学过程中，教师适当巡视，针对性点拨释疑，同时关注全体自学进度，以便机动控制自学时间。

（4）自学结束后，依据儿童自学情况，先就各自理解的本节课重点知识畅所欲言。在此基础上，师生共同汇总、提炼，明确重点，出示在PPT或黑板上，以便每位儿童清楚重点知识。

（5）本环节总体时间控制在8分钟左右。

**第三环节：小组合作，自学共研**

合作共研。在数学课堂中，小组合作是儿童积极思考、大胆交流的重要方式，能够极大地发挥儿童在课堂上的主体性作用。因此，在具体实施上，可以从以下几方面着手。

（1）合理分配组员。基于学习成绩、性别、能力、性格、人数等综合考虑，每组4人，编号1—4，采取小组长轮流制，明确分工。

（2）制定合作规则。首先，听令开始，有禁则停；第二，组内一人发言，其他人安静倾听；第三，发言完整、清楚，音量要适中；第四，不重复发言，可互评或者补充，意见不同时，共同讨论研究；第五，组内人人参与；第六，轮流代表小组发言。

（3）明确小组讨论内容。围绕课堂重点进行交流，说说自己的想法，再交流疑惑之处，组员可以互相答疑解惑，也可以求助教师。

（4）明确小组讨论时间。可依据内容复杂性适当调整。

（5）教师巡视。关注有困难的儿童或者小组，关注小组的疑惑是否得到解答。教师可适当深入小组进行点拨，对讨论积极的小组进行表扬，对有创造性想法的儿童给予大力赞赏，同时还要把握全班总体讨论进度和成效。

（6）本环节总体时间控制在6分钟左右。

**第四环节：回顾反思，相互评判**

交流评价。它是检验儿童学习成果的一个重要方式，在儿童交流中能够清楚看到儿童对知识的掌握情况，同时能够训练儿童的表达能力和逻辑思维能力。因此，在具体实施上，可以从以下几方面着手。

（1）明确发言要求。首先，每组派一名代表集中回答本组观点。发言者可使用轮流制，不足之处，组员可补充。其次，意见相同的小组不再汇报。意见不同或有补充的小组，可继续发言。再次，发言者表达要规范，比如：经过小组讨论，我们组一致认为……但我们组还有个疑惑的地方，希望同学们能帮忙答疑解惑，那就是……

（2）明确交流内容。一是围绕重点已解决的问题。二是小组合作后仍未解决的问题。三是对其他组发言的补充或建议。

（3）针对已解决的问题，教师可以适当引导归纳小结。针对未解决的问题，教师可再次让其他儿童答疑解惑。如若都不能解答，教师进行点拨讲解。

（4）发言结束后，儿童可以互相评价并提出改进建议。教师要及时进行点评，有缺失的内容要及时补充，创造性的内容要及时表扬，冗长的内容要及时概括提炼，未解的内容要及时点拨释疑，完整的内容要及时赞赏……

（5）本环节时间控制在 8 分钟左右。

**第五环节：练习应用，内化提炼**

练习内化。它是加深概念和法则的重要途径，不仅可以发散儿童思维，举一反三，更能让儿童体验运用知识解决实际问题的乐趣。因此，在具体实施上，可以从以下几方面着手。

（1）明确练习内容。可以是课本练习、配套习题，也可以是教师出的巩固性练习、辨析性习题，尽量使练习的内容有典型性、层次性、灵活性、开放性。能够激活儿童思维，充分调动儿童积极思考，活学活用。

（2）设置练习方式。根据题目类型的不同，可以设置独立解答、同桌互测、小组探讨、全班抢答等环节。

（3）丰富展示形式。在儿童动笔书写时，教师巡视，关注儿童答题情况，有问题的可以个别指导，优秀作业可以进行全班展示赏析，典型性错误可以集中讲评、辨析，巧妙利用课堂生成性资源。

（4）本环节时间控制在 8 分钟左右。

**第六环节：拓展延伸，升华体验**

拓展升华。它是从课内拓展到课外，或者向知识更深处挖掘，搭建数学知识结构，让儿童在这种情境下，有继续探索的兴趣。因此，在具体实施上，可以从以下几方面着手。

（1）师生共同回顾本节课重难点，形成板书。

（2）结合现实生活实例，让数学走进生活，感受数学在生活中的价值和意义，处处留心皆学问。

（3）通过"你知道吗？"，渗透数学历史、数学故事、数学家趣事或者数学文化，感受人类的智慧发展历程。

（4）鼓励儿童自己总结本节课内容，形成思维导图，可在课余进行全班展示。

（5）本环节时间控制在 5 分钟左右。

**（三）"醇慧课堂"的评价标准**

《义务教育数学课程标准（2011 年版）》指出："学习评价的主要目的是全面了解学生数学学习的过程和结果，激励学生学习和改进教师教学。应建立目标多元、方法多样的评价体系。评价既要关注学生学习的结果，也要重视学习的过程；既要关注学生数学学习的水平，也要重视学生在数学活动中所表现出来的情感与态度，帮助学生认识自我，建立信心。"① "醇慧课堂"顺利实施，必须依赖有效评价。

一是制定单元主题评价方案。针对单元学习内容，以单元整体目标为依据，以课时目标为着眼点，研究评价的内容和评价的重点。设计包括不同层次的评价目标、评价任务、评价标准和评价方式等。评价设计的方法建议如下：（1）设计评价内容和评价重点。（2）设计学习任务监测卡。（3）设计针对课例的课堂评价。可以从某一节课的内容来诊断儿童理解、掌握本节课知识、技能以及问题解决的水平。设计不同维度的评价目标，针对评价目标的内容（问题），设计儿童完成评价内容（问题）的标准及相应的评价方式。具体评价方案模板如下表（见表2-3）。

表2-3 合肥市稻香村小学（  ）评价方案模板

| 序号 | 评价目标 | 评价任务 | 评价标准 | 评价方式 |
|---|---|---|---|---|
|  |  |  |  |  |
|  |  |  |  |  |
|  |  |  |  |  |
|  |  |  |  |  |

二是制定"醇慧课堂"评价表。主要针对在课堂"醇慧小先生六环节自主学习"教学模式下儿童的数学素养的培养。具体评价如下表（见表2-4）。

表2-4 合肥市稻香村小学"醇慧课堂"评价表

| 评价指标 | 编号 | 具体要求 | 优秀 | 良好 | 一般 | 较差 |
|---|---|---|---|---|---|---|
| 师生共建 | 1 | "小先生"逻辑清晰、语言流畅。 |  |  |  |  |
|  | 2 | 倾听认真，课堂有问有答。 |  |  |  |  |
|  | 3 | 生生之间有特色评价。 |  |  |  |  |
|  | 4 | 教师适时给予指导性评价和鼓励。 |  |  |  |  |

① 中华人民共和国教育部．义务教育数学课程标准（2011年版）［S］．北京：北京师范大学出版社，2018.

| 评价指标 | 编号 | 具体要求 | 优秀 | 良好 | 一般 | 较差 |
|---|---|---|---|---|---|---|
| 自研初探 | 1 | 自学教材有勾画圈注、做笔记。 | | | | |
| | 2 | 儿童独立自学，敢于表达对重难点的理解。 | | | | |
| | 3 | 师生共同明确重难点。 | | | | |
| | 4 | 教师面向全体儿童，关注困难儿童。 | | | | |
| 自学共研 | 1 | 小组分工明确，合作规则明确，令行禁止。 | | | | |
| | 2 | 组内人人参与，人人发表见解。 | | | | |
| | 3 | 围绕重点展开讨论，交流未解决的问题。 | | | | |
| | 4 | 教师善于收集生成性资源（错误、疑惑等）。 | | | | |
| | 5 | 教师巡视，及时表扬，及时点拨。 | | | | |
| 回顾反思 | 1 | 儿童敢发表见解和主张，语言精练、完整。 | | | | |
| | 2 | 交流内容明确，含已解决和未解决的问题。 | | | | |
| | 3 | 关注儿童回答，帮助儿童理清思路。 | | | | |
| | 4 | 课堂关系和谐，平等交流，相互启发。 | | | | |
| | 5 | 儿童能够倾听，及时补充、评价，提建议。 | | | | |
| 练习应用 | 1 | 练习内容典型、灵活，有层次性、开放性。 | | | | |
| | 2 | 练习方式多样化，独立解答、同桌互测等。 | | | | |
| | 3 | 儿童书写认真，答题完整。 | | | | |
| | 4 | 教师善于收集并合理利用课堂生成性资源。 | | | | |
| | 5 | 儿童创新意识和数学应用意识得到培养。 | | | | |
| 拓展延伸 | 1 | 儿童能独立小结本课重难点。 | | | | |
| | 2 | 联系生活，从课内走向课外。 | | | | |
| | 3 | 引导儿童建构知识脉络，形成思维导图。 | | | | |
| | 4 | 儿童有进一步探索的兴趣。 | | | | |
| | 5 | 拓展延伸，挖掘知识深处。 | | | | |

#### （四）"醇慧课堂"的实施

针对上述"醇慧课堂"，结合"醇慧数学"学科课程，我校已进行了多次尝试，并不断完善课型范式，现以"慧研心算""慧探空间""慧统天下""慧顾知新"为例，进行如下实施：

**课型范式一：慧研心算**

课型分析："慧研心算"属于数学教材"数与代数"领域。其中"数的运算"是"数与代数"领域的重要内容之一，主要是培养儿童根据法则和运算律正确地进行计算的能力，从而帮助儿童理解运算的算理，寻求合理简洁的运算途径解决问题。教学模型详见下图（见图2-2）。

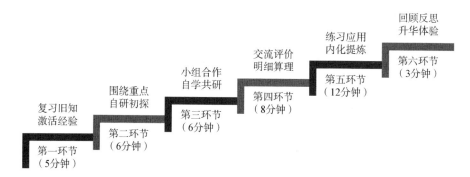

图2-2　合肥市稻香村小学"慧研心算"教学模型图

教学重点：掌握计算的方法和解决实际问题

教学难点：理解算理

教学过程：

第一环节：复习旧知　激活经验或课前自测　明确方向（约5分钟）

针对该环节，可以采用两种教学设计。

设计方案（一）：复习旧知　激活经验

具体操作：以口算抢答、笔算达人等形式让儿童在游戏练习中唤醒已有的知识经验，为探究新知做好铺垫。

设计方案（二）：课前自测　明确方向

具体操作：明确告知儿童新课课题，在课前让儿童自测——对这一课题你已经知道了哪些？还有什么困惑？通过自测明确探究方向。

第二环节：围绕重点　自研初探（约6分钟）

该环节重点是培养儿童独立探究新知的过程，因此主要是让儿童自己运用已有知识经验来进行对新知的初探。

具体操作：教师可以针对新知列出问题清单，儿童借助问题清单完成对新知的初探。

如：问题1：题目中的条件和问题是什么？

问题2：你想到的解题思路是什么？

问题 3： 写出你想到的算式并计算?

第三环节： 小组合作　自学共研（约 6 分钟）

该环节主要是让儿童将自己初探的结果在小组内交流，通过彼此的分享，碰撞出思维的火花。

具体操作： 让每个儿童将自己初探的结果在小组内充分交流，通过小组共研来完善自己的认知，进一步充分经历知识的产生过程。

第四环节： 交流评价　明晰算理（约 8 分钟）

该环节主要是通过小组汇报及互评等形式来构建知识体系，明确计算方法，理解算理。

具体操作： 先让一两个小组汇报自己小组探究的结果，再通过其他小组互评、补充等形式来进一步完善对新知的认知，从而找到正确的计算方法并理解算理。

第五环节： 练习应用　内化提炼（12 分钟）

该环节的重点是让儿童进一步熟悉计算方法和理解算理。

具体操作： 设计重难点明确、形式多样、层次分明的练习题，让儿童在多样的练习中进一步熟练掌握计算方法。同时，还要充分利用儿童在计算中的典型错误，借助纠错帮助儿童理解算理。

第六环节： 回顾反思　升华体验（3 分钟）

该环节的重点是对新知的内容及学习方法有一个整体的回顾，帮助儿童构建知识体系，升华认知。

具体操作： 可以让儿童说说有哪些收获，也可以让儿童说说还有哪些困惑。

**课型范式二：慧统天下**

课型分析："统计与概率"主要研究现实生活中的数据和客观世界中的随机现象，通过对数据收集、描述和分析以及对事件发生可能性的刻画，来帮助人们作出合理的推断和预测。教学模型，详见下图（见图 2-3）。

教学过程：

第一环节： 创设情境，激趣导入（约 5 分钟）

具体操作： 如果前期学过相关知识，可以对之前学习过的统计知识进行复习引入，如果之前没有学过，那么可以用猜谜、讲故事、设疑等形式来创

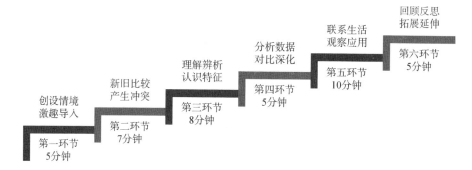

图 2-3 合肥市稻香村小学"慧统天下"教学模型图

设情境，激发儿童探究新知的兴趣，为新课做好铺垫。

第二环节：新旧比较，产生冲突（约 7 分钟）

具体操作：出示例题，引导用之前的知识来解决，可设置小组探讨，通过个人学、小组学的方式，将儿童头脑中零零散散的知识，经过组内交流形成系统，体验已有知识的局限性，产生学习新的统计知识的心理需求，并通过全班交流达成共识。

第三环节：理解辨析，认识特征（约 8 分钟）

具体操作：此环节重在对新认识图表的各部分含义的理解，深入探讨新图表的特征、适用范围和优势，并不断与之前学习的内容进行比较，进一步加深体会和认识。

第四环节：分析数据，对比深化（约 5 分钟）

具体操作：进行数据分析是一种相对枯燥、理性多于感性的数学活动，但是"概率与统计"的内容重在培养儿童的数据分析能力。因此，本环节教师要注重创设源于生活又贴近学习本质的问题情境，激发儿童积极主动地对数据进行观察、分析，并作出简单的判断和推理。

第五环节：联系生活，观察应用（10 分钟）

具体操作："统计与概率"的课主要目的都是在于培养儿童解读数据、分析数据，并运用统计知识解决实际问题的能力。教师要巧妙设计练习，分层、多样、灵活，练习中注重引导儿童感受数据中隐含的信息，感受读懂数据的重要性。

第六环节：　回顾反思，拓展延伸（5分钟）

具体操作：　可以先欣赏生活中的相关现象（图片或视频），感受新知识与生活密切联系；也可以通过介绍相关发展历史或数学家来渗透数学文化知识，从课内拓展到课外；还可以让儿童说说本节课的收获，以及学习完本节课之后还想了解一些什么，激发继续探索的欲望。

**课型范式三：慧探空间**

课型分析：　"慧探空间"属于数学教材"图形与几何"领域。图形与几何主要研究现实世界中的物体和几何图形的形状、大小、位置关系及其变换，让儿童掌握相应的基础知识和基本技能，学会解决简单的实际问题，丰富对现实空间及图形的认识，更好地认识和理解人类的生存空间，发展形象思维，培养空间观念和创新意识。教学模型，详见下图（见图2-4）。

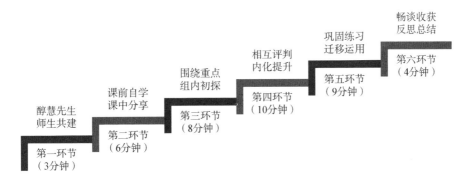

图2-4　合肥市稻香村小学"慧探空间"教学模型图

教学过程：

第一环节：　醇慧先生，师生共建（3分钟）

具体操作：　此环节，可以唤起儿童的已有知识基础，可提前布置给儿童准备，也可当堂让儿童介绍相关的知识，视问题的难易度来决定。

第二环节：　课前自学，课中分享（6分钟）

具体操作：　此环节需要老师提前设计好问题。数学图形大多是从生活中抽象出来的模型，教师可链接儿童生活经验，也可联系数学知识经验，根据知识点精选问题。然后布置儿童课前带着问题预习，并在预习单上完成相关问题，老师挑选有代表性的、有研究价值的问题在课堂上交流汇报。并在课前确定课堂上要汇报的预习单。

第三环节：围绕重点，组内初探（8分钟）

具体操作：（1）对于概念性的课题可以引导儿童围绕核心问题，先独立思考，再在小组内讨论交流，小组长记录同学们共同讨论的结果，并共同商定汇报人选。这里的核心问题可以是儿童在自学时的困惑，也可以是结合本节课的重难点设置的重点问题。教师在巡视时，如发现小组讨论遇到问题，可以及时帮助解决或者通过全班探究解决，同时可以了解儿童上一阶段的学习情况。（2）对于一些类似面积公式、体积公式这样的具有一些数学规律的课型，在儿童已经自学了解相关规律的前提下，组织儿童验证规律。根据不同的教学内容，选择不同的操作材料（模型、实物或教具等），让儿童在剪一剪、拼一拼、折一折、量一量、叠一叠、画一画、移一移的过程中，通过眼睛、耳朵、手指等多种感官的协同合作及其他同学的相互配合去发现几何形体的特征，把由观察获得的初步的感性认识推向深入。这一阶段的主要任务是通过操作去发现和验证规律，得出结论，并在发现的过程中学会合作、体会学习的乐趣。

第四环节：相互评判，内化提升（10分钟）

具体操作：（1）明确发言要求。首先，每组派一名代表集中回答本组观点。发言者可使用轮流制，不足之处，组员可补充。其次，意见相同的小组不再汇报。意见不同或有补充的组，可继续发言。再次，发言者表达要规范，比如：经过小组讨论，我们组一致认为……但我们组还有个疑惑的地方，希望同学们能帮忙答疑解惑，那就是……（2）明确交流内容。一是围绕重点已解决的问题。二是小组合作后仍未解决的问题。三是对其他组发言的补充或建议。（3）针对已解决的问题，教师可以适当引导归纳小结。针对未解决的问题，教师可再次让其他儿童答疑解惑。如若都不能解答，教师再进行点拨讲解。（4）发言结束后，儿童可以互相评价并提出改进建议。教师要及时进行点评，有缺失的内容要及时补充，创造性的内容要及时表扬，冗长的内容要及时概括提炼，未解的内容要及时点拨释疑，完整的内容要及时赞赏。

第五环节：巩固练习，迁移应用（9分钟）

具体操作：主要是用前面师生通过交流总结出的知识和发现的规律去解决一些实际问题，在解决问题的过程中，让儿童掌握所学的知识，形成数学技能，培养并发展他们良好的思维品质。（1）形成技能。智力技能主要指计算方面的问题，它包括平面图形的周长与面积的计算，立体图形的表面积与体积的计算等。在计算的过程中，涉及概念与公式的理解与运用，空间观念的形成及口算、笔算、解题等一系列因素。操作技能主要指画图，如用工具（直尺、三角板、圆规)画出一定的几何图形，或利用工具测量角度、测量物体的长度、重量等。（2）发展思维。在空间与图形的教学中，我们要侧重培养儿童的形象思维。在练习中要加强表述思维的训练，不仅要让儿童做出最终的答案，还要让他们说出自己的解题思路与分析过程。通过练习，加强对儿童思维品质的培养，如思维的敏捷性、简洁性、批判性与深刻性等。

第六环节：畅谈收获，反思总结（4分钟）

具体操作：课堂最后让儿童进行反思，在教师的引导下思考：在这个活动中，你有什么收获？让儿童回顾自己的学习过程，通过归纳总结知识，培养儿童自我评价的意识和反思学习的习惯。

**课程范式四：慧顾知新**

课型分析："慧顾知新"属于复习课。复习是温故而知新的过程，复习课是帮助儿童把学过的知识进行归类整理、加深理解，形成系统的认知结构，使儿童获得系统提高的一种课型。教学模型，详见下图（见图2-5）。

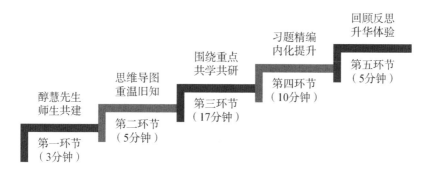

图2-5 合肥市稻香村小学"慧顾知新"教学模型图

教学过程：

第一环节：醇慧先生，师生共建（3分钟）

具体操作：此环节要提前进行布置，和数学有关的内容都可以，比如数学的发展史、数学家的故事、一道有趣的数学题讲解……通过此环节，拓宽儿童的数学知识面，激发儿童学习数学的兴趣。

第二环节：思维导图，重温旧知（5分钟）

具体操作：此环节要提前布置儿童在家里整理相关的知识点，并提前上传到班级 QQ 群，老师进行查看，选取比较典型的作业在全班进行展示评价，通过互相补充、互相评价，重温学过的知识，也促使大家提高整理知识的能力。

第三环节：围绕重点，共学共研（17分钟）

老师提前收集儿童提供的易错知识点，挑选有代表性的、有研究价值的问题整理成一份学习单。课堂上完成学习单的相关问题，对于有困难的习题可以在小组内讨论解决。

第四环节：习题精编，内化提升（10分钟）

教师根据学科知识点，联系儿童生活经验精选问题。课堂上以小组为单位完成习题精编。

第五环节：回顾反思，升华体验（5分钟）

课堂最后，儿童进行反思，在教师的引导下思考：在这个活动中，你有什么收获？儿童回顾自己的学习过程，通过归纳总结知识，培养儿童自我评价的意识和反思学习的习惯。

## 二、组建"醇慧部落"，碰撞"思能"火花

"醇慧部落"是儿童的第二课堂，犹如稻香村中的部落。它为儿童创造一个拓展的空间，激发儿童对数学的学习热情，让不同学段的儿童通过部落课程，走进充满智慧与乐趣的数学世界。

### （一）"醇慧部落"的创建与开展

以"醇慧数学"的课程目标为导向，学校根据儿童的年龄和认知特征，组建多个"醇慧部落"，有"稻香统计局"部落、"思维港湾社"部落、"数学绘本屋"部落、"神奇巧手社"部落等，儿童可以根据兴趣自主选择。

学校根据教师的专业特长与兴趣能力确定部落课程的指导教师，儿童则通过网络选择课程"部落"。各"部落"有指定的活动教室，于每周五下午开展课程活动，具体课程安排如下表（见表2-5）。

表 2-5　合肥市稻香村小学"醇慧部落"课程安排表

| 部落名称 | 部落课程内容简介 | 年级 |
|---|---|---|
| 慧算智能团 | 通过巧算、妙算，灵活解决实际问题，引导儿童领悟计算技巧，感受数学的魅力。 | 稻香一至六村 |
| 思维港湾社 | 通过开展游戏、动手操作实践和竞赛比拼等活动，引导儿童交流、合作和竞争，产生思维的碰撞，共同发展。 | 稻香一至六村 |
| 数学绘本屋 | 阅读并创作数学故事，将数学知识融入趣味故事中，激发儿童数学学习兴趣，培养阅读习惯，发展数学创造力。 | 稻香一至六村 |
| 数学时光馆 | 阅读数学故事，低年级撰写数学小日记，高年级撰写小论文，传承数学文化，体会数学与生活的联系，培养儿童优秀的学习品质。 | 稻香一至六村 |
| 神奇巧手社 | 开展拼图智力游戏，让儿童体会图形的变幻，培养儿童动手操作、空间想象和艺术创造能力。 | 稻香一至三村 |
| 几何构想屋 | 用几何工具呈现图形及其组合，借助实物拼搭和绘画方式感受几何空间，引导儿童构建几何模型，解决复杂的实际问题。 | 稻香四至六村 |
| 稻香统计局 | 引导儿童开展课题研究，设计科学合理的调查问卷，分组调查后绘制统计图表，通过数据分析揭示规律或提出建议，培养学生应用数学的能力。 | 稻香四至六村 |
| 稻香储蓄所 | 模拟银行交易，拓展利息的应用，掌握计算利息的方法，帮助儿童理解储蓄的意义，感受数学来源于生活，服务于生活。 | 稻香五至六村 |
| 快乐测量团 | 开设实地测量以及绘制图纸等活动，发展儿童的实践能力与空间观念，增强合作交流意识。 | 稻香二至六村 |

## （二）"醇慧部落"的评价要求

"醇慧部落"从方案设计、活动开展和儿童学习情况三个方面进行评价，对于儿童的学习情况，综合运用教师评价、儿童自评和小组互评等方式，注重整体评价儿童的学习过程，注重引导儿童自评和小组互评，帮助儿童形成积极的自我概念。具体课程评价如下表（见表 2-6）。

表 2-6　合肥市稻香村小学"醇慧部落"课程评价表

| 部落名称 | | 村长 | |
|---|---|---|---|
| 评价项目 | 评价标准 | 评价等级 | 评价方式 |
| 部落方案 | 部落活动计划详实；部落制度完善；成员档案完善；活动空间固定；环境文化浓厚；主题鲜明；形式创新；内容符合儿童年龄特征，科学合理，有启发性和提升性。 | ☆ ☆ ☆ ☆ ☆ | 实地查看成员座谈活动展示 |

续 表

| 部落名称 | | | 村长 | |
|---|---|---|---|---|
| 评价项目 | 评价标准 | | 评价等级 | 评价方式 |
| 部落活动 | 教师指导实用有方；活动有序；过程记录详实；儿童兴趣度高，参与积极；活动有总结、有反馈。 | | ☆ ☆ ☆ ☆ ☆ | |
| 稻秧学习 | 儿童课前准备充分；参与活动积极；倾听习惯好；合作交流有效；思维活跃，逻辑表达清晰。 | | ☆ ☆ ☆ ☆ ☆ | 儿童自评<br>小组互评<br>教师评价 |

### 三、开发"醇慧微课程"，与儿童一起生长

《义务教育数学课程标准（2011年版）》指出："数学课程的设计与实施应根据实际情况合理地运用现代信息技术，要注意信息技术与课程内容的整合、注重实效。"① 因此，学校开发"醇慧微课程"，教师变身"大谷粒"（同"大鼓励"），儿童变身"小稻秧"，通过教师的"醇慧大谷粒微课程"和儿童的"醇慧小稻秧微课程"进行线上和线下多方位学习。

#### （一）"醇慧微课程"的录制与展播

开发"醇慧微课程"是挖掘教师智慧和儿童能力的一种良好方式。"醇慧微课程"的内容是丰富的、全面的，儿童的学习态度是积极的、主动的，这样学习效果才是事半功倍的。

1. 醇慧大谷粒微课程

提高教师信息技术运用能力。当下是"互联网＋"教育的时代，传统的信息技术教学已经无法满足儿童的需求，需要通过更多元化的教学模式来培养"大谷粒"的信息技术能力。

"大谷粒"借助 PPT 课件、课程链接、录制微视频和在线直播等线上方式，开展"醇慧大谷粒微课程"。具体课程安排如下表（见表 2-7）。

表 2-7　合肥市稻香村小学"醇慧大谷粒微课程"安排表

| 类别　　课程<br>年级 | 慧研心算 | 慧探空间 | 慧统天下 | 慧究智探 |
|---|---|---|---|---|
| 稻香一村 | 一加一减 | 能工巧匠 | 井然有序 | 足智多谋 |

---

① 中华人民共和国教育部．义务教育数学课程标准（2011年版）[S]．北京：北京师范大学出版社，2018.

| 类别　　　　课程<br>年级 | 慧研心算 | 慧探空间 | 慧统天下 | 慧究智探 |
|---|---|---|---|---|
| 稻香二村 | 妙乘趣除 | 观角望边 | 明据有理 | 八方来客 |
| 稻香三村 | 序算妙策 | 从长计议 | 分条析理 | 触类旁通 |
| 稻香四村 | 算无遗策 | 绘纹识图 | 剖图析理 | 智以践行 |
| 稻香五村 | 精打细算 | 规圆矩方 | 条分缕析 | 追本溯源 |
| 稻香六村 | 巧分趣算 | 握图临宇 | 一统方圆 | 研精究微 |

2. 醇慧小稻秧微课程

开设"醇慧小稻秧微课程",培养儿童能用准确、清晰、有条理的语言进行数学表达,畅谈智慧解决问题的思路,让小伙伴们倾听并进行互动和反馈,这正是教育家陶行知先生提倡的"小先生制"①。"小稻秧"在"大谷粒"的指导下,学会制作一些简单的PPT,掌握初步录制微视频的方法,并推出"小稻秧"微视频。

"醇慧小稻秧微课程"实施形式有两种。第一种是线下微课程,数学课前5分钟与老师角色互换,"小稻秧"通过"醇慧小稻秧微课程"华丽蜕变成为"小先生"。第二种是线上微课程,数学课后分享数学知识,"小稻秧"通过"醇慧小稻秧微课程"拓展数学视野。

"醇慧小稻秧微课程"实施要关注三个要点。第一,确立"醇慧小稻秧课程"课题。儿童可以按照教材或生活中的数学等其他方面选择课题,具体分为:教材例题、教材练习、作业讲解、数学文化、数学生活、数学思维拓展和原创题七大类别。第二,制定"醇慧小稻秧微课程"的施行时间。线下微课程在每节数学课的前5分钟实施;线上微课程分三个时间段实施:寒假制作,每年的上半年展示;暑假制作,每年的下半年展示;日常制作,根据学生的学习情况和需求展示。第三,确定"醇慧小稻秧微课程"实施过程。前期准备,教师教给"小先生"表达的步骤和方法,也可以协助做PPT,在讲解过程中,可以辅助拍视频分享。实施初期,注重榜样示范的作用。培养几个表达能力强的"小先生"作为班级儿童学习的榜样,让第一批"小先

① 江苏省陶行知研究会. 陶行知文集[M]. 南京:江苏教育出版社,1997.

生"分享自己的心得和体验,关注并鼓励其他儿童尝试按照第一批"小先生"的方法制作,让他们有机会成为第二批、第三批"小先生",这样的方式可以让每一位"小稻秧"都有变成"小先生"的机会。实施中期,对"小先生"进行有效评价和指导。实施后期,鼓励"小先生"利用已有的知识储备,讲解原创题,培养"小先生"的创新学习能力。

"醇慧小稻秧微课程"制作计囊有六点。计囊一,语言表达要清楚、流畅;计囊二,可以借助一些媒体手段,PPT 不会做,用小黑板、KT 板效果也不错;计囊三,录制视频横着拍,画面效果会更好;计囊四,片头信息要写全,课题取名要恰当,花点心思会更好,班级、姓名都别少;计囊五,如果出现 NG,重拍出错的那段,再用剪辑软件拼接好;计囊六,微视频大小50M 以内最佳,文件过大也不怕,"格式工厂"来帮忙。

"醇慧小稻秧微课程"制作内容是根据学科课程结构,每学期以年级组为单位,从"慧研心算""慧探空间""慧统天下"和"慧究智探"四个领域来准备微课程的制作。一年级有《习题我来帮帮帮》《认识图形》《生活中的"一图四式"》《在游戏中认识人民币》等;二年级有《必胜策略》《美妙数学摆小棒》《我们的世界杯》《排队问题》等;三年级有《玩转数学之倍数的思考》《巧解周长》《日历中的小秘密》《统筹与最优化》等;四年级有《小数巧算》《算式之谜》《有趣的身份证号码》《争分夺秒我最棒》等;五年级有《用割补法求多边形的面积》《趣味数学》《数据的统计和分析》《趣味计算》等;六年级有《数与形的思考》《长方体中的圆柱》《生活中的百分数》《调配酒精》等。儿童根据平时的学习情况,进行例题讲解、习题分析、数学知识延伸等。微视频可以浸润他们的数学智慧,可以让他们体验数学学习的乐趣,品茗浓浓的"数学味"。

"醇慧小稻秧微课程"的评价方式侧重于在"小稻秧"蜕变为"小先生"的过程中,儿童对数学学习的记录和感悟。可以设置"最佳小先生""最有价值提问""最出彩评价""最佳智慧""最具潜力"和"最具号召力"等多种奖项,每周评选一次。将荣获"最佳小先生"的微课程,推送年级公众号。

## (二)"醇慧微课程"的评价要求

为保证"醇慧微课程"的规范化、科学化、信息化,实现共促课程实施的目标，学校制定了"醇慧大谷粒微课程"和"醇慧小稻秧微课程"评价标准。具体如下（见表2-8和表2-9）。

表2-8 合肥市稻香村小学"醇慧大谷粒微课程"评价标准

| 项目 | | 评价标准 | | 分值 |
|---|---|---|---|---|
| 内容 | 科学正确 | 内容详实严谨，有科学性，无错误。 | 15 | |
| | 逻辑清晰 | 编排有特色。符合儿童的认知规律，过程清晰，重点突出，富有逻辑，通俗易懂。 | 15 | |
| | 结构完整 | 资源可利用。录制微课过程中使用的微教案、微习题、微课件、微反思等，便于使用。 | 20 | |
| 效果 | 形式新颖 | 构思有创意。录制方法与工具自由组合，如用电子白板、黑板、白纸、课件、Pad、录屏工具软件、手机、数码相机等制作。 | 20 | |
| | 趣味性强 | 生动有吸引力。富有童趣，具有启发性，能够调动儿童数学学习的主动性。 | 15 | |
| | 目标达成 | 完成有效果。有效地帮助学生解决数学学习中遇到的问题，有效地培养儿童思维能力，提升儿童的数学素养。 | 15 | |
| 总评 | | | | |

表2-9 合肥市稻香村小学"醇慧小稻秧微课程"评价标准

| 项目 | | 评价标准 | | 分值 |
|---|---|---|---|---|
| 规范 | | 知识点的讲解清晰、规范，重点突出，方法简便得当，视频图像要稳定，画面要清楚，语言表达要清楚，语速要流畅，解说与画面要一致。时间控制在5分钟内。 | 15 | |
| | | 声音洪亮，有节奏感，富有感染力。 | 15 | |
| | | 围绕所选主题，重点突出。教学过程提问有针对性，讲解准确规范，有总结。 | 20 | |
| 效果 | 形式新颖 | 方法与工具可以自由选择，也可以图文结合，家长可以辅助。 | 20 | |
| | 趣味性强 | 形象生动，精彩有趣。 | 15 | |
| | 目标达成 | 教别人学习一个本领，让别人明白一个知识，有效解决数学问题。 | 15 | |
| 总评 | | | | |

## 四、举办"醇慧节日"，浓郁学习气氛

为了丰富儿童的课余生活，开拓他们的思路和视野，同时也展现他们勇于挑战自我的风范，营造积极向上、健康文明的校园文化氛围，学校分年级分时段举办"醇慧节日"，让儿童在节日中学习、在操作中满足、在探究中快乐、在活动中成长。它营造出热爱数学、钻研数学的浓郁气氛。它让儿童热情高涨地融入数学知识的海洋中，最大限度发挥自己的智慧，把数学知识变成有趣的活动。

### （一）"醇慧节日"的活动设计

"醇慧节日"是启迪智慧的节日。它以节日的形式，让儿童动脑思考、动手操作、动口表达、用心设计，从而拓宽儿童思维，开发儿童智能。

"醇慧节日"是充满创意的节日。它从节日独特设计的视角出发给儿童以启发，用别开生面的节日给儿童留下醇美的童年记忆。

"醇慧节日"是展现自我的节日。它以节日的形式，给儿童更多的自我展示的机会和空间，让不同的儿童得到不同的发展，提高儿童的学习兴趣，浓郁校园学习氛围。

针对不同年龄段儿童学情，结合学校实际和相应的课程设置，制定了合肥市稻香村小学"醇慧节日"课程安排表（见表 2 - 10）。

表 2 - 10　合肥市稻香村小学"醇慧节日"课程安排表

| 学期 年级 内容 | 节日名称 | 实施 | 课程名称 | 节日时间 |
|---|---|---|---|---|
| 稻香一村 | 上学期 创拼节 | 1. 用不同的立体图形，合作拼搭出不同的物体。<br>2. 介绍自己的作品。<br>3. 创意作品评选、展示。 | 拼搭小工匠 | 十一月第一周 |
| | 下学期 速算节 | 1. 我是口算小能手。<br>2. 优秀作品评选、展示。<br>3. 口算小能手分享自己的经验。 | 百里挑一 | 六月第二周 |
| 稻香二村 | 上学期 七巧节 | 1. 用七巧板制作一幅美丽的图画并介绍。<br>2. 优秀作品评选、展示。 | 七巧板我最爱 | 九月第四周 |
| | 下学期 时间节 | 1. 利用身边的素材制作钟面。<br>2. 班级内交流、展示。<br>3. 优秀作品布展。 | 小小设计师 | 四月第一周 |

| 学期<br>年级 | 内容<br>节日<br>名称 | | 实施 | 课程名称 | 节日时间 |
|---|---|---|---|---|---|
| 稻香<br>三村 | 上学期 | 巧手节 | 1. 利用间隔排列的规律，制作一幅美丽的图形。<br>2. 优秀作品评选、展示。 | "间隔排列"<br>小侦探 | 十二月<br>第三周 |
| | 下学期 | 趣算节 | 1. "成语里的加减乘除"班级内选拔。<br>2. "成语里的加减乘除"年级内选拔。<br>3. 优胜者分享经验，颁发证书。 | 步步探秘 | 三月第四周 |
| | | | 1. 玩转"24点"班级内选拔。<br>2. 玩转"24点"年级内选拔。<br>3. 优胜者分享经验，颁发证书。 | "24点"<br>小达人 | 四月第一周 |
| 稻香<br>四村 | 上学期 | 采购节 | 1. 调查了解家中物资储备情况，制作统计表。<br>2. 结合统计结果，设计乐购方案。<br>3. 欢乐大采购。<br>4. 分享收获。<br>5. 评选出最佳设计方案。 | 剖图析理 | 九月第四周<br>（为十一出游<br>做好准备） |
| | 下学期 | 巧算节 | 1. 组织学生设计简便运算的题目。<br>2. 挑选出合适的题目在班级内选拔。<br>3. 优胜者参加年级内选拔。<br>4. 评选"巧算"小能手。 | 奇思巧算 | 五月第三周 |
| 稻香<br>五村 | 上学期 | 记者节 | 1. 调查一项本班同学感兴趣的活动，并进行记录。<br>2. 制成统计图表。<br>3. 全班分享交流数据背后的故事。 | 井井有条 | 一月第一周 |
| | 下学期 | 微课节 | 1. 收集学科微视频。<br>2. 班级观看、评比。<br>3. 优秀作品校级展。 | "小稻秧"<br>微课堂 | 五月第二周 |
| 稻香<br>六村 | 上学期 | 魔方节 | 1. 班级内选拔。<br>2. 年级组内比拼。<br>3. 选出魔方小达人。<br>4. 魔方小达人分享经验。 | 魔方随变 | 十月第三周 |
| | 下学期 | 测量节 | 1. 分组讨论如何测量大树的高度。<br>2. 设计测量方案。<br>3. 实地测量出大树的高度。<br>4. 班级内交流自己的方案和测量后的体会。<br>5. 优秀方案校级展。 | 神奇测量师 | 四月第二周 |

## （二）"醇慧节日"的评价要求

为了让"醇慧节日"既符合儿童年龄特征，又能深受儿童喜爱，同时起到寓教于乐的作用，我们制定了以下评价表（见表2-11）。

表2-11 合肥市稻香村小学"醇慧节日"评价表

| 评价项目 | 评价要求 | 评价等级 A、B、C、D | 亮点 | 建议 |
|---|---|---|---|---|
| 主题 | 新颖、鲜明、有数学学科特色。 | | | |
| | 紧跟时代步伐，具有时代精神。 | | | |
| 内容 | 内容科学合理，符合儿童年龄特征。 | | | |
| | 有趣味性，有操作性。 | | | |
| | 紧密联系学生学习和生活。 | | | |
| 形式 | 利于展示儿童阶段性的数学学习情况。 | | | |
| | 以年级为单位组织开展。 | | | |
| | 丰富多样，学生喜闻乐见。 | | | |
| 过程 | 活动组织规范、有序。 | | | |
| | 参与度高。 | | | |
| 效果 | 体会数学学科独特的魅力。 | | | |
| | 数学兴趣得到培养，个性特长得到张扬。 | | | |
| | 能力得到提升。 | | | |

## （三）"醇慧节日"的实施方案

针对上述"醇慧节日"，我们已进行了初步的尝试，现以一年级的"创拼节"和"速算节"为例，进行如下设计。

**设计方案一**：一年级"创拼节"实施方案

1. 活动目的：

通过活动，让儿童对所学的正方体、长方体、球和圆柱进行感性认识，并初步理解这些图形之间的关系。在学生动手、动脑、数数和拼图的过程中，发展儿童的形象思维、动手操作能力、空间想象力和创造力。在拼搭的过程中，也让儿童感受到数学之美，进一步提高儿童学习数学的兴趣。

2. 活动时间：十一月份第一周

3. 活动地点：学校文化长廊

4. 活动对象：一年级学生

5. 活动安排：利用长方体、正方体、球、圆柱等立体图形进行创意拼搭

6. 活动要求：

（1）四人小组合作，有明确的分工。

（2）运用多种拼搭方法：平铺、垒高、延长、围合、粘贴等，搭建出城堡、亭台、车辆、人物等丰富多彩的造型，鼓励自主新颖创新。

（3）作品有名称，有含义。

7. 活动过程：

（1）组织征集：班级内组织征集，选出 5—10 个推送校级。

（2）选拔评审：各班在文化长廊设摊位展示，小讲解员介绍。

（3）颁奖展示：儿童进行观光投票，最终按得票数评奖，前 10 名授予"创拼小能手"称号。

**设计方案二**：一年级"速算节"实施方案

1. 活动目的：

为了激发儿童学习数学的兴趣，促使学生"准确，快速，科学，灵活"地进行计算。一年级决定举行年级性的速算比赛活动，通过这种方式来激发学生学习数学的兴趣。调动学生对计算的熟练程度，进一步提高学生计算的速度和正确率，提高学生的计算能力，发展学生的思维能力。

2. 活动时间：六月份第二周

3. 活动地点：各班级教室

4. 活动对象：一年级学生

5. 活动要求：

（1）学生在规定时间内进行答题 15 分钟，结束信号铃响起时应该立刻停止答题。

（2）纸质答题：100 以内的口算加减法试题（100 道）

6. 根据预赛结果，每班选派 5 名同学参加年级决赛

7. 决赛：时间为 10 分钟，100 以内的口算加减法试题（100 道）

8. 奖项设置：年级前 15 名，授予"速算小达人"称号

**五、乐享"醇慧假期"，拥抱美好时光**

数学来源于生活，生活中处处充满了数学元素。我校醇慧数学根据年级

特色寻找儿童喜欢的数学元素，打造"醇慧假期"，让儿童度过"益智寒假"和"灵慧暑假"，为儿童提供具有开放性和选择性的数学思维空间。

**（一）"醇慧假期"的拓展与应用**

"醇慧假期"是充分利用假期时间宽裕、空间广阔的特点，展开具有年级特色的智慧探究活动。让儿童从"知识"到"方法"，"课堂"到"日常"，"课本"到"生活"，深入"数学腹地"，感知数学的魅力。力求把抽象的数学变为儿童看得见的数学事实，让儿童度过智慧假期。

"醇慧假期"具有适应性。内容的选择与儿童的身心发展水平相适应，不能造成过重的学习负担。

"醇慧假期"具有智慧性。可以设计收集、处理信息和亲子活动等，给儿童宽裕的时间，尽情感受学科智慧带来的快乐。

"醇慧假期"具有实用性。活动内容有利于对儿童进行爱国主义、集体主义教育，以及培养儿童科学探究的精神和实事求是的态度。

"醇慧假期"具有时代性。主要包括两方面，一是要根据数学知识的发展，及时更新活动内容。二是根据未来社会发展的方向，对儿童加强创新精神和实践能力的培养。活动具体安排如下（见表2-12）。

表2-12　合肥市稻香村小学"醇慧假期"活动安排表

| | 益智寒假 | 灵慧暑假 |
|---|---|---|
| 稻香一村 | 1. 共读一本书：自选2—3本数学绘本阅读，并和家人交流收获。<br>2. 醇慧小先生：制作数学微视频。<br>3. 醇慧导航员：用思维导图梳理知识框架。 | 1. 垃圾分类我在行：调查自己家每天产生的垃圾状况，将垃圾进行合理的分类和投放。<br>2. 醇慧魔术师：亲子数学游戏，如图形对对碰、眼疾手快、卡片分分看、五子成线、扑克找规律等。<br>3. 醇慧小先生：制作数学微视频。<br>4. 醇慧导航员：用思维导图梳理知识框架。 |
| 稻香二村 | 1. 气象小主播：收集并整理寒假期间天气情况。<br>2. 醇慧小先生：制作数学微视频、记录数学小日记。<br>3. 醇慧导航员：用思维导图梳理知识框架。 | 1. 编码小侦探：生活中的编码充满奥秘，请你充当一次小侦探，调查生活中数字编码的应用。<br>2. 醇慧小先生：制作数学微视频、记录数学小日记。<br>3. 醇慧导航员：用思维导图梳理知识框架。 |

| | 益智寒假 | 灵慧暑假 |
|---|---|---|
| 稻香三村 | 1. 创意年历： 根据所学知识，设计新年台历，标注重要节日，感知年历中的规律。<br>2. 醇慧小先生： 制作数学微视频、记录数学小日记。<br>3. 醇慧分析师： 分析并整理错题。<br>4. 醇慧导航员： 用思维导图梳理知识框架。 | 1. 醇慧测量员： 如何测量一张纸的厚度，一棵树的高度，开动脑筋，想出测量的好办法。<br>2. 醇慧小先生： 制作数学微视频、记录数学小日记。<br>3. 醇慧分析师： 分析并整理错题。<br>4. 醇慧导航员： 用思维导图梳理知识框架。 |
| 稻香四村 | 1. 超市大富翁： 根据闯关指南，完成"价格"关、 "体积"关、 "质量"关。<br>2. 醇慧小先生： 制作数学微视频、记录数学小日记、撰写小论文。<br>3. 醇慧分析师： 分析并整理错题。<br>4. 醇慧导航员： 用思维导图梳理知识框架。 | 1. 醇慧研究员： 模拟水龙头做"一分钟滴水"实验，推算一小时、一天、一年的滴水量，运用计量、统计等知识了解肥地区人均水资源情况，进而开展实践调查，查阅资料，体验节约用水的重要性。<br>2. 醇慧小先生： 制作数学微视频、记录数学小日记、撰写小论文。<br>3. 醇慧分析师： 分析并整理错题。<br>4. 醇慧导航员： 用思维导图梳理知识框架。 |
| 稻香五村 | 1. 醇慧测绘员： 选择合适的地方，例如自己居住的小区、学校、公园、附近工厂等，选择合适的工具测量面积，合理地进行估算。<br>2. 醇慧小先生： 制作数学微视频、记录数学小日记、撰写小论文。<br>3. 醇慧分析师： 分析并整理错题。<br>4. 醇慧导航员： 用思维导图梳理知识框架。 | 1. 醇慧气象员： 记录暑假某一周内每天的最高气温和最低气温，再绘制复式折线统计图，观察分析最高气温和最低气温的温度变化情况。<br>2. 醇慧小先生： 制作数学微视频、记录数学小日记、撰写小论文。<br>3. 醇慧分析师： 分析并整理错题。<br>4. 醇慧导航员： 用思维导图梳理知识框架。 |
| 稻香六村 | 1. 理财能手： 将自己的压岁钱存入银行，并分析通过不同存款方式自己得到的收益情况。<br>2. 醇慧小先生： 制作数学微视频、记录数学小日记、撰写小论文。<br>3. 醇慧分析师： 分析并整理错题。<br>4. 醇慧导航员： 用思维导图梳理知识框架。 | 1. 毕业之旅： 请你为自己设计一个合理的毕业旅行方案，并估计旅行预算。<br>2. 醇慧小先生： 制作数学微视频、记录数学小日记、撰写小论文。<br>3. 醇慧分析师： 分析并整理错题。<br>4. 醇慧导航员： 用思维导图梳理知识框架。 |

**（二）"醇慧假期"的评价要求**

"醇慧假期"从自我评价、小组评价、家长评价、教师评价四个维度进行评价。评价标准： 非常好★★★；良好★★；一般★（见表 2 - 13）。

表 2-13　合肥市稻香村小学"醇慧假期"评价表

| 评价内容＼评价主体 | | 自我评价 | 小组评价 | 家长评价 | 教师评价 |
|---|---|---|---|---|---|
| 活动内容 | 活动主题具有数学探究价值。 | | | | |
| | 活动目的明确，分工明确。 | | | | |
| | 活动过程步骤清晰。 | | | | |
| 活动过程与方法 | 能通过观察、实验、调查、阅读等多种途径和方法积极主动参与活动。 | | | | |
| | 认真倾听别人的想法和建议，主动与他人合作。 | | | | |
| | 遇到困难，能提出有建设性的建议或解决问题的办法。 | | | | |
| | 学会用数学方法收集、整理数据，内容记录详实。 | | | | |
| 活动成果 | 综合运用已有知识，从数学的角度分析相关数据，得出结论，提出问题和建议。 | | | | |
| | 作品内容丰富，附有活动照片或微视频。 | | | | |
| | 学会反思，数学素养提升。 | | | | |

## 六、开展"醇慧项目学习"，拥有智慧能力

《义务教育数学课程标准（2011 年版）》认为，儿童的学习应该是生动活泼的、主动的和富有个性的过程，强调引导儿童积极思考、动手实践、自主探索、合作交流。针对学校的校情和儿童的实际学习能力，开设了"醇慧项目学习"课程。

### （一）"醇慧项目学习"的搭建与实施

"醇慧项目学习"旨在通过多种途径、多项措施，把儿童数学学习过程中的发现、探索和研究等认知活动凸显出来，充分调动儿童自主探索，让儿童在主动研究问题的活动中获取知识，学会科学研究所需要的各种技能，构建儿童新的认知活动和实践行为能力，培养科学精神。

"醇慧项目学习"的方法是一套科学的综合的学习方式，包含以下学习阶段。

1. 选择研究问题。紧扣课标精神和国家教材，依据学生的学科学习实际情况，选择能促进儿童实践创新能力发展的问题进行研究，确定项目学习

内容。

2. 明确研究思路。对需要研究的问题，要分解子任务，通过多课时的学习规划，多种方式寻求解决问题的途径。

3. 分组研究实施。项目学习是儿童学习的共同体，教师要发挥好引导者的作用。依据儿童的爱好、特长，综合儿童分组意愿，合理分组。以小组为单位，组建儿童学习成长共同体，在和同伴协作学习中，互助、互促，形成良好的学习氛围。

4. 集体展示评价。儿童及时记录研究收获，反思学习得失，并形成有一定价值的研究成果。通过小组讨论，各成员在组内汇报自己的学习反思和心得。以小组为单位，推举一名代表，进行研究成果集体展示。通过组内交流互评，组与组展示互评，教师总结点评等评价方式，对该项目学习进行归纳总结。既关注儿童的个体发展，又发挥团队合作的智慧，凸显了项目学习的价值意义。

根据教科书各年级的知识分布及儿童的实际情况，适当延伸和扩展，制定以下的"醇慧项目学习"课程作为案例参考（见表 2 - 14）。

表 2 - 14    合肥市稻香村小学"醇慧项目学习"课程安排表

| 年级 | 课程名称 | 实施参考 |
| --- | --- | --- |
| 稻香一村 | 我是小店长 | 1. 选择布置一种微型商店，挑选商品。<br>2. 儿童动手分类整理货架。<br>3. 用样币进行购物探究活动。<br>4. 任务分工，记录开店心得。 |
| 稻香二村 | 醇慧设计师 | 1. 以学校广场为参照，分组描述学校其他建筑物的位置。<br>2. 尝试着在纸上画出学校的建筑位置。<br>3. 为学校绘制并描述一些活动的出行线路，形成报告。 |
| 稻香三村 | 游戏大赢家 | 1. 儿童通过自主、小组合作等方式探究算"24 点"的方法。<br>2. 交流自己学到的方法和心得。<br>3. 结合学校"醇慧数学节"，创编扑克计算类游戏方案。 |
| 稻香四村 | 醇慧工程师 | 1. 以小组为单位，通过实验探究圆柱体从不同斜面上往下滚的距离与斜面和地面所成角度之间的关系。<br>2. 结合斜面粗糙程度等影响滚动距离的因素完善实验方案。<br>3. 将发现写成一份实验报告，设计一种场景下的斜坡。 |
| 稻香五村 | 醇慧研究员 | 1. 分小组用不同的球反弹高度进行实验，并记录实验结果。<br>2. 查阅资料，记录不同球和地面的材质对球反弹高度的影响（运用分数知识）。<br>3. 交流结果，得出结论；针对一种球类运动，形成实验报告。 |

| 年级 | 课程名称 | 实施参考 |
|---|---|---|
| 稻香六村 | 醇慧测量员 | 1. 分小组讨论设计测量物体长度的方案。<br>2. 进行实验探究。<br>3. 记录实验得失，形成基于影长测量物体长度方法的实验报告。 |

### （二）"醇慧项目学习"的评价要求

为了保证"醇慧项目学习"课程达到预期的目标，培养儿童的合作能力，研究意识和科学精神，对"醇慧项目学习"课程的制定进行了以下评价（见表 2-15）。

表 2-15　合肥市稻香村小学"醇慧项目学习"课程评价表

| 评价项目 | 评价内容 | 评价等级 | | | |
|---|---|---|---|---|---|
| | | A | B | C | D |
| 研究内容 | 1. 紧扣课标精神和国家教材，提出需运用数学知识进行研究的问题。 | | | | |
| | 2. 研究项目选择恰当，易于开展研究学习，具有可操作性。 | | | | |
| | 3. 研究内容重视数学能力与综合能力的培养。 | | | | |
| 研究过程 | 1. 坚持以儿童为研究主体，儿童积极参与，团队共同学习研究。 | | | | |
| | 2. 儿童能够通过查阅文献资料、观察、问卷调查、实验等多种途径和方法进行研究。 | | | | |
| | 3. 能够选择 ppt、简报等恰当的方式呈现研究成果。 | | | | |
| 研究效果 | 1. 儿童在数学项目学习研究中参与度高，学习真实发生。 | | | | |
| | 2. 儿童学会独立思考、自主探究、自我反思，个体能力得到发展。 | | | | |
| | 3. 儿童学会与他人交往合作，团队价值得到体现。 | | | | |
| | 4. 综合运用数学知识的能力得到提高，多学科知识整合能力增强。 | | | | |
| | 5. 学习形式多样，实践运用了科学的研究方法。 | | | | |
| | 6. 研究成果有创新，形成有一定应用价值的收获总结、研究成果或实验报告。 | | | | |

## 七、创建"醇慧小稻秧文化阁"，分享丰硕成果

"醇慧小稻秧文化阁"为儿童在"醇慧节日""醇慧部落""醇慧假期"等课程中所收获的成果搭建展示分享的平台。

**（一）"醇慧小稻秧文化阁"的布置与展示**

以年级组为单位，每月由一个年级负责内容更新，主要通过以下两个途径展开：一是通过微信公众号推送或广播站播报等形式，儿童活动的精彩片段、优秀微课等可以通过照片或微视频形式在校园微信公众号内推送，推选出的优秀数学小日记、小论文也可以通过校园广播站进行播报分享；二是布置"醇慧小稻秧文化阁"作品展台，主要展示活动中的手工作品、活动过程照片、优秀作业等，供儿童参观学习，将儿童的学习成果多种途径地进行展示，全面激发他们的学习热情（具体安排见表2-16）。

表2-16 合肥市稻香村小学"醇慧小稻秧文化阁"实施安排表

| 年级＼细则＼组成 | 实施时间 | 负责人员 | 展示形式 |
|---|---|---|---|
| 稻香一、二村 | 每学期第一月 | 年级备课组长及组内教师 | 1. 每班上交一定数量的学生手工作品，年级组内评选出优秀的作品在"醇慧小稻秧文化阁"内展示。 |
| 稻香三村 | 每学期第二月 | 年级备课组长及组内教师 | 2. 本月活动成果可以拍摄照片或制作微视频，择优推送至校园微信公众号。 |
| 稻香四村 | 每学期第三月 | 年级备课组长及组内教师 | 1. 每个班级内推选儿童的优秀数学小日记、小论文、数学简报等作品在"醇慧小稻秧文化阁"内展示。 |
| 稻香五村 | 每学期第四月 | 年级备课组长及组内教师 | 2. 年级组内二次选拔优秀作品，由小作者通过"红领巾广播站"为大家播报分享。 |
| 稻香六村 | 每学期第五月 | 年级备课组长及组内教师 | 3. 以年级组为单位选拔出色的"醇慧小先生"微课，在各班QQ群里分享学习或推送至校园微信公众号。 |

**（二）"醇慧小稻秧文化阁"的评价要求**

"醇慧小稻秧文化阁"是一个展示、交流的平台，其形式多样的成果展示，最终目的是为每一位儿童提供培养实践能力和发展创新精神的机会，启迪智慧，促进儿童个性发展。因此，"醇慧小稻秧文化阁"的评价应该交给儿童自己完成。可以通过以下几种途径。

一是对学生进行问卷调查。让儿童对自己感兴趣的作品从主题、内容、形式、创意以及对自己的启发等方面进行评价（具体评价见表2-17）。

表 2-17　合肥市稻香村小学"醇慧小稻秧文化阁"评价内容表

| 内容 组成 分类 | 评价内容 | 学生评价 |
|---|---|---|
| 主题 | 你为什么选择这个主题的作品来评价? | |
| 内容 | 作品内容的哪一部分对你最有帮助? | |
| 形式 | 哪一种作品的形式最吸引你? | |
| 创意 | 你认为作品中最具创新之处在哪里? | |
| 启发 | 通过作品你学到了什么?以后你想怎样设计属于你自己的作品? | |

二是开设醇慧社区留言板。儿童、教师、家长可以通过线上"稻香村醇慧社区留言板"进行评课、评活动、议作品。儿童、教师和家长是学习数学的共同体,在这里大家可以共话醇慧数学。

三是开展"醇慧数学小论坛"活动。"稻香村"里的儿童可以通过这个活动平台,交流数学小日记、小论文和小视频,分享数学故事、数学学习的心得和自己的数学作品。

醇慧数学,让孩子在数学生活的自然美中发现新知,让孩子在函数图像、几何图形的对称美中探索成长,让孩子在自主探究、解决问题的快意美中拓展进步,让孩子在抽象逻辑的思维美中感受数学的魅力无穷!

(撰写人:孙传华　陈艳　王娟　王相怡　贾锐　李梦然　葛玉婷　梁景怡　何娟)

第三章

Fun 英语：
让儿童在趣味英语世界
里自由生长

在丰富多彩的趣味课程中畅快遨游，在意趣盎然的社团嘉年华中绽放精彩，在五彩缤纷的 Fun Club 中飞扬个性，在异彩纷呈的 Fun Corner 中展现自我，在灵活多样的云端学习中徜徉漫步……Fun 英语为孩子们提供了一个风采展示和成长历练的舞台，让儿童在快乐真实的体验中习得语言知识，在趣味的英语世界中拓宽视野、意趣共生、自由生长。

合肥市稻香村小学教育集团，现有英语教师 13 人，其中一级教师 6 人，二级教师 2 人，其中 3 人是合肥市英语骨干教师， 7 人获得过区级教坛新星、教学新秀等荣誉称号，多人在全国新媒体整合大赛、合肥市口语大赛、合肥市市优质课大赛等评比中获得优异成绩。组内教师撰写的论文在省、市、区各级各类评比中多次获各类奖项。英语教研组团队战斗力强、凝聚力强、勤奋踏实、勇于创新、充满活力，在平时的工作中，教师能做到"集体备课，认真研思"，教研氛围浓厚，教研活动有特色。为进一步深化学生的学科素养，我们依据教育部《关于全面深化课程改革，落实立德树人根本任务的意见》以及《义务教育英语课程标准（2011 年版）》等文件精神，推进英语学科课程群建设。

第一节

## 学科课程哲学　让儿童
## 在自由的英语学习中意趣共生

### 一、学科性质观和价值观

#### （一）小学英语课程性质观

《义务教育英语课程标准（2011 年版）》指出："义务教育阶段的英语课程具有工具性和人文性双重性质。就工具性而言，英语课程承担培养学生基本英语素养和发展学生思维能力的任务，即学生通过英语课程掌握基本的英语语言知识，发展基本的英语听说读写技能，初步形成用英语与他人交流的能力，为今后继续学习英语和用英语学习其他相关科学文化知识奠定基础。就人文性而言，英语课程承担着提高学生综合人文素养的任务，即学生通过英语课程能够开阔视野，丰富生活经历，发展跨文化意识，增强爱国主义精神，发展创新能力，形成良好的品格和正确价值观，为终身学习奠定基础。"① 因此通过英语课程学习，需要充分调动学生的内在学习动机，使学生形成初步的综合语言运用能力，同时基本掌握学习语言的方法，促进学生的心智发展并提高其人文素养。

#### （二）小学英语课程价值观

《义务教育英语课程标准（2011 年版）》中的英语课程人文性表明："英语既是语言工具性学科，也是一门文化学科。英语课程的学习既是学生通过英语学习和实践活动，逐步掌握英语知识和技能，提高语言实际运用能力的

---

① 中华人民共和国教育部．义务教育英语课程标准（2011 年版）[S]．北京：北京师范大学出版社，2012：2．

过程，又是他们磨砺意志、陶冶情操、拓展视野、丰富生活经历、开发思维能力、发展个性和提高人文素养的过程。"① 因此英语课程要开拓学生的国际视野，培养学生的家国情怀，在学习语言的过程中，帮助学生树立多元文化意识和跨文化意识，加深对中国文化的理解，凸显社会、人本价值，确立小学英语的多元课程目标，实现多元课程价值。

基于以上学科性质观和价值观的认识，我们英语团队认为，小学英语课程追求的是促使学生掌握英语知识，沉浸语言环境，学会英语思维，培养英语素养，重点关注小学生的学习兴趣、习惯品行、心理素质以及爱好特长。在小学英语教学中依托丰富的课程设置，有效落实核心素养，重视学生关键技能和必备品格的形成。

## 二、学科课程理念

《义务教育英语课程标准（2011年版）》指出，英语课程的基本理念主要包含以下几个方面："注重素质教育，体现语言学习对学生发展的价值；面向全体学生，关注语言学习者的不同特点和个体差异性；整体设计目标，充分考虑语言学习的渐进性和持续性；强调学习过程，重视语言学习的实践性和应用性；优化评价方式，着重评价学生的综合语言运用能力；丰富课程资源，拓展英语学习的渠道。"②

英语学科核心素养包括：英语语言能力、思维品质、学习能力以及文化品格。语言能力就是用语言做事的能力，涉及语言知识、语言意识和语感、语言技能、交际策略等等；思维品质是思考辨析能力，包括分析、推理、判断、理性表达、用英语进行多元思维等活动；文化意识重点在于理解各国文化内涵，比较异同，汲取精华，尊重差异等方面，学习能力主要包括元认知策略、认知策略、交际策略和情感策略。③

基于英语课程的基本理念、英语学科核心素养的要求和英语学科的特

---

① 中华人民共和国教育部. 义务教育英语课程标准（2011年版）[S]. 北京：北京师范大学出版社，2012：2.

② 中华人民共和国教育部. 义务教育英语课程标准（2011年版）[S]. 北京：北京师范大学出版社，2012：2—4.

③ 李箭，周海明. 基于学科核心素养的英语教学课例研究 [M]. 上海：华东师范大学出版社，2019.

点，结合我校"让美好童年香气四溢"的课程理念，我校的英语学科课程在长期的教学探索实践中，确定了"Fun"英语的课程哲学。"Fun"即童趣，"Fun"即快乐，兴趣是孩子持久学习的动力。我们期望每一个孩子在英语学习过程中，感受到英语的魅力，真正体验英语学习带来的成功感受，激发孩子学习英语语言的主动性和创造性，真正地学以致用。在英语学习的趣味世界中快乐地学习，自由生长。因此，依据"Fun"英语哲学，我们提出了以"让儿童在趣味英语世界里自由生长"为核心的课程理念。在英语学习过程中，培养儿童的英语学科素养。"Fun"英语的每个字母都代表了深层次的内涵，即 Fabulous、 Unique、 Nice、 Freedom。具体含义如下：

（一）Fabulous **精彩有趣**。"Fun"课程是妙趣横生、丰富多彩的。兴趣是最好的老师，好奇是儿童的天性，从儿童的实际生活出发来设计教学活动，构建真实的语言交际平台，让他们在丰富多彩的英语趣味课程中，想学乐学、主动参与，逐步提高自己的英语应用能力，在了解更多的语言知识和技能的基础上学习英语语言、欣赏英语文化、培养学科素养、提升文化品格。

（二）Unique **个性灵活**。"Fun"课程是灵活开放、彰显个性的。英语是一门工具性学科，在英语教学活动中要注重突出儿童的主体地位，尊重个体差异，遵循儿童的认知水平和学习能力，设计灵活开放、提升思维的学习活动。儿童的课程学习过程也是思考辨析的过程，他们在自主探究、合作交流的学习中，提高自己的思维品质和学习能力，也体现了其主体地位。"Fun"课程提供儿童个性展示的舞台，努力创设有利于儿童身心解放、思维开放、个性奔放的灵动的语言学习环境，培养思维品质。

（三）Nice **美好愉悦**。"Fun"课程是美好愉悦、乐享其中的。英语学习是一个循序渐进的过程，儿童模仿性强、生性好动且注意力持续时间短，英语活动中有趣的游戏、欢快的儿歌歌曲、趣味实践操作活动及活泼的 TPR 活动让孩子在体验和参与英语活动的过程中快乐地享受课程学习过程。在丰富的节日嘉年华中快乐行走，在社团舞台上快乐展示，在活动中发展技能、塑造品格，在美好愉悦的体验中提升自我。

（四）Freedom **自由多元**。"Fun"课程是多元开放、自由奔放的。英语课程群积极倡导特色课程实施，打破学科边界，在英语场景中融入话题，吸收跨学科知识，通过课程化整合零散的英语活动，实现国家课程和校本课程的有效整合，形成能够提升学生学科素养的多元化、校本化的特色英语课程体系，让儿童的英语学习更加丰富多彩。素质教育背景下，英语的学习是自由愉快的，教师为学生营造自由表达的空间，让学生的思维自由绽放，学生能发挥自身的学习主动性，以轻松的心情参与到学习中，从而提高学生的表达能力。

总之，"Fun"英语是基于英语学科素养的课程，是致力于"趣味"乐学的课程，是"英语小达人"茁壮成长的课程，通过乐学、爱学、善思、创新的学习过程，儿童能在真实的情境和趣味学习活动中，通过积极参与、交流分享、反思感悟，学会用英语思考和解决问题，提高综合语用能力，提升学科素养。"Fun"英语课程有效地落实了学科素养的基本理念：以趣味生活为支点，以精彩活动为载体，通过灵活智慧的教学方式、多元有效的综合评价机制，使儿童快乐、积极地参与到英语课程学习中去。

## 学科课程目标 让儿童在自主的探索创新中妙趣横生

课程目标是指导课程的准则，是教材编制的基本依据，我校以课程目标为依据构建"Fun"课程，让儿童在共同目标和校本目标的引领下探索世界，打开世界文化之窗，体验跨文化之趣，让儿童的英语学习妙趣横生。

### 一、学科课程总体目标

《义务教育英语课程标准（2011 年版）》指出，义务教育阶段英语的总目标是："通过英语学习使学生形成初步的综合语言运用能力，促进心智发展，提高综合人文素养。"[1] 综合语言运用能力的形成建立在语言技能、语言知识、情感态度、学习策略和文化意识等方面整体发展的基础之上。语言技能和语言知识是综合语言运用能力的基础；文化意识有利于正确地理解语言和得体地使用语言；有效的学习策略有利于提高学习效率和发展自主学习能力；积极的情感态度有利于促进学生主动学习和持续发展。这五个方面相辅相成，共同促进学生综合语言运用能力的形成与发展。

语言是一种沟通交流的方式，主要包括听说读写各个技能的综合运用，因此"Fun"英语课程的总目标是：在以生为本的趣味英语中，激发学生英语学习的热情，引导学生在英语学习中积极思考探索创新，培养学生的英语综合语用能力和学科人文素养，从而让每一个孩子在趣味英语中探索世界。

---

① 中华人民共和国教育部．义务教育英语课程标准（2011 年版）[S]．北京：北京师范大学出版社，2012：8.

## 二、学科课程年段目标

《义务教育英语课程标准（2011 年版）》强调指出，通过英语学习使学生形成初步的综合语言运用能力，促进心智发展，提高综合人文素养。基于课程标准和英语学科素养要求，我校的"Fun"英语课程目标，以学生为本，分层分年级逐步落实。 英语课程目标从语言技能、语言知识、学习策略、情感态度、文化意识这几个方面阐述，其中，中低年级对应课标中的一级目标，高年级对应二级目标，一级目标主要要求掌握语言技能，包括听做、说唱、玩演、读写、视听；二级目标开始对语言基础知识也有所要求，主要包括词汇、语音、语法，同时还有学习策略、情感态度、文化意识方面的目标。

基于英语学科听、说、读、写、综合运用技能目标要求，依据教学大纲，我们制定了各年级英语课程目标，各年级的课程目标以单元主题为中心，分为共同目标和具有学校特色的校本目标，共同实现"Fun"英语课程目标。这是我们以三年级为例阐述课程目标的设计（见表 3-1）。

表 3-1　合肥市稻香村小学"Fun"英语课程稻香三村目标设置表

| 年级＼学期 | 上学期 | 下学期 |
|---|---|---|
| 稻香三村 | Unit1 Hello!<br>**共同目标：**学生学会在情境中与别人打招呼，能与他人交流姓名、文具等信息。<br>**校本目标：**<br>1. 学生能够提高学习英语的兴趣以及用英语交流的意识。<br>2. 通过"唱响 ABC"学科活动，让学生学会唱英语字母歌。<br>3. 学生能够用文明礼貌的方式打招呼。 | Unit1 Welcome back to school!<br>**共同目标：**学生学习主要英语国家的相关知识，学会用英语交流国籍或籍贯，并能介绍自己或他人。<br>**校本目标：**<br>1. 学生能初步了解主要英语国家标志性的代表，如国旗、天气、动物、标志性建筑，等等。<br>2. 培养学生热爱祖国、热爱家乡的情怀。 |
| | Unit2 Colours<br>**共同目标：**学生能听说认读表示颜色的词汇，能在特定时间向他人问候，初次见面能正确使用问候语并能用 This is……介绍他人。<br>**校本目标：**<br>1. 在实际生活中，学生能用英语正确描述看到的颜色。<br>2. 通过"有趣的字母"学科活动，学生能了解字母的不同字体（如书写体，印刷体等）。<br>3. 学生能运用肢体或工具（如乐高）正确摆出字母造型。 | Unit2 My family<br>**共同目标：**学生学习谈论远处人物的句型，并能正确运用，向别人询问陌生人的信息。<br>**校本目标：**<br>1. 通过制作自己的 Family tree，学生能与他人分享、介绍其中的人物。<br>2. 学生能够了解不同国家的文化，并积极地热爱生活。<br>3. 通过卡通节，观看影片《狮子王》，学生能自学喜欢的台词，并能感受父母深厚的爱。 |

| 学期<br>年级 | 上学期 | 下学期 |
|---|---|---|
| | Unit3 Look at me!<br>**共同目标：**学生能掌握熟人间打招呼的句型 How are you?<br>**校本目标：**<br>1. 学生了解更多与实际情况相符合的答句并能总结出已学的关于问候的语言。<br>2. 学生能习惯用英语和懂英语的亲朋好友打招呼，并准确表达自己的身体状况。<br>3. 学生会做字母卡片。 | Unit3 At the zoo<br>**共同目标：**学生学习描述动物外形、外貌的相关知识，学会用不同的语句描述动物的外形特征和外貌特征。<br>**校本目标：**<br>1. 学生能制作自己喜爱的动物画像，并综合运用学习过的句型，描述外形、外貌等信息。<br>2. 通过卡通节，观看影片《疯狂动物城》，学生能自学喜欢的台词，并能惟妙惟肖地模仿各种动物。<br>3. 通过拍摄视频，学生能运用核心词汇句型介绍家中的小宠物或玩偶，并爱护小动物。 |
| | Unit4 We love animals<br>**共同目标：**学生学习询问物品的句型，能区别并运用句型 What is this? What is that?<br>**校本目标：**<br>1. 学生能在真实情境中，自如地运用核心句型与他人交流。<br>2. 学生学会做手指字母操。<br>3. 孩子们能提高主动积极与人交流的意识。 | Unit4 Where is my car?<br>**共同目标：**学生学习表达方位的相关知识，能掌握询问位置的对话。<br>**校本目标：**<br>1. 学生能谈论自己家中、房间中物品的位置。<br>2. 学生能绘出自己的书桌、文具等物品的图片，并用英语进行描述，与他人分享。<br>3. 孩子能养成整理收纳的好习惯。 |
| | Unit5 Let's eat!<br>**共同目标：**学生学习在情境中表达自己想要某种食物或请他人饮用或食用。<br>**校本目标：**<br>1. 通过制作单词卡片，学生能熟练运用句型，在情境中谈论饮食。<br>2. 通过"字母对对碰"学科活动，让学生熟练掌握字母的书写。 | Unit5 Do you like pears?<br>**共同目标：**学生学习与个人喜好相关的知识，掌握询问、表达人物喜好的句型。<br>**校本目标：**<br>1. 学生学会制作水果沙拉，并能与同伴谈论个人对水果的喜好。<br>2. 学生尊重他人的喜好，并养成良好的用餐习惯。 |
| | Unit6 Happy birthday!<br>**共同目标：**学生学会在情境中询问数量、谈论年龄。<br>**校本目标：**<br>1. 学生能在情境中讨论数量，能正确询问小伙伴的年龄，制作同伴的年龄信息表。<br>2. 学生能熟练掌握 26 个字母的发音和书写。<br>3. 学生学会礼貌、祝福用语，礼貌待人。 | Unit6 How many?<br>**共同目标：**学生进一步学习数字的相关知识，能在情境中讨论看到的、拥有的物品数量。<br>**校本目标：**<br>1. 学生能在生活情境中学会运用英语表达数量。<br>2. 学生掌握元音字母 a，e，i，o，u 的发音，及其在单词中的基本发音。<br>3. 提高学生积极与他人合作交流的意识和意愿。 |

第三节

## 学科课程框架 让儿童在丰富的语言世界中思维妙生

英语学习注重语言的理解和实践。"Fun"英语课程强调通过体验、实践、探究、合作的方式，让儿童在智慧蓝图中发展潜能，在丰富的语言世界中提升素养，拓宽视野，畅游世界。

### 一、学科课程结构

依据《义务教育英语课程标准（2011年版）》提出的英语课程总目标，基于"Fun"英语年级目标设置及我校实际情况，我们确定了"趣·语音""乐·畅言""畅·悦读""享·写作""秀·沙龙"五个课程结构。这五个丰富的课程，是在国家课程的基础上进行的拓展延伸，丰富有趣的课程激发了学生的潜能，学生通过"听、说、读、写、演"各维度的学习，提高英语素养和英语综合语言运用能力，同时学生的个性和兴趣也得以发展。学科课程图谱如下（见图3-1）。

稻香村小学的"Fun"英语课程设置，有其自身的特点和内涵，具体表述如下：

#### （一）趣·语音

英语语音是语言教学的基础，正确的语音是口语交际的基础，学好发音才能准确地表情达意。掌握正确的语音语调，有助于树立学生的自信心，提高学生的学习积极性；掌握正确的语音语调，学生更容易形成正确的语感，从而提高语言综合运用的能力。地道的语音语调和准确的语言表达是自如使用英语的基本特征。儿童具备学习语音的潜在优势，他们善于听音模仿。"趣·语

图 3-1　合肥市稻香村小学"Fun"英语课程图谱

音"课程中，我们设置了中年级的有趣的字母、单词秀课程，通过字母、单词的音与形的结合，突破英语拼读难关，力求让学生尽快掌握拼读技巧；高年级的语音秀等课程，从句子重音、声调、语气等方面加以训练，力求使学生能说出悦耳的英语，所有课程都旨在提高学生的语音水平和语言表达能力。

（二）乐·畅言

学生乐说、乐谈才是英语学习的真谛。教师要积极创设多样化的语言学习环境，合理整合和利用有效的课程资源，让孩子在教师的指导下，通过感知、体验、参与、合作等方式，助力学生积极、大胆地开口说英语，主动用英语和他人进行交流，从而养成与人积极沟通、交流的良好习惯，培养良好的英语口语表达能力。而良好的口语交际能力有助于提高学生英语学习的自信心，进一步形成学习英语的积极态度，"乐·畅言"课程有卡通欣赏、歌曲视听、演说表演等，通过视听，给学生大量的原版英文的输入，足够多的正向语音刺激，配合视频画面，帮助学生理解文本，再通过表演输出吸收的知识，多角度、多层次地发展学生的语言能力。

（三）畅·悦读

有质量的输入才能让学生有效输出。画面优美、语言押韵、寓意丰富的阅读资源能吸引学生，让学生更乐学、畅学，做到真正的"悦"读英语。英语绘本图文并茂，情节丰富完整，儿童在阅读中能增加学习兴趣，还可以积累丰富且地道的语言素材，进一步增强阅读能力，让阅读变悦读，从而打好学习英语的基础。"畅·悦读"课程依托绘本读物，引入孩子喜欢的朵拉、迪士尼英语，让学生获得良好的阅读体验，发展语言意识和阅读素养。同时，让学生在生活能力、人格涵养、美感与创造力的开展等方面，都能有所成长。

### （四）享·写作

《义务教育英语课程标准（2011 年版）》指出，小学阶段的英语教学要使学生掌握一定的英语基础知识和听、说、读、写技能，形成一定的语言综合运用能力。英语写作一直是我们小学英语学习和考核的重要组成部分，不同的年段会以不同的形式呈现。补全句子、完成短文、看图写短文都是写作的进一步延伸。英语写作可以说就是一个学生语言综合能力的反映。"享·写作"课程从低年级到高年级，在读的基础上进行书写字母、拼写单词短语、练习写简单句子，再到编写小短文，自创绘本。低段的创意字母卡片、自制单词卡片的图文结合，给学生逐步熟悉英文的过程，临写、抄写、仿写句子，再到高段编写图文并茂的句子、短文，练习的方式多种多样，展示的形式丰富多彩，从低到高循序渐进开展写作课程，让学生学习用英语思考、辨析、理性表达，用英语进行多元思维。

### （五）秀·沙龙

在小学英语教学中，培养儿童跨文化意识是极其重要的一部分。通过学生感兴趣的节日等相关教学，可以激起学生学习英语的兴趣。随着小学英语教学课程改革的不断推进，如何培养儿童的跨文化意识，如何提高跨文化交际能力，怎样通过节日文化的知识渗透，进行文化素养的培养，是小学课堂力求突破的一个问题。"秀·沙龙"课程以丰富多彩的英语活动和英语节日为展现形式，在音乐节进行英文歌曲歌谣比赛，特殊节日里制作英文手抄报，录制节日互动视频等，让学生在有趣的活动中感受中西方文化差异，拓宽视野，理解各国的文化元素，并学会尊重文化差异，培养跨文化交际能力，提高文化意识，进而提高学生的综合语言运用能力。

## 二、学科课程设置

基于学校特色课程设置的特点和内涵，具体的英语学科课程设置如下

（见表 3－2）。

表 3－2　合肥市稻香村小学"Fun"英语学科课程设置表

| 年级/学期 | 课程 | 趣·语音 | 乐·畅言 | 畅·悦读 | 享·写作 | 秀·沙龙 | |
|---|---|---|---|---|---|---|---|
| 稻香三村 | 上学期 | 有趣的字母 | 唱响 ABC | 英语口袋书 | 字母对对碰 | 新年快乐 | 字母节 |
| | 下学期 | 字母碰碰车 | 英文好歌会 | 绘本花园 | 多彩单词秀 | 爱的感恩妈妈我爱您 | 卡通节 |
| 稻香四村 | 上学期 | 拼读小蜜蜂 | 卡通时刻 | 朵拉英语阅读 | 句海拾贝 | 新年快乐爱的感恩 | 书写节 |
| | 下学期 | 闪闪单词秀 | 缤纷英语 | 迪士尼英语阅读 | 妙语连珠 | 静待花开快乐六一 | 美术节 |
| 稻香五村 | 上学期 | 行走的字典 | 英语角 | 小书虫故事会 | 主题表达 | 新年快乐爱的感恩 | 故事节 |
| | 下学期 | 语音大咖秀 | 脱口秀 | 小书虫俱乐部 | 手写我心 | 静待花开快乐六一 | 音乐节 |
| 稻香六村 | 上学期 | 英语趣配音 | 小小演说家 | 品读经典英语故事 | 创意小作家 | 新年快乐 | 故事节 |
| | 下学期 | 原音重现 | 我是小演员 | 悦享经典英语故事 | 快乐写作营 | 静待花开爸爸我爱您 | 音乐节 |

第四节

## 学科课程实施　让儿童在多元的英语课程中智趣巧生

《义务教育英语课程标准（2011年版）》指出："英语教学应根据学生的发展状况，整体规划各个阶段的教学任务，有效整合课程资源，优化课堂教学，培养学生自主学习能力，为学生的可持续发展奠定基础。"①

实施建议：　开展多样化丰富有趣的课程活动，培养学生的综合能力。

评价建议：　根据教学目标，采用灵活丰富的多元化评价，激发学生学习兴趣。

课程开发：　依托教材，有效整合和多方融合，使校本课程特色化。

课程实施：　以儿童为主体，开设多维的校本化课程，搭建个性展示的舞台。

课程评价：　多元的评价方式，如：自评、互评、成长记录袋等，激发学生学习英语的兴趣，提高学生学习英语的效率。

基于以上的实施与评价内涵，"Fun"英语课程从课堂到活动，构建完整的课程体系，培养学生学科素养，凸显英语特色。具体分为以下几个方面：

### 一、落实英语"Fun"课堂，让课堂闪耀智慧的光芒

#### （一）英语"Fun"课堂的内涵和要求

英语学科核心素养主要由两部分组成：其一是必备品格，包括文化品

---

① 中华人民共和国教育部.义务教育英语课程标准（2011年版）[S].北京：北京师范大学出版社，2012：25—29.

格和思维品质；其二是关键能力，包括语言能力和学习能力。基于我校的醇香课堂内涵，"Fun"英语课堂致力于小学英语的趣味、智慧、高效，将语言学习、语言技能、思维认知、文化意识等结合起来，体现英语学科育人价值。"Fun"英语课堂是寓教于乐的课堂，让儿童在学习中释放天性；是关注细节、愉快活泼的课堂，让儿童在学习中兴趣盎然；是教中寓美、美中同乐的课堂，让儿童在学习中提升素养。"Fun"英语课堂具有以下亮点：

1. 童趣。创设轻松的学习环境，教师语言亲切自然，构建童趣化的教学环境，让教室的每一面墙壁说话，让儿童的学习欲望得到最大程度的激发，努力将英语课堂设置成一个富有童趣、五彩斑斓的舞台，为儿童提供听、说、读、写的展示机会。

2. 乐趣。营造活泼的学习氛围，师生关系和谐融洽，鼓励儿童积极参与和主动思考，教师情绪饱满、表情丰富，致力于采用多种富有童趣化的教学方法，巧用肢体语言、直观教具、可视动画、音（视）频、简笔画、英语游戏、情景表演等，充分调动儿童学习的注意力和创造力。

3. 智趣。运用灵活新颖的教学模式，师生互动高效，课堂以生为本，尊重个体差异，教师创设符合儿童认知水平的语言环境，以小组为单位，在自主学习——小组合作——探究发现——交流分享——分层激励评价中启发学习灵感，激活儿童的想象力和思辨力，儿童在英语学习中学会用英语思维，对比中西方文化的差异，潜移默化地用英语讲述中国故事，传播东方文化，培养跨文化意识，提高学习力，提升学科素养。

**（二）"Fun"课堂的实践与操作**

结合以上价值观和内涵，"Fun"课堂采取的是"单元整体"教学设计。学生在理解学科知识的基础上要进一步提高自己的综合能力，学生能够在不同的情境下，运用所学知识和技能，创造性地解决问题。因此教师对教材的重组建构尤为重要。

1. "Fun"课堂"单元整体"教学设计，教师确定主题，研读教材，开发资源，根据学生学情，对单元内容进行统整、重组和拓展。基于英语核心素养，单元整体教学设计应设置合理、有趣，符合儿童认知的教学内容。"Fun"课堂"单元整体"教学设计具体遵循以下几个方面的整合原则：

（1）单元目标整合。"Fun"课堂的各课时目标应该是有机整合、循序渐进、互相渗透的，有效整合的课堂让学生的学习脉络更加清晰。

（2）单课话题整合。"Fun"课堂精心组合课时内容，构建主题情境，将各课知识点融会贯通，依托主情境的分课时话题，能唤醒学生认知，为开展真实的交际提供可能性。

（3）学习任务整合。"Fun"课堂巧妙设置任务驱动，创设连贯语境，紧扣主题，整个课堂鼓励学生的尝试和探索，课堂的语言习得水到渠成。

（4）教学语境整合。"Fun"课堂巧设语用情境，发展语用能力，搭建语用框架，促进语言输出，帮助学生实现"自己说"的质的飞越。①

单元的整体性主要体现在整合融合上，教学设计应综合考虑语法、词汇、情境和任务等与语言学习有关的因素，并使这些要素彼此关联，让语言知识与技能相结合，任务与功能相结合，从而提升学生整体把握文本的能力。

2. "Fun"课堂"单元整体"会话课教学模式

小学英语会话课设计梯度发展、相辅相成的教学活动，让学生在情境中感知、理解并运用语言，体现语言的交际性，培养学生思考和运用语言的能力。具体课堂遵循以下六环节。

（1）梳理知识，以旧带新。通过卡片、肢体语言、chant、歌谣、故事、模拟情景等途径创设相应的语言情境，对与本节课新知紧密联系的句型进行复习，为新课学习做好铺垫。

（2）激趣导入，整体感知。根据本节课内容设计问题链，采用任务型教学途径让学生带着问题听录音，让全体学生参与到听的活动中来，加深对文本的理解，根据学生感知文本的障碍点来确定新授内容的切入点，然后运用课件等教学手段移植情境，做到声像结合，图文并茂。

（3）创设情境，文本呈现。此环节中，教师要设计并引导学生进行大量的机械训练。听录音跟读模仿，自读课文，齐读及合作朗读课文。

（4）依托活动，意义操练。 a.用书上提供的情景，替换操练，表演对话。 b.交际性练习，如：自由会话，小组讨论，情景表演及话题描述，在

---

① 郁凌婷. 单元整体设计背景下小学英语教学实践与研究［D］. 上海：上海师范大学，2019.

活动中要遵循以下原则：操练目的明确、操练形式多而不乱、操练环节要循序渐进，情景创设要符合学生的生活实际。

（5）拓展创新，有效生成。拓展活动设计应走出文本走入生活，创设情景，高效的拓展活动课通过增设背景、文本重构、续编等方法，设计有层次有梯度的任务型活动，使学生去感悟、体验、内化和运用语言，启发学生主动创造思维，提高综合语言运用能力。

（6）多元评价，分层作业。将评价与教学过程自然有机结合，以推进课堂活动有序有效开展。教师对学生在课堂活动中的表现进行多维评价，既要包含考查学生知识点掌握与否的学业成果，也应包含学生学习习惯与课堂学力的表现。最后的作业布置应采取分层式，让每位学习者都能学有所得，增强学习自信心。

3. "Fun"课堂"单元整体"阅读课教学模式

小学英语阅读课设计有以下几点要求：明确阅读目标，激发学生阅读兴趣，排除学生的阅读障碍，指导学生阅读策略技能，培养学生理解思维能力。基于以上要求，"Fun"课堂阅读课教学遵循以下四环节：

（1）趣味导入，激发学生阅读兴趣。教师提前搜集和主题相关的材料，通过游戏、歌曲、猜谜等方式导入文本，带学生进入真实语境。

（2）把握问题，排除学生阅读障碍。设置任务单，学生在问题驱动下阅读、解决疑问，拓展学生的联想思维和创新思维，鼓励学生独立寻找信息的能力，从而理解文本。

（3）巧设任务，指导学生阅读策略。学生以不同层次的问题为主线开展阅读活动。通过速读、范读、精读等方式，鼓励学生猜词测意，积极开展课堂讨论，激发阅读思维。在阅读过程中注重生生评价，让学生体验成功的喜悦。

（4）灵活拓展，延伸学生阅读空间。学生阅读后，教师根据学生获得的语言材料，开展口头表达等后续活动，如讨论、角色表演、复述或总结等，以进一步拓展课文，提高学生灵活运用语言的能力。

总之，我们的小学英语课堂充满认知，充满体验，是体验式的课堂，是有情境的互动，是充满趣味的交流，是智慧火花的不停碰撞。

### （三）英语"Fun"课堂的推进策略

**1. 基于问题开展扎实有效的英语教研**

课堂是教学的主阵地，课堂教学是教学相长、研思提升的主要手段。教师团队建设、业务水平的提高尤其重要。我校英语教研组开展不同形式有意义的教研活动，如：案例剖析、教学主张分享研讨、课堂小问题的解决策略、教师校级教学能手评比等，每学期的英语教研活动做到定时间、定人员、定主题，通过集体备课评议，主要采用"课堂实例——无生上课——自评互评——发现问题——解决问题——成果收集"的形式，解决课堂教学中的困惑。此外，我们还尝试片段教学、听评优质课、双师模拟展示课、同课异构立体说课等"听—评—说—展"的模式开展特色的英语教研，通过扎实有效的教研活动解决教师日常教学中的常见问题，既转变了传统的校本教研模式，也使教师更清晰地确定教学目标，站稳课堂，有序有效组织课堂教学，达到共同提高教学业务能力的目的。

**2. 开展形式多样的"Fun"英语醇香工作坊**

我们英语团队有四名工作时间长、有方法有经验的学科骨干教师，以学校每学年开展的学习共同体活动为契机，借助师徒骨干教师联盟学习平台，学习共同体的每一位成员亦师亦徒，师傅们领先发挥榜样示范作用，徒弟们谦虚好学努力上进，通过开展骨干教师示范课、骨干教师微讲座、青年教师研讨课、师徒同课异构、撰写教学案例分析、教学设计剖析等，采取"走出去请进来"的学习方式，校内研讨交流与校外学习提高相结合的方法让师傅们"蓝"得更精彩，使徒弟们青出于蓝而胜于蓝。英语组每学期期末各学习共同体创建学习共享成果资源包，包括：理论学习、课例展示、总结反思、电子活动简报等，详细记录每学期的联盟活动过程，进一步推进"Fun"课堂的落实。

### （四）英语"Fun"课堂的评价标准

依据英语学科特色，以及"Fun"课堂的教学模式和基本步骤，以目标明确、内容准确为前提，饱满、童趣、生动、智慧、深远的教学过程为保障，扎实有效的教学效果为评价指标，制定英语"Fun"课堂评价表（见表3-3）。

表 3 - 3　合肥市稻香村小学英语"Fun"课堂评价表

| 评价项目 | | 具体要求 | 优秀 | 良好 | 合格 | 待合格 |
|---|---|---|---|---|---|---|
| 目标 | | 1. 目标明确，能针对学科特点和孩子实际学情，确定符合儿童心理和儿童认知的要求；<br>2. 突出情感教育的重要性，把方法、兴趣、习惯等非智力因素纳入教学目标；<br>3. 教学重心定位于孩子的可持续发展。 | | | | |
| 内容 | | 1. 教材把握准确，拓展资源丰富；<br>2. 重难点把握准确，并有所突破；<br>3. 关注孩子学习经验和认知水平，具有儿童性和趣味性，是传播美的教育。 | | | | |
| 过程 | 孩子 | 1. 学习积极性高，情绪饱满，思维活跃，有竞争合作意识；<br>2. 通过动手实践、相互合作、尝试探索等手段，运用多种感官参与学习；<br>3. 为解决问题积极主动地去搜集、整理信息，形成自己的想法；<br>4. 养成善于倾听他人意见的习惯，并进行正确的评价，勇于提出自己的观点，表达自己独特的感受。 | | | | |
| | 教师 | 1. 情绪饱满，尊重孩子；教育观念新，教学中善于运用新的教育教学理论、研究成果；<br>2. 让学生的学习环境更具个性，保护和关注孩子的情感体验；<br>3. 重视学生的创新思维和实践能力；<br>4. 重视引导孩子独立思考、主动探索、动手实践和交流合作的基本素养和技能；熟练掌握教育教学资源。 | | | | |
| 效果 | | 1. 较好地完成教学目标；<br>2. 有积极的情感反应；<br>3. 不同层次的孩子都能感到成功的喜悦，都有不同的收获；<br>4. 能快乐主动地学习。 | | | | |
| 总评 | | | | | | |
| 备注 | | | | | | |

## 二、丰富"Fun"英语微课程，让儿童的学习充满个性

### （一）"Fun"英语微课程的设置

1. "Fun"大主播微课程——"Teachers' guidance"示范引领

微课程的设置是落实在课堂的，是面向全体的。在课堂教学中，我们积极探索"Fun"英语课堂教学模式，开发基于教学主张的微课程，在将其嵌入

课堂教学的过程中，实现国家课程的校本化。英语组教师善于捕捉教学情境中的问题、发现深层次的学习问题，挖掘生活中的细节问题，勤于开拓学用渠道，丰富教学手段，积极关注培养学生的语言能力，重在提升学生学习和创新能力，凸显思维能力和文化品格的培养。让学生在整合与开发的基础型、拓展型和探究型的不同类别的课程学习中，提高综合素养，奠定基础。

"Fun 英语"课程，在基础性课程的基础上，延伸出拓展性课程和探究性课程。《义务教育英语课程标准（2011 年版）》指出："结合实际教学需要，创造性使用教材；合理利用各种教学资源，提高学生的学习效率；组织生动活泼的活动，拓展学生的学习渠道都是课程实施的重要途径。"① 因此我们不能唯国家课程，唯教材，我们可以根据各年级的年龄特征，拓展学生的学习渠道，增加我们的微课程，让我们的英语课堂学习更加丰富。具体来说，中段的课堂，我们以激趣为主线，准备了大量孩子乐唱乐学的歌曲，设置新颖的写单词、单词配图的作业，以趣味作业的形式巩固所学课程，并给孩子尽可能多的感官刺激，让孩子在卡通世界里畅游；高段的课堂除了听说领先，读写也要跟上，脱口秀，配音秀，主题写作及创新展示经常会在我们的班级中出现，孩子将所学知识展演出来，真正做到快乐学习，学以致用。

英语组教师为丰富课堂教学内容，收集了大量与教学内容一致的专题课程资源。在资源库中，把关于天气、服装、心情、假期等话题的歌曲、动画、绘本短视频集融入课堂教学后，制作成课堂小微课，丰富课程教学内容。教师的小微课在课前充分调动学生积极性和提高学习兴趣，在课中起到总结归纳的作用，在课后起到复习巩固的效果。

2. "Fun"小主播微课程—"Mini-teachers"实践行动

《义务教育英语课程标准（2011 年版）》指出："在义务教育阶段，学生逐步形成有效的学习策略对于提高学习效果十分重要。根据学生的认知特点和学习风格，整体安排学习策略的发展目标，有目的、有计划、有步骤地指导学生发展具体的学习策略，把学生培养成为自主的学习者。"②

---

① 中华人民共和国教育部 . 义务教育英语课程标准（2011 年版）[S] . 北京：北京师范大学出版社，2012：29.

② 中华人民共和国教育部 . 义务教育英语课程标准（2011 年版）[S] . 北京：北京师范大学出版社，2012：27—28.

学生是学习的主体，"Fun"英语小主播们用别样的方式体验自主学习，将好的学习方法传播给其他同学，生生学习，生生互动。我们的小主播们主要分为：单词记忆小主播—小主播举例介绍单词记忆的经验和方法；阅读方法小主播—小主播推荐阅读书籍，介绍如何通过阅读积累词汇，提高理解力的方法；语法讲解小主播——小主播进行语法讲解，用生动的句子和语篇来诠释所学语法的概念。我们把这些小主播们的微课程引入课堂，资源共享，使儿童兴趣高涨，注意力集中，思维活跃，学生能够更好地掌握知识，发展技能。

教学单元内容之前，我们会根据孩子的学习兴趣，划分主播小组。在教学单元课程之前，根据单元内容，让小主播们提前录制小微课，每个小组都有不同的录制要求。单词教学组要求：（1）用我们教学的记忆单词法讲解记忆诀窍。例如：同类词记忆法、同音词记忆法、组合记忆法等。（2）发音准确清楚，根据重点句型替换练习朗读。（3）拓展词汇在不同语境中的使用，让词在不同类型的句子中反复运用。教学 Let's learn 时，教师会把孩子的作品视频在课堂上展示给大家。

教学单元内容让学生做完基础训练后，语法讲解组着手就基础训练内容进行整合和提炼，录制成微课让大家课后巩固。语法讲解组录制要求：（1）挑选本单元的重难点类型题目进行归纳整理并标注。（2）根据老师上课讲解的内容在题目上做好语法标注，写出语法解析。（3）典型题目或者难点题目，要拓展几道相关题目再次练习巩固。

单元教学完后，阅读小主播的作品也会作为拓展内容分享给同学们。阅读小主播的具体操作要求有：（1）根据本单元的知识点去寻找相关文章，内容可以是自己的英语绘本，也可以是英语书上的 Story time。（2）可以是小伙伴之间合作朗读，也可以邀请家人或者朋友一起分角色扮演。这些阅读小视频会作为课外资源发到孩子手中，让孩子们以简单的课本为依托，通过课外阅读去打开另一扇窗。

教学一个单元之后，我们布置单元课外任务，让学生自愿完成。小主播们制作教学微课的具体操作方法如下：（1）孩子在完全可以背诵的基础上寻找合作伙伴来拍摄视频。（2）创设真实的情景，让孩子置身其中，用真实的道具进行沟通和交际。（3）口语表达要尽量模仿书本的语气语调，可以创编新的对话加入其中，孩子情绪情感要饱满真实。（4）可以去餐厅、超市等真实场所拍摄，让交际更有实际意义。或者寻找身边出现的外国人，主动交际，拍下视频。（5）小组要讨论创意，学会合作和分享，特别是要帮助基础薄弱的学生巩固本单元的知识点。（6）将录制的视频填写好"班级姓名＋单元＋链接"发送在班级群内，老师观看后会对微课视频做出评论，优秀创意视频将在班级进行展示。通过学生视频制作以及指导和点评，让孩子们把课内知识无限拓展到课外，生成的语言内容完全超出了课本，并有效地巩固了单元知识内容。

英语课堂教学的拓展与延伸会丰富学生的第二语言世界，拓展学生的思维空间，培养学生创造性思维、创新意识和实践能力，让学生吸收到足够的营养，满足他们成长的需要。

### （二）"Fun"英语微课程的评价要求

1. 课程群是一个完整的体系，评价要从具体课程的理念、设计、实施、评价、反思方面看待课程的完整性，微课程方案评价表如下（见表3-4）。

表3-4 合肥市稻香村小学"Fun"英语微课程方案评价量表

| 评价项目 | 评价要求 | 评价分数 | | |
| --- | --- | --- | --- | --- |
| | | 等级 | 教师自评 | 课程组评 |
| 课程目标 | 与国家课程、地方课程紧密联系。 | | | |
| | 目标设定明确清晰。 | | | |
| | 体现"Fun"英语基本理念和学科素养。 | | | |
| | 以学生为中心，因材施教。 | | | |
| 课程内容 | 教材框架清晰，组织有序，层次分明。 | | | |
| | 科学性启发性强，突出能力培养。 | | | |
| | 理念新颖，教学主张特色鲜明。 | | | |
| 课程意义 | 体现育人目标。 | | | |
| | 提高学生学科素质。 | | | |
| | 培养学生核心素养。 | | | |
| 课程评价 | 可操作性强，方法科学，具有激励性。 | | | |
| 学生评价 | 对课程感兴趣，愿意积极参与。 | | | |
| 总评 | | | | |

2. "Fun"英语小主播微课程方案标准

"Fun"英语小主播微课程主要从内容选题、方案设计、综合评价这三个方面进行评判。内容选题要与介绍的课题相关，有代表性；方案设计方面，设计目标清晰合理，设计过程重点突出、通俗易懂，教学方法形象生动、启发引导性强，设计构思新颖、有创造力；综合评价中目标要完成、解决问题要充分调动学习者的兴趣和积极性，让学习者学有所获。

## 三、创设"Fun"英语嘉年华，让儿童世界充满童趣

### （一）"Fun"英语嘉年华的设置

儿童英语世界是精彩纷呈的，通过以节日为载体的英语活动能够培养学生的跨文化交流意识。结合中西方传统节日、国际节日等的活动课程，能够帮助学生更好地理解英语、运用英语，促进国际意识。在儿童节、妇女节、父亲节等节日中，我们设计了各种跨学科的节日课程活动，介绍中西方的节日文化。除此之外，根据英语学科特色，学校每年精心策划具有英语特色的"Fun"节日，包括故事节，书写节，音乐节等，学生在各具特色的节日竞赛活动中树立自信，展示自我，培养个性，提高素养。"Fun"英语特色节日课程安排如下（见表3-5）。

表3-5 合肥市稻香村小学英语特色节日课程安排表

| 时间 | "Fun"嘉年华 | | | | "Fun"Party | | |
| --- | --- | --- | --- | --- | --- | --- | --- |
| | 年级 | 节日 | 课程 | 实施 | 年级 | 课程 | 实施 |
| 一月 | 三~六年级 | 元旦 | 新年快乐 | 庆元旦英文手抄报 | 三年级上 | 字母节 | 趣味字母书写大赛 |
| 三月 | 一~三年级 | 妇女节 | 妈妈，我爱您！ | 制作英文贺卡送妈妈 | 三年级下 | 卡通节 | 1. 观看英文卡通电影 2. 开展cartoon show表演赛 |
| | 四~六年级 | 植树节 | 静待花开主题课程 | 种植一种植物或花，并制作英文绘本 | 四年级上 | 书写节 | 英语词句书写大赛 |
| 六月 | 四~五年级 | 儿童节 | 快乐六一 | Happy Kids英语故事演讲比赛 | 四年级下 | 美术节 | 趣味词句小书制作 |
| | 六年级 | 父亲节 | 爸爸，我爱您！ | 用英语给爸爸写信，说说心里话 | 五年级上 | 故事节 | 英语童谣、故事大赛 |

| 时间 | "Fun" 嘉年华 | | | | "Fun" Party | | |
|---|---|---|---|---|---|---|---|
| | 年级 | 节日 | 课程 | 实施 | 年级 | 课程 | 实施 |
| 十一月 | 全校 | 介绍西方节日 | 爱的感恩 | 各年级开展不同形式的"Fun"英语节日 | 五年级下 | 音乐节 | 经典英文电影片段配音大赛 |
| | | | | | 六年级上 | 故事节 | 英语课本剧表演 |
| | | | | | 六年级下 | 音乐节 | 英文说唱（Rap）大赛 |

### （二）"Fun"英语嘉年华评价

嘉年华节日课程以活动为主要实施手段，在班级中开展选拔，在学校中展示表演，给每位孩子提供了施展才艺的舞台，创设了充满童趣的儿童世界。具体课程评价标准如下：

1. 主题要新颖，要有明确的指向性，有特色，创设的情境要关注孩子英语语言能力提升。

2. 内容活动具有典型性，有感染力。以课标内容为依托，联系实际、贴近学生生活，展示学生个性特长。

3. 形式丰富多样、学生喜闻乐见，创设节日环境、烘托主题。

4. 活动过程中学生参与度高，能体验感知不同国家文化的差异。

5. 活动效果：学生能参与、体验、感悟，学生思想境界得到提升。

独具特色的节日课程，给孩子带来了美好的体验，留下了幸福的回忆。英语节日活动通常有动手制作、故事比赛、音乐比赛等形式，每一项都对学生有不同的评价标准：

1. 贺卡制作、小报展示。

优：图文并茂、制作精良、句子工整。

良：图文并茂、书写有个别错误。

合格：设计不够美观，过于简单。

2. 故事、童谣大赛。

优：主题鲜明、发音清晰、语音准确。

良：主题突出、语音语调相对准确。

合格：有主题，语音语调有错误。

3. 英文歌曲、 Rap 大赛。

优： 主题鲜明、发音清晰、乐感强、肢体语言丰富。

良： 主题突出、发音清晰、表现力不够丰富。

合格： 有主题、乐感弱、表现力较弱。

4. 英语美文书写大赛。

优： 书写规范、卷面干净整洁。

良： 书写较规范，卷面较干净。

合格： 书写有少数错误，卷面有涂改。

## 四、创建"Fun"Club，让儿童在缤纷社团中张扬个性

### （一）"Fun"英语 Club 设置

社团课程在于培养学生兴趣爱好，增长见识，拓宽视野，丰富学生的课余生活，具有灵活性和可塑性的特点。依据英语语言技能听说读写的目标，遵循儿童爱说敢演的天性，稻香村课程设置了缤纷英语、英语小剧场、小小外交官等特色社团。在社团创建过程中，我们根据不同年段学生的水平，发展和培养学生的综合语言运用能力，并充分利用各种可操作性资源积极探究开发具有学校特色的校本课程。"Fun"英语 Club 的设置如下：

稻香三村： 缤纷英语、英语话剧表演、"悦读"越有趣。

稻香四村： 英语趣配音、英语话剧表演、"悦读"越有趣。

稻香五村： 小小演说家、英语话剧表演、"悦写"越有趣。

稻香六村： 小小外交官、英语话剧表演、"悦写"越有趣。

### （二）"Fun"英语 Club 课程内容

缤纷英语： 以情境教学法、故事教学法和游戏教学法为主导，为学生创设最真实的语言情境。每课一个话题，通过主题动画视频、英文歌曲、英文故事、模拟生活情境等方式，让学生在轻松愉快的氛围中掌握知识、提升自信，提高综合运用语言能力。

语趣配音： 在种类繁多的配音影片中，精选学生喜欢的，具有教育意义的电影片段配音，以多媒体方式呈现给学生，创设轻松愉快的语言学习环境，让孩子对语言学习充满兴趣，培养学生语言表达、社会交际能力。

小小演说家： 培养孩子语言表达能力和舞台表现能力，给孩子提供平台

畅说英语，展示风采，培养孩子独立自信的品格。

小小外交官：以培养沟通交流能力为主，用英语介绍国外的景点、名人、美食、交通等，通过学习，了解不同国家的文化和礼仪。

英语话剧表演：系列 Club 课程，以童话故事为主要学习载体，孩子在看、听、演的过程中用口语去表达，通过不同故事的情节和背景，激发孩子的创作欲望，在提高孩子口语表达能力的同时，培养发散思维，提高创造能力。

"悦读"越有趣：系列 Club 课程，为巩固和增加学生的词汇量，提高阅读速度，提升阅读理解能力，掌握阅读技巧，从低年级的小诗、韵文、绘本，到高年级的故事阅读，开发阅读材料，营造阅读氛围，从而激发孩子的整体阅读兴趣，让孩子"悦读"越有趣。

"悦写"越有趣：系列 Club 课程，帮助学生积累趣味的图片和写作的素材，创设趣味情境，培养学生的写作能力。

（三）"Fun" Club 的评价

"Fun"英语社团创造情境、创新思路、创设课程，逐步规范化、系统化，成为稻香村课程一道亮丽的风景线，主要通过以下几个方面进行评价：

课堂管理：教师按时到岗、教师管理能力、学生出勤率、课堂纪律。

活动记录：备课情况、活动主题、活动内容、活动形式。

场地管理：地面卫生、桌椅整理、物品摆放、教具及多媒体的使用情况。

特色展示：活动过程报道、学习作品展示、学习成果分享。

## 五、开设"Fun" Corner，让儿童在英语角中展示自我

### （一）"Fun" Corner 展现形式

《义务教育英语课程标准（2011 年版）》指出，教师要通过创设各种贴近生活的真实情境，采用循序渐进的语言实践活动，以及各种有效的方法，培养学生用英语做事情的能力。

班级创设一系列的"Fun" Corner，为学生搭建展示自我的缤纷舞台。英语角主要有以下几个类型：

1. "Fun"脱口秀：英语课前五分钟，依据学习内容，孩子自备分享内容，按顺序展示英语脱口秀，例如：学习天气单元可以尝试做天气预报员播

报本周天气；学习食物单元可以谈论自己和家人喜欢的美食；也可以做绘本阅读分享，绘声绘色朗读绘本……巧妙利用课前五分钟，让孩子在五彩缤纷的世界里畅游。

2. "Fun"书写吧：听说读写是英语学习的必备技能，每单元学习结束后，教师分层给孩子提供一些适合本年级的英语美文，开展书写竞赛，让孩子在抄写美文的同时，提高自己的书写能力。赛后以班级为单位展示优秀的书写作品，一块小小的英语园地，既提高了孩子们的基本技能，也让他们发挥自我潜能，增强学习自信。

3. "Fun" Team：在课内外的探索学习活动中，四到五人组成一个英语学习互助小组：课内小组学习可以通过听写单词、背诵课文、单词竞赛等形式，互相检查知识掌握情况，巩固课堂学习效果；课外小组学习可以开展形式多样的兴趣活动，将教学活动由课堂延伸至课外，例如：英语配音秀、话剧表演、英文小诗创作等，通过线上和线下多种形式，展示小组学习成果。"Fun" Team让每个孩子的英语特长得到更好的发展，尽情释放自己的语言和天性。

### （二）"Fun" Corner 的评价—成长记录袋

"Fun" Corner 尊重学生的个体差异，给孩子提供了丰富多彩的平台，鼓励学生发扬个性，发挥特长，展现自我，扬帆起航。教师可以通过拍照、录像等形式，记录孩子的作品和表演，以成长记录袋的方式进行评价。以下是具有英语学科特色的成长记录袋评价表（见表 3-6）。

表 3-6　合肥市稻香村小学 "Fun" Corner 成长记录评价表

| Name_____　Class_____ | | | | |
|---|---|---|---|---|
| (stick your own photo) | | | | |
| Date | Content | Teacher's comments | Team's comments | Parents' comments |
|  |  |  |  |  |
| Works Show（stick your photos） | | | | |
|  | | | | |

## 六、设计"Fun"假期课程，让儿童的学习灵活多样

### （一）假期课程的实施

漫长的假期，学生缺乏英语学习氛围，容易出现知识学习断层的情况。每年在老师们的精心设计下，我校丰富的"Fun"英语课程，在假期得到了延续。通过灵活多样、扎实有效的寒暑假特色作业，学生保持了学习英语的热情，培养了文化视野和探究意识，更加提高了自己的综合语言运用能力。我们的 Wonderful winter vacation，以"新年"为主题，各年级开展庆新年的英语活动，让我们"趣·沙龙"文化节日课程有效实施，课程设置表如下（见表 3-7）。

表 3-7　合肥市稻香村小学"Fun"英语 Wonderful winter vacation 设置表

| 年级 | 课程名称 | 实施 |
| --- | --- | --- |
| 稻香三村 | 1. 有趣的字母<br>2. 英语口袋书 | 制作特色字母、单词卡、口袋书。 |
| 稻香四村 | 1. 卡通时刻<br>2. 趣沙龙（新年快乐） | 1. 新年主题英语手抄报。<br>2. 自选阅读两本有趣的绘本。 |
| 稻香五村 | 1. 行走的字典<br>2. 趣沙龙（新年快乐） | 1. 寻找生活中的英语（Life English）。<br>2. 以新年为背景自选场景录制视频。 |
| 稻香六村 | 1. 创意小作家<br>2. 趣沙龙（新年快乐） | 1. 思维导图复习英语知识。<br>2. 录制新年文化介绍和新年视频。 |

孩子一学年的课程结束迎来暑假，而暑假相对寒假来说时间较长，我们以绘本阅读为载体，让孩子在漫长的假期中真正做到 Enjoy reading，Enjoy English，课程设置表如下（见表 3-8）。

表 3-8　合肥市稻香村小学"Fun"英语 Enjoyable summer holiday 设置表

| 年级 | 课程名称 | 实施 |
| --- | --- | --- |
| 稻香三村 | 1. 多彩单词秀<br>2. 绘本花园 | 1. 制作特色单词卡。<br>2. 阅读语音绘本。 |
| 稻香四村 | 1. 句海拾贝<br>2. 迪士尼英语阅读 | 1. 新年主题英语手抄报。<br>2. 欣赏阅读迪士尼电影动画。 |
| 稻香五村 | 1. 脱口秀<br>2. 小书虫俱乐部 | 1. 复习课文话题短文，自选表演。<br>2. 自选两本绘本阅读，分享阅读在英语群。 |

| 年级 | 课程名称 | 实施 |
|------|----------|------|
| 稻香六村 | 1. 我是小演员<br>2. 悦享经典英语故事 | 1. 复习课文话题短文，自选表演。<br>2. 教师推荐经典英语故事两篇，阅读卡记录。 |

### （二）假期课程评价方法

假期特色作业丰富多彩，通过单词复习、实践活动、拓展阅读等形式多样的活动，培养学生的创新思维能力，促使学生在个性化英语学习中趣味学习，快乐成长。其评价形式主要有以下几个方面：

"Fun" Corner show——课堂展示成果，生生互动学习。

假期作业展示秀——文本收集成册，数据资源共享。

## 七、注重 E-studying，让儿童的学习跨越时空

### （一）E-studying 学习形式

由于英语学科的特殊性，跨越时空的线上学习已成为一种新型的学习方式。具体形式如下：

1. 创建英语学习群，交流互动共享。平时我们利用英语学习群进行英语课内外朗读的分享，孩子和家长在群中针对英语朗读进一步交流，家校合作形成合力，促进孩子成长。

2. 创设英语资源包，分享互助拓展。教师每学期给孩子提供丰富的音频、视频的歌曲、绘本、影视欣赏等资源，为其提供多元化的优质课外学习资料，有效补充了课内学习的不足，将课堂学习延伸到课外生活。

3. 开展线上学习小组，合作探究创新。每学期班级依照学生的学习能力、性格特点等条件进行分组，每组选拔学习和管理能力强的孩子成为组长，小组长负责线上资料分发收集、主题研讨、活动引领、意见反馈等职责；所有孩子根据自己的性格特点和习惯爱好形成线上小组。线上小组学习每周开展一次，讨论解决学习中遇到的困难。将学习小组迁移到云平台，创新了学习模式，让学生的学习变得更主动，小组成员之间的分层合作、小组交流、教师指点激发了学习热情、挖掘了学习潜能。

（二）E-studying 评价方法

"云"上学习让老师和同学们隔着屏幕实现互动学习分享，通过网络，我们可以搜索到需要的资料、获知国内外大事、积累学习素材，云端交流学习进一步提高了学生的主动性和积极性，为更好地检测学习效果，我们的云学习评价主要从以下几个方面进行：

优秀作业展示——儿歌（歌曲、朗读）音频、趣配音视频、绘本阅读 Reading Report；

优秀学习小组——制定学习计划、制作学习简报、汇编学习作品、展示学习成果；

优秀学习学员——积极参与、明确分工、自主学习、合作交流。

给孩子一个方向，让他们奔跑前行；给孩子一个角落，让他们乐趣无穷；给孩子一个舞台，让他们展现个性；给孩子一个空间，让他们拥抱世界！"Fun"英语课程，让孩子们在趣味、灵活、美好、自由的学习中，一路成长，一路歌唱！

（撰稿人：郑鹏鸣　邢素丽　戴艳　窦娜　陆东红　徐梦晓）

# 第四章

音乐是流淌的旋律，旋转的舞步，飞扬的歌声，智慧的启示，愉快的合作，更是情感的表达。我们引导儿童在灵动的空间中载歌载舞，在灵韵的课堂中绽放精彩，在多彩的活动中展示自我……用跳动的音符谱写生活的乐趣，用丰富的情感润泽醇香童年。

灵动音乐：让音乐文化滋养儿童美好心灵

　　合肥市稻香村小学教育集团音乐教研组现有教师 10 人，其中合肥市小学音乐骨干教师 2 人，蜀山区骨干教师 2 人，高级职称 1 人，一级职称 2 人。音乐教研组团结协作，研究氛围良好，曾获全国信息技术融合课例二、三等奖，安徽省优质课大赛二等奖，安徽省音乐学科论文一等奖，安徽省微课一等奖，安徽省艺术节展演二等奖，合肥市中小学艺术节展演舞蹈、合唱一等奖、合肥市优秀学生戏曲社团等荣誉。我们根据教育部《关于深化课程改革，落实立德树人根本任务的意见》以及《义务教育音乐课程标准（2011 年版）》文件精神，推进音乐学科课程群建设。

第一节

# 学科课程哲学　让灵动音律
# 陪伴美好成长

## 一、学科性质观和价值观

　　《义务教育音乐课程标准（2011 年版）》将音乐课程性质总结为"三性"——审美性、人文性和实践性。"人文性是指音乐是文化的重要组成部分，是人类宝贵的精神文化遗产和智慧结晶，无论从文化中的音乐，还是从音乐中的文化视角出发，音乐课程中的艺术作品和音乐活动，皆注入了不同文化身份的创作者、表演者、传播者和参与者的思想情感和文化主张，是不同国家、不同民族、不同时代文化发展脉络以及民族性格、民族情感和民族精神的展现，具有鲜明深刻的人文性。审美性"以美育人"的教育思想与我国的教育、文化传统一脉相承，是培养德智体美全面发展的社会主义建设者和接班人的教育方针的有机组成部分。通过音乐培养和提高学生感受美、表现美、鉴赏美、创造美的能力，陶冶情操，发展个性，启迪智慧，丰富和发展形象思维，激发创新意识和创造能力，全面提升学生的素质。实践性是指音乐音响不具有语义的确定性和事物形态的具象性。音乐课程各领域的教学，只有通过聆听、演唱、演奏、综合性艺术表演和音乐编创等多种实践形式才能得以实施。学生在亲身参与这些实践活动过程中，获得对音乐的直接经验和丰富的情感体验，为掌握音乐和相关知识和技能、领悟音乐内涵、提高音乐素养打下良好基础。"①

---

① 教育部基础教育课程教材专家工作委员会.《义务教育音乐课程标准（2011 年版）》解读
　　［M］. 北京：北京师范大学出版社，2013：30.

学科的性质决定了音乐学科课程既要注重培养儿童的基础知识和技能，也要注重培养儿童的审美意识，提高儿童感受音乐，鉴赏音乐，表现音乐，创造音乐的能力，提高儿童整体审美素养。让儿童掌握"自然歌唱"，学习"乐理知识"，了解"多元文化"，学会"合作创造"，提高"审美情趣"，所以音乐学科是灵动的、有创造性的。在综合的艺术学习中潜移默化的艺术审美教育伴随儿童生命成长，让儿童热爱生命热爱生活，通过唱、跳、说、演等各种表现形式释放儿童天性。

《义务教育音乐课程标准（2011年版）》指出："音乐课程的价值在于：为学生提供审美体验，陶冶情操，启迪智慧；开发创造性，发展潜能，提升创造力；传承民族优秀文化，增进对世界音乐文化丰富性和多样性的认识和理解；促进人际交往、情感沟通及和谐社会的构建。"① 因此音乐课程要实现让儿童养成健康、高尚的审美情趣和积极乐观的生活态度；激活儿童的表现欲望和创造冲动，使他们的想象力和创造性思维得到充分发挥；养成儿童共同参与的群体意识和相互尊重的合作意识；增进对不同文化的理解、尊重和热爱；通过学习系统的国家与校本音乐课程实现价值目标。

**二、学科课程理念**

小学阶段是儿童学习音乐的基础阶段，通过音乐课程，引导儿童学习音乐，陶冶情操，学会感受与鉴赏美，通过美妙的声音，律动的节奏去表现对音乐的理解。在音乐学习中弘扬、传承民族音乐文化，让儿童体验、发现、表现、创造和享受音乐之美，把"学习音乐的终极目标从'学习音乐知识'转移至'学习体验音乐'。"② 在原有音乐课程基础上结合稻香村小学"让美好与儿童相伴相随"的课程理念，研制我校灵动音乐课程。

《乐记·乐本篇》："凡音之起，由人心生也。人心之动，物使之然也。感于物而动，故形于声。声相应。故生变；变成方，谓之音。比音而乐之，及干戚羽旄，谓之乐。"音乐是人情绪情感的表达，每个儿童都是一个快乐的音符，在音乐中感受生活、体验生活。"灵"即灵活、巧妙、活动迅速，就像儿

---

① 教育部基础教育课程教材专家工作委员会.《义务教育音乐课程标准（2011年版）》解读 [M]. 北京：北京师范大学出版社，2013：30.
② 梁宝华. 音乐创作教学 [M]. 北京：人民音乐出版社，2014：7.

童蓬勃的生命一样,"动"即行动、律动。"灵动音乐"就是让活泼灵巧的儿童循着旋律感受美好,让他们在音乐中启迪智慧、滋养身心,建立自我价值。依据"灵动音乐"课程哲学,我们提出了"让音乐文化滋养儿童美好心灵"的学科课程核心理念。在灵动的学习过程中,践行用灵巧的音律以美育人,培养儿童的音乐素养。小学音乐课程的基本理念是"以音乐审美为核心,以兴趣爱好为动力;强调音乐实践,鼓励音乐创造;突出音乐特点,关注学科综合;弘扬民族音乐,理解音乐文化多样性;面向全体学生,注重个性发展。"

基于音乐教育的终极目标,"灵动音乐"在内容上,让儿童以审美能力为核心去主动学习,积极参与各种音乐活动;在创造和表现上,让儿童关注音乐文化的多元性,去体验、发现生活的美;在灵巧律动中,让儿童去参与音乐活动,锻炼交往、合作、创新的能力;通过听、说、唱、跳、演、看等多种学习方式,培养儿童形成良好的素养,实现学习音乐知识转移至学习体验音乐,感受生活之美。

**"灵动音乐"是多元的音乐**。《〈义务教育音乐课程标准(2011 年版)〉解读》中指出:"音乐是文化的重要组成部分,是人类宝贵的精神文化遗产和智慧结晶。"[①] 通过课堂内外的学习和活动,掌握各种音乐技能和知识,欣赏对比不同地域具有特色的民族音乐之美,聆听来自深远历史的悠扬之声。在学习中带领儿童了解文艺复兴、巴洛克、雅乐、燕乐等不同国家不同时代的民族音乐文化,传承各个历史阶段人类音乐文明的发展,吸纳优秀音乐文化,提高儿童审美情趣;在学习中通过聆听音乐会,观看纪录片、话剧,参观大戏院等方式感受音乐的多元性,体验情感共鸣。因此,"灵动音乐"让儿童在广阔的音乐学习中,了解世界和本土文化艺术在不同时代发展中的不同风格。在学习的过程中不断完善审美,提升核心素养综合认知能力,所以它是多元的音乐。

**"灵动音乐"是创造的音乐**。创造是音乐灵感激发的动力,是音乐学习的重要手段和目标;创造是帮助儿童感受自然、感受生命的方法途径,是音乐学习的灵魂。灵动音乐让儿童通过参与多种综合艺术实践创作活动让儿童在

---

① 教育部基础教育课程教材专家工作委员会.《义务教育音乐课程标准(2011 年版)》解读 [M].北京:北京师范大学出版社,2013:52.

学习的过程中，开拓创新，激发创作灵感，体验音乐的乐趣，感悟生活之美。在音乐教学实践中，创造教学要求儿童发挥艺术的特殊功效，运用表情、动作、声音、技能等表现音乐，释放心灵的情绪。在已有的音乐技能基础上把节奏、音高，通过创编新的乐句组合变成新的旋律，创造新的音响效果。儿童在创造中根据自己的理解为标题音乐或者无题音乐进行个体或集体创编动作或者音乐故事，让儿童打开思维的大门，大胆创新，大胆尝试，合作表现。"灵动音乐"面向全体儿童，引导他们在音律的世界去寻找属于自己的创造空间，用动作、语言、声音、节奏等各种形式，表现自己对音乐的理解和对艺术的感知，形成个人对音乐独特的思考，所以创造是它的灵魂。

**"灵动音乐"是综合的音乐**。音乐是综合的艺术，时间的艺术，空间的艺术。它综合了美术、戏剧、语言、表演等各学科，既是跨界整合，又是儿童创造表现的空间艺术形式。"灵动音乐"为各个学科之间搭建了融合的平台，让儿童看到更广阔的空间。音乐是艺术重要的组成部分，它与各领域文化的密切关联，使得此课程与其他学科课程之间可以相互融合。音乐关注学科综合的原则，把感受、欣赏、表现、创造等教学的各方面结合起来，让儿童参与综合体验。灵动音乐是综合的音乐，能通过吟诵古诗词来巩固对诗歌意思的理解，更好地感受韵律美和意境美；能通过节奏、节拍、和声与数学的数量概念结合，拓展逻辑思维；能通过强有力的旋律感、节奏感让广播操、韵律操更为规范，动感四射；能通过听觉与视觉的结合，让音乐和美术相融合，更加形象深刻地理解艺术作品。能通过各种节日让儿童参与表演创造，与人沟通，例如在戏剧节中培养舞台布置，服装搭配，道具化妆，了解人物性格，学习创作剧本等各方面的综合能力。

**"灵动音乐"是自然的音乐**。音乐的行为方式是作为说明其"原本性音乐"的首要特征。原本的音乐是自然的、淳朴的。"灵动音乐"在这里的作用在于，它使儿童成为一个主动者参与其中，而不仅仅是一个聆听者。它面向全体儿童，从儿童本位出发，结合自然、文化、语言、民歌、童谣甚至是方言，开展律动、吟唱、舞蹈、旋律线条、综合性表演等音乐活动，感受音乐带来的快乐，激发学习音乐的潜能。马儿奔跑的哒哒声，潺潺流水的叮咚声、风吹树叶的哗哗声、婉啭莺啼的鸟叫声……这些来自自然的声音让儿童体验音乐，感受自然乐趣。

第二节

# 学科课程目标 在灵趣氛围中涵养美感

## 一、学科课程总体目标

《义务教育音乐课程标准（2011年版）》对课程总目标的表述为："学生通过音乐课程学习和参与丰富多样的艺术实践活动，探究、发现、领略音乐的艺术魅力，培养学生对音乐的持久兴趣，涵养美感，和谐身心，陶冶情操，健全人格。学习并掌握必要的音乐基础知识和基本技能，拓展文化视野，发展音乐听觉与欣赏能力、表现能力和创造能力，形成基本的音乐素养。丰富情感体验，培养良好的审美情趣和积极乐观的生活态度，促进身心的健康发展。"[①] 我们依据《义务教育音乐课程标准（2011年版）》制定了学校音乐课程的总体目标，即儿童通过灵动音乐课程学习，具备一定的音乐技能知识和音乐素养；能主动参与音乐创造体验，培养儿童积极健康的生活态度、高尚情操、友爱精神；能通过欣赏优秀音乐作品培养儿童对多元文化的理解，尊重艺术，理解文化多样性；能通过系统学习母语音乐文化，热爱传承优秀中华文化，培养新时代具有向善向美的艺术审美。下面我们将从"情感态度与价值观""过程与方法""知识与技能"三个方面来阐述"灵动音乐"课程目标。

### （一）情感态度与价值观

儿童是课程的核心，在音乐教育中要体现音乐教育的本质情感审美，通

---

① 教育部基础教育课程教材专家工作委员会.《义务教育音乐课程标准（2011年版）》解读 [M].北京：北京师范大学出版社，2013：33.

过开展音乐看、听、唱、跳、演等各个方面不同的体验、感受、鉴赏活动，培养儿童的审美感知、审美情感；开设能够增强儿童音乐鉴赏能力的课程，培养儿童学习音乐的兴趣，把学习音乐的终极目标从"学习音乐知识"转移至"学习体验音乐"，使儿童的情感受到感染和熏陶，建立孩子对美好事物的关注，以情感人，以美育人。审美体验是一个内化的过程，要从积极引导兴趣入手，让儿童亲身参与体验，在学习音乐知识，参与音乐体验的过程中逐步培养审美能力，通过歌唱、舞蹈、戏剧等艺术让儿童在潜移默化中提升品味，养成高尚、健康、积极的艺术欣赏能力。在欣赏、体验作品的同时理解多元文化的风格，对比不同时代文化背景下的艺术表现形式。为提高儿童审美体验，学校开设了"稻香歌剧院""电影之声""金色大厅""雅韵声歌""大自然的歌"等活动课程，培养儿童会听、能听、爱听的音乐能力，提升艺术品味。

### （二）过程与方法

重视儿童参与过程，强调在培养儿童自信歌唱、演奏能力和综合性艺术表演能力的过程中，通过音乐实践活动促进儿童用音乐的形式表达个人的情感，并与他人沟通、交流。在体验、模仿、探究、合作的基础上，培养儿童敢于创造、乐于创新的精神。在音乐创作活动中要注重培养儿童的内心听觉，启发儿童大胆想象所听到的音乐效果，鼓励儿童能模仿、敢表现，能自制乐器、自编律动短句和节奏旋律。注重开发以儿童潜能培养为目的的即兴音乐编创活动，如"自制小乐器""手指歌""词花花""我的'music'""小小作曲家"等，在欣赏学习音乐作品时，鼓励儿童运用音乐材料进行创造创作，举行"稻小好声音""我最响亮""星光大舞台""舞动精彩""稻香花戏楼"等实践和节日类课程，给予儿童一个表现创造的舞台和载体，让儿童释放活力。

### （三）知识与技能

学习并掌握基础音乐表现能力，促进对乐器、对人声、对音色、对节奏、对合唱等以及音乐文化基础知识的理解。培养儿童用正确、自然的声音演唱的能力，用柯尔文手势帮助儿童掌握音高旋律，建立听觉感知，学会视唱简谱。教会孩子探索身体律动的奥秘，敢于创造属于自己的音乐和声响。在大量欣赏国内外优秀作品的同时，认识国内外优秀音乐家的代表作品，了解作品背后的故事，激发儿童对音乐的兴趣，研究音乐与人类生活的关系，了解多元音乐文化。灵动音乐开设"音乐与色彩""音乐与图形""世界之声""民歌与民俗""童谣与舞曲""乐器王国"等课程，让儿童学习知识，掌握技能。

## 二、学科课程年级目标

2021年5月6日，教育部王登峰司长在新闻发布会上提出，美育不仅仅是吹拉弹唱等技能，而是对人的全面素质的培养，而且一定是面向人人。所以既要在课堂上教会儿童欣赏美、发现美，也要教给学生创造美的能力。结合我校音乐课程总目标，我们将"灵动音乐"课程年级目标以单元为主题进行设置。下面以一年级为例，阐述年级课程目标的设计（见表4-1）。

表4-1 合肥市稻香村小学"灵动音乐"稻香一村课程目标

| 上学期 | 下学期 |
|---|---|
| **第一课 好朋友**<br>共同要求：<br>1. 欣赏管弦乐曲《玩具兵进行曲》《口哨与小狗》，感受"好朋友"生动有趣的音乐形象。<br>2. 演唱歌曲《你的名字叫什么》《拉勾勾》，为歌曲《你的名字叫什么》歌词换名字，并能唱准节奏。<br>3. 懂得用正确的歌唱姿势来演唱，做到自然放松的状态。<br>校本要求：<br>1. 大胆表达，自由说说自己的好朋友。<br>2. 和新同桌交朋友，并能合作表演。<br>3. 可以合着管弦乐曲的音乐节奏踏步走，模仿士兵的行进步伐。 | **第一课 春天**<br>共同要求：<br>1. 欣赏管弦乐《杜鹃圆舞曲》和歌曲《春晓》，感受音乐中春天的勃勃生机。<br>2. 演唱歌曲《春晓》《布谷》《小雨沙沙》，唱准歌曲音高节奏。<br>3. 朗诵歌词《春晓》。<br>4. 表现春天"雨和风"不同声音特点。<br>校本要求：<br>1. 根据音乐情绪和歌词内容自由编创表演。<br>2. 用柯尔文手势学习sol、mi、la，并用手号势表现《小雨沙沙》的音高。<br>3. 结合校园节日"音律节"中声律启蒙诗词吟诵，设计音乐律动表演唱《春晓》。 |
| **第二课 快乐的一天**<br>共同要求：<br>1. 欣赏小组曲《快乐的一天》，感受音乐情绪变化所表达的一天中不同时间段。<br>2. 能用自然的声音，整齐演唱《其多列》《跳绳》表达歌曲活泼欢快的情绪。<br>校本要求：<br>1. 能够根据音乐情绪，用动作表达自己对音乐小组曲《快乐的一天》的感受。<br>2. 根据歌词内容，自己创编动作。为歌曲《跳绳》编一句歌词。 | **第二课 放牧**<br>共同要求：<br>1. 聆听钢琴曲《牧童短笛》和捷克斯洛伐克儿歌《牧童》，感受音乐作品速度情绪变化所表现的可爱而有趣的牧童形象。<br>2. 能够用轻快的情绪完整演唱歌曲《牧童谣》《放牛歌》。<br>3. 用柯尔文手势模唱sol、mi、la。<br>校本要求：<br>1. 能选择合适的节奏，用双响筒与三角铁伴奏，并在分组展示中配合表演。<br>2. 在聆听中启发儿童联想音乐画面；初步探索双响筒高低音色效果。 |

| 上学期 | 下学期 |
|---|---|
| **第三课　祖国你好**<br>**共同要求：**<br>1. 用崇敬的情感欣赏合唱《中华人民共和国国歌》和器乐曲《颂祖国》。<br>2. 用自然的声音演唱《国旗国旗真美丽》《同唱一首歌》，表达爱国旗、爱祖国的感情。背唱《同唱一首歌》。<br>**校本要求：**<br>1. 知道国旗、国歌是祖国的象征，知道升国旗唱国歌时应该立正敬礼。<br>2. 初步感受和体验音乐中的强与弱，乐于和同学一起创编节奏和音乐律动等游戏活动。 | **第三课　手拉手**<br>**共同要求：**<br>1. 欣赏歌曲《让我们手拉手》和民间打击乐曲《鸭子拌嘴》，体会音乐中的友谊。<br>2. 能用自然优美的声音完整演唱歌曲《雁群飞》《数鸭子》。<br>**校本要求：**<br>1. 用动作表现《让我们手拉手》中的音乐形象。<br>2. 小组合作能用响板随《鸭子拌嘴》的音乐，模仿鸭子拌嘴的音响效果。<br>3. 根据歌词内容设计表演动作，分小组展示歌曲《雁群飞》《数鸭子》的表演活动。 |
| **第四课　可爱的动物**<br>**共同要求：**<br>1. 聆听管弦乐《快乐的小熊猫》、钢琴曲《袋鼠》，感受小动物可爱的形象。<br>2. 能够用自然的声音唱准歌曲《动物说话》《咏鹅》音高。<br>**校本要求：**<br>1. 培养儿童热爱自然、关爱动物的品质；能根据音乐旋律发展，了解故事情节。<br>2. 能为《动物说话》创编歌词，并边唱边选择该动物特殊代表形态，表演动作。<br>3. 在校园节日儿歌节积极参与表演。 | **第四课　长鼻子**<br>**共同要求：**<br>1. 欣赏器乐曲《小象》和低音提琴与钢琴曲《大象》，感受两个作品中大象、小象不同的音乐节奏旋律特点所表现出来的动物形象。<br>2. 能够用柔美抒情和活泼欢快的声音演唱歌曲《可爱的小象》《两只小象》两首歌曲，并背唱歌词。<br>3. 打手号模唱"re、 do"。<br>**校本要求：**<br>1. 欣赏乐曲后，能够选择其作品对应的3拍子和2拍子强弱规律的节奏，跟音乐边听边打拍子。<br>2. 能够按照图谱要求和小伙伴合作，选择合适的乐器为歌曲伴奏。 |
| **第五课　爱劳动**<br>**共同要求：**<br>1. 聆听合唱《劳动最光荣》和民乐合奏《三个和尚》，了解音乐中的故事，感受劳动带来的欢快节奏。<br>2. 能用恰当的情绪和力度，演唱歌曲《洗手绢》《大家来劳动》，学会发声练习。<br>**校本要求：**<br>1. 用动作表现旋律中三个和尚的音乐形象，能跟音乐节奏模仿他们走路、敲木鱼的动作。<br>2. 边唱歌曲，边进行一强一弱的节拍拍击。<br>3. 结合学校劳动课程，开展"劳动我能行"比赛。 | **第五课　游戏**<br>**共同要求：**<br>1. 聆听管弦乐《火车波尔卡》和钢琴曲《跳绳》2首作品，感受音乐活泼欢快情绪，积极参与课堂律动。<br>2. 能够用欢快活泼的情绪演唱歌曲《火车开啦》《拍皮球》。<br>3. 能按照书本中的图谱，用双响筒和三角铁为《拍皮球》伴奏。<br>4. 用象声词做火车开动三声部节奏练习游戏。<br>**校本要求：**<br>1. 能用动作表现《火车波尔卡》中旋律上行下行渐强渐弱的变化。<br>2. 能合作运用三声部节奏，模拟火车开动的音响效果为《火车开啦》伴奏，初步建立多声部音响听觉。 |

| 上学期 | 下学期 |
|---|---|
| **第六课　小精灵** | **第六课　美好的夜** |
| 共同要求： | 共同要求： |
| 1. 聆听二胡齐奏《小青蛙》和管弦乐《野蜂飞舞》。 | 1. 聆听歌曲《摇篮曲》《小宝宝睡着了》，对比中外两首摇篮曲，感受夜的宁静与美好。 |
| 2. 通过旋律感受大自然中小动物们的生动生活形象。 | 2. 能用轻柔自然优美的声音演唱歌曲《小宝宝睡着了》《闪烁的小星》。 |
| 3. 能用自然整齐的声音演唱歌曲《小青蛙找家》《小蜻蜓》。 | 3. 能学跳一段恰恰舞，表演歌曲《星光恰恰恰》。 |
| 校本要求： | 校本要求： |
| 1. 认识响板并探索演奏方法，记住其音色特点并能为演唱歌曲编配伴奏。 | 1. 熟练掌握《闪烁的小星》中音高手势和位置，能用柯尔文手势表演《闪烁的小星》。 |
| 2. 能准确说出乐曲《小青蛙》中旋律相同的部分；能用线条或者动作表现《野蜂飞舞》的旋律变化。 | 2. 能用动作和语言简单描述和表达自己对摇篮曲这一音乐题材的感受。 |
| | 3. 结合音乐特色节日母亲节为妈妈唱一首歌，用歌声表达对妈妈的感恩。 |
| **第七课　小小音乐家** | **第七课　巧巧手** |
| 共同要求： | 共同要求： |
| 1. 聆听管弦乐《号手与鼓手》，小提琴曲《会跳舞的洋娃娃》和钢琴曲《星光圆舞曲》，分辨钢琴、小提琴独奏和乐器合奏的音色。 | 1. 聆听独唱合唱《采蘑菇的小姑娘》和管弦乐《铁匠波尔卡》，让儿童感受乐曲中劳动的欢快情绪。 |
| 2. 用甜美的声音，神气地演唱歌曲《法国号》《快乐的小笛子》，并了解法国号、短笛两种乐器的演奏姿势。 | 2. 能轻松愉快地表演歌曲《粉刷匠》《理发师》。 |
| 校本要求： | 校本要求： |
| 1. 能分别用动作模仿音乐中主奏乐器的演奏姿势；用律动表现标题音乐中的艺术形象。 | 1. 选择合适的打击乐器为歌曲伴奏，并用动作模仿乐曲中的劳动形象。 |
| 2. 用柯尔文手势表示旋律中 do、 mi、 sol。 | 2. 认识乐器沙锤，探索其演奏方法，记住音色特点。 |
| 3. 为歌曲选择正确的强弱规律进行演奏，并能边唱边准确打节奏。 | 3. 准确用柯尔文手势模唱《理发师》旋律 si、 do。 |
| **第八课　过新年** | **第八课　时间的歌** |
| 共同要求： | 共同要求： |
| 1. 聆听管弦乐曲《小拜年》和合唱《平安夜》，感受节日气氛，了解与乐曲相关的节日民俗。 | 1. 聆听管弦乐作品《在钟表店里》《调皮的小闹钟》，让儿童体会音乐中的钟表形象。 |
| 2. 能用活泼欢快和抒情喜悦的情绪分别演唱歌曲《龙咚锵》和《新年好》，表达过新年的愉快心情。 | 2. 认识串铃，掌握其演奏方法。 |
| 校本要求： | 3. 用活泼愉快、自然的歌声演唱歌曲《时间像小马车》《这是什么》，能看图谱了解旋律上行下行。 |
| 1. 随音乐用声势模仿《小拜年》中的鞭炮声、唢呐声和锣鼓声。 | 校本要求： |
| 2. 聆听《平安夜》时随音乐做身体律动，充分感受歌曲温馨、安宁、祥和的气氛。 | 1. 对音乐中的钟表声做出反应，用打击乐器和人声表现音乐中钟表的声音。 |
| 3. 复习柯尔文手势 do、mi、sol，新学手势 re。 | 2. 用打击乐器为歌曲伴奏，并能在分组创编节奏的游戏中，遵守游戏规则，与同学们默契配合完成节奏接龙。 |
| 4. 了解锣、鼓、镲的演奏姿势、演奏方法，并引导儿童探索不同的演奏方法。 | 3. 打手号，模唱旋律。 |
| 5. 乐于以小组合作方式参与实践与创编活动。 | |

第三节

# 学科课程框架　在灵动空间中载歌载舞

　　为实现上述课程目标，学校依照《义务教育音乐课程标准（2011 年版）》和音乐核心素养的要求，基于"灵动音乐"课程理念，设立了校本音乐与相关文化的"灵动音乐"课程体系，力求让儿童在快乐与灵动中学会感受与鉴赏，表现与创造。

## 一、学科课程结构

　　《义务教育音乐课程标准（2011 年版）》指出："为了凸显音乐课程的美育功能，强调音乐课程的人文属性和对学生创造性潜能开发的课程价值，本标准将原有音乐课程的教学内容整合为'感受与欣赏'和'表现'两个教学领域，将原来隐含在教学中的音乐文化知识和分散的音乐编创活动，加以集中并拓展为'创造'和'音乐与相关文化'两个领域。"结合"灵动音乐"学科课程哲学以及儿童发展的特点，我们将音乐课程分为"灵涵于美""灵动于行""灵创于新"和"灵韵流香"四个领域。让儿童在不同的领域里学习美、发现美、创造美、传播美。"灵动音乐"课程结构如下（图 4-1）。

### （一）灵涵于美

　　"音乐是一种体验，这种体验是令人愉悦的、实实在在的，它充满情感，富于理性。"[①]　"灵动音乐"通过感受与欣赏、学习音乐、创造音乐、表现音乐，让儿童参与其中，感受音韵之美，在音乐中陶冶情操、提升修

---

① （美）格雷珍・希尔尼穆斯・比尔 . 体验音乐［M］. 北京：人民音乐出版社，2009：3.

图 4 - 1　合肥市稻香村小学"灵动音乐"课程结构示意图

养。涵养美感是一个润物细无声的长期熏陶过程，在欣赏音乐活动中，让每个儿童参与其中，找到适合自己的表达形式。因此，在音乐活动教学中要让儿童学会感受音乐，并对音乐产生兴趣，使儿童在音乐中陶冶情操。达尔克罗兹认为，音乐的本质在于对情感的反映，人类通过身体将内心情绪转喻为音乐。

### （二）灵动于行

卡尔·奥尔夫（Carl Orff），佐尔丹·柯达伊（Zoltán Kodály）两位著名音乐教育家指出，音乐是释放天性的教育。奥尔夫的教学体系以音乐律动与人体律动紧密相连，人通过自身的运动，将音乐律动转化为身体律动，并感受为情绪律动和人体律动，也可以将内心的情绪转化为音乐律动。在著名教育家奥尔夫看来："音乐出于动作，动作出于音乐。"（out of movement, music；out of music， movement）① 音乐是情感的艺术，在音乐教学中，音乐表现是艺术呈现教育成果的最直接途径，音乐教育不仅仅是一种技能的学习，更是儿童释放天性，解放思维的教育。在"灵动音乐"中按照年级和季节设置了舞蹈、歌唱、器乐、戏曲和音乐欣赏等各种各样的音乐表现活动，

---

① 李姐娜，修海林，尹爱青．奥尔夫音乐教育思想与实践［M］．上海：上海教育出版社，2011：38.

让儿童们能在不同的季节、不同的舞台、不同的空间以及不同类别的音乐活动中展示自我、表现自我。同时要抓实课堂，让儿童敢唱、敢演、敢表现，在音乐中释放天性。

### （三） 灵创于新

"灵动音乐"通过有趣的音乐课堂、音乐活动、音乐节日、音乐实践，让儿童积极参与，和小伙伴们一起合作、探究、创造，用他们自己喜欢的艺术表达方式来展示。手、眼、脑和身体各部分一起配合，提升学习的趣味性。通过有趣、益智的音乐引导儿童们主动参与学习，开阔儿童思维，体现出人和音乐的本能关系。我们知道很多科学家都有音乐特长和爱好，因为音乐可以锻炼思维的灵活性和创造性。正因为如此，引导儿童参与音乐活动的重要实施手段就是趣味的音乐。

### （四） 灵韵流香

音乐不是一门独立的学科，它的发展总是伴随着历史政治人文的发展，从一段音乐中我们能感知当时的社会历史和人文。"灵动音乐"通过了解中外艺术家、中西乐器、民歌民俗等板块，让儿童了解和热爱祖国的音乐文化，培养其爱国主义情怀；通过学习世界上其他国家和民族的音乐文化，拓宽他们的审美视野，增进对不同文化的理解、尊重和热爱。让以音乐审美为核心的基本理念，贯穿于音乐教学的全过程，在潜移默化中培育儿童美好的情操和健全的人格。醇香的文旅音乐、多元的音乐让音乐教育历久弥香，把文化和多元艺术、社会发展相结合，通过音乐看世界，通过音乐了解和传承中华传统文化。

## 二、学科课程设置

"灵动音乐"依据音乐的育人目的，遵循儿童身心认知发展规律，通过综合的体验式教学让学生体验感知学习音乐。不仅在于知识、技能的传授，更体现在启迪、激励、呼唤、感染和净化等效应上。除了基础课程之外，根据课程标准要求，结合我校音乐课程总目标和1—6年级的学情，我们将音乐课程设置如下表（见表4-2）。

表 4-2 合肥市稻香村小学音乐学科课程设置表

| 村落 | | | 灵涵于美 | | 灵动于行 | | 灵韵流香 | | 灵创于新 |
|---|---|---|---|---|---|---|---|---|---|
| 稻香一村 | 童声乐韵 | 上 | 利用身边物品创造声音 | 律动欢歌 | 《杜鹃圆舞曲》《春晓》 | 博古通音 | 年的民俗知识《小拜年》《龙咚锵》 | 音律启蒙 | 音的长短与强弱《洗手绢》《劳动最光荣》 |
| | | 下 | 听辨打击乐器音色 锣鼓镲 | | 《小雨沙沙》《火车开啦》 | | 柯尔文手势《时间像小马》《在钟表店里》 | | 打击乐器音色与节奏《这是什么》《调皮的小闹钟》 |
| 稻香二村 | 趣味音响 | 上 | 生活中的声音《夏天的阳光》《小麻雀》 | 欢乐音符 | 律动表演《母鸡叫咯咯》《小鸡的一家》 | 节日欢歌 | 节日的歌《过新年》《小拜年》 | 声势表演 | 小乐器分类《森林水车》《唢呐配喇叭》 |
| | | 下 | 旋律线条《蜜蜂》《蝴蝶》 | | 律动歌唱《吉祥三宝》《我是人民小骑兵》 | | 民族民间舞蹈《金孔雀轻轻跳》《新疆是个好地方》 | | 力度记号和反复记号《三只小猪》《音乐小屋》 |
| 稻香三村 | 余音袅袅 | 上 | 速度与音高《我是草原小牧民》《赛马》 | 嘹亮歌声 | 有感情地演唱《妈妈的心》《四季童趣》 | 乡音乡情 | 外国儿歌《原谅我》《噢！苏珊娜》 | 星光舞台 | 演唱与表演《四季童趣》《桔梗谣》 |
| | | 下 | 人声的分类《帕米尔，我的家乡多么美》《在那桃花盛开的地方》《小巴郎，童年的太阳》 | | 音乐会《我们是小音乐家》《嘹亮歌声》 | | 我的家乡《山里的孩子心爱山》《杨柳青》《祖国祖国我们爱你》 | | 发声与记号《嘀哩嘀哩》《顽皮的杜鹃》《柳树姑娘》 |
| 稻香四村 | 绘声绘色 | 上 | 音乐滑滑梯《牧歌》《陀螺》 | 南腔北调 | 方言歌曲《故乡是北京》《杨柳青》 | 梨园荟萃 | 中国戏曲1 京剧、黄梅戏 京剧行当、角色黄梅戏《看灯》 | 演奏达人 | 快乐口风琴《大家来唱》《哦，十分钟》 |
| | | 下 | 听辨音色《彼得与狼》《白桦林好地方》 | | 演唱大不同《洪湖水浪打浪》《摘石榴》 | | 中国戏曲2 京剧、庐剧《十八相送》《校园小戏迷》 | | 竖笛 Do re mi《西风的话》《小溪流水响叮咚》 |
| 稻香五村 | 中西合璧 | 上 | 中西乐器 古筝 马头琴 小提琴 短笛 单簧管 小号 | 齐音合力 | 合唱与指挥《堆雪人》《雪花带来冬天的梦》 | 艺术人生 | 外国音乐家 格里格 莫扎特 | 绘形创奏 | 创编节奏《丰收锣鼓》《故乡的小路》 |
| | | 下 | 中外歌曲《打起手鼓唱起歌》《真善美的小世界》 | | 合唱与表演《铃儿响叮当的变迁》《田野在召唤》 | | 中国音乐家 马思聪 郎朗 | | 图形谱《致春天》《春到沂河》 |

学科育人的整体课程范式

| 村落 | | 灵涵于美 | | 灵动于行 | | 灵韵流香 | | 灵创于新 |
|------|------|------|------|------|------|------|------|------|
| 稻香六村 | 上 | 乐声飞扬 | 外国剧院《图兰朵》《茶花女》 | 民族之声 | 歌声悠扬《茉莉花》《小河淌水》《转圆圈》 | 交响音画 | 走进交响乐《波斯市场》《迪克西岛》 | 世界之声 | 西洋乐器分类 弦乐 木管 铜管 键盘 打击乐器 |
| | 下 | | 民歌剧院《兰花花》《白毛女》 | | 多彩民歌《赶圩归来啊哩哩》《我抱着月光,月光抱着我》 | | 电影音乐《滑雪歌》《两个小星星》 | | 音画世界《魔法师的弟子》《爱是一首歌》 |

第四节

# 学科课程实施　在灵跃
# 音符中绽放精彩

《义务教育音乐课程标准（2011 年版）》指出："教师要深入领会课程的基本理念，以音乐为本，以学生为本，全面实现课程价值和课程目标。"①

为了落实"让音乐文化滋养儿童美好心灵"的核心素养，引领儿童感知音乐的醇美，让儿童体验、发现、创造、表现和享受音乐。通过学习中外音乐文化，拓宽他们的审美视野，增进对不同文化的理解、尊重和热爱。以审美为核心的基本理念贯穿于音乐教学的全过程，力求在潜移默化中陶冶儿童情操，健全儿童人格。结合学校自身优势，"灵动音乐"课程的实施主要从以下五个方面入手：建构"灵动课堂"、开展"灵动音乐节"、参加"灵动赛事"、成立"灵动社团"、选拔"灵动小主播"。

## 一、打造"灵动课堂"，让儿童乐享灵动

"灵动课堂"是在我校"醇香教育"的基础上建立的具有原本性音乐学科的特色课堂。"灵动课堂"是儿童释放天性的课堂，是儿童提升审美的课堂，是儿童享受生命滋养的课堂。

### （一）"灵动课堂"的内涵

1. 灵趣以感受和体验为引导，让儿童乐于在音乐中快乐体验、释放天性。教师在课堂中创设主题音乐学习情境，用适合儿童的活动、音响、声势

---

① 中华人民共和国教育部．义务教育音乐课程标准（2011 年版）［S］．北京：北京师范大学出版社，2012.

让儿童感同身受，融入其中，体验音乐的趣味，从而爱上音乐，并能够在课堂中主动参与体验，热爱生动活泼的课堂。在儿童心里种下一颗小小的音乐种子，伴随他们生命成长，让音乐与他们相伴相随。

2. 灵巧"灵动课堂"内容的设置符合儿童心理和认知。课堂以儿童为主体，尊重儿童的体验和感受，用欣赏、律动、创编、表演等多种形式，以及多样的音乐艺术活动，让儿童进行实践、体验和探究学习，使其在课堂中形成独立思考的习惯。在学习过程中，教师运用多种方法进行引导学习。

3. 灵创"灵动课堂"旨在激发儿童创造能力。让儿童通过大胆创造，释放天性、开阔视野、提升对生活的感悟，培养儿童在各领域的创新思想和创造能力。引导儿童发现生活中的音响，体验音乐创作带来的快乐和美好。让儿童通过节拍、节奏、音律、唱奏、欣赏和综合艺术的表演形式，找到适合自己的方式创造声音、体验音乐、提高审美、乐于思考，敢于创新。生活处处有创造，创造处处有音乐，音乐处处有童年。

4. 灵韵"灵动课堂"能够综合拓宽儿童的音乐学习内容。在了解各民族、各地域音乐文化的同时，增强民族文化自信，传承优秀传统文化。在多元的课堂中感受中外文化，汲取各民族文化智慧，形成具有开阔视野、博大胸襟的中国少年精神。

**（二）"灵动课堂"的实施与操作**

以聆听欣赏、唱游律动、编创演奏为课堂载体，组织教师积极学习研读国内外先进的教学理念和依学定教的方法，推进课堂教学。让儿童在课堂上敢于创造创新，乐于传承发扬优秀文化。通过阶梯式递进的方式，传承音乐技能和音乐文化循序渐进地打造灵动课堂。

1. 灵动音乐欣赏课整体范式

第一阶段：创设情境，激趣导入

上课前的组织教学非常重要，师生的相互问候既是情感的交流，也能促进学生注意力的集中。良好的开端是成功的一半，音乐课的新课导入虽然不是教学的中心环节，却是通向赏析新作品的桥梁，起着承上启下的作用，是科学诱导、积极启发学生主动学习新课的必不可少的环节之一。此阶段所采取的主要教学方法有：故事导入法、情境图片视频导入法、启发谈话法、音乐导入法、预留悬念式导入法、开门见山式导入法、设问式导入法、复习导入法等。

第二阶段： 新作赏析，感知体会

新作赏析、感知体会，是音乐欣赏课中新授的重要环节。为了达成教学目标，完成教学任务，教师必须通过各种教学方法激发学生学习的能动性、引导学生自主学习、培养学生的音乐感受与鉴赏能力。新授的过程一般分为三个步骤：

（1）初次聆听（整体感知）： 在初次聆听、整体感知的过程中，遵循"以听为中心"的原则，通过初听全曲对作品进行整体感知，初步感受作品的情绪、音乐情境，同时分辨演奏形式及主奏乐器，简单了解作者及创作背景等，使学生对作品有个初步的了解。

（2）分段赏析（走进音乐）： 分段赏析、走进音乐，引领学生合作探究，通过分段聆听对作品进行细致欣赏分析，通过聆听体验，根据情绪、音乐要素等的变化判断曲式结构、作品表现内容等，通过聆听、视唱、模奏、演唱、演奏等方式，记忆作品的典型节奏和主题音乐。

（3）再次聆听（体会内涵）： 在学生分段细赏的基础上，进一步完整欣赏作品，把握作品的风格流派，感知作品的体裁特点，同时能够积极参与音乐体验，充分体会音乐内涵，发展学生的音乐创造力和想象力，从而培养学生良好的听赏和审美能力。

第三阶段： 理解体验，创编实践

这是欣赏课教学必不可少的一个环节，目的是通过创编各种音乐活动，深化本课的主题，同时也能促进音乐知识的进一步巩固和积累，为学生全面提高音乐素养和审美能力打下基础。

第四阶段： 拓展延伸，小结升华

本环节根据教学内容基本可采用拓展欣赏（创造活动）和课堂小结两个步骤来进行。

（1）教学内容的拓展是指在教材原有知识的基础上，选取教材之外的具有一定审美价值的作品来充实教学内容，开拓学生的视野，丰富学生的情感体验，加强对音乐内涵的进一步理解与感悟。拓展欣赏的内容包括： 同体裁作品音乐欣赏、同作曲家音乐作品欣赏、同种乐器音乐作品欣赏、同民族或地域音乐作品欣赏等。

（2）课堂小结可以帮助学生梳理、回顾本节课所学的主要知识点，可以起到备忘录的作用。课堂小结的方式有多种，可小结本课知识点，也可适时小结学法，还可由教师提出启发性的问题让学生自己小结，甚至还可针对作品对学生进行情感延伸、德育渗透，在教学中起着举足轻重的作用。

2. 灵动音乐课堂编创活动整体范式

第一阶段：游戏导入，引发兴趣

创编新的歌词、加入动作、加入打击乐器伴奏、加入声势；通过游戏的方式创编，如：男女比赛演唱、小组对唱，或者由老师随机抽取哪一组，哪一组进行演唱（这个游戏要求对歌曲掌握很熟练）；通过演唱形式进行创编，如：轮唱、加入简单的二声部演唱，或者加入一些符合音乐风格的衬词或者歌词。

第二阶段：灵动想象，创编歌曲

（1）创编新的歌词：比如二年级学习歌曲《新疆是个好地方》，可以让同学们介绍一下自己的家乡，或者介绍自己了解的地方。通过这种形式，不仅能够让学生了解家乡，了解祖国的地域风光，还能增强同学们热爱祖国、热爱家乡的情感。

（2）加入动作：可以通过对歌词的理解加入动作，也可以根据歌曲的风格加入民族舞蹈的代表性动作，如：新疆舞的晃头移颈、拍掌弹指，藏族舞蹈的齐眉晃手、晃盖手等。

（3）加入打击乐器：可以选择适合歌曲的打击乐器，如：双响筒、响板、碰铃、木鱼、三角铁、沙锤、堂鼓、镲、锣等，教师可根据乐器发声的长短自行创编节奏，一方面让同学们认识乐器音色和击打方式，另一方面让他们通过这样的游戏学会合作。

（4）加入声势：教师可以根据歌曲的强弱规律，加入拍手、胸口、腿、屁股、响指、跺脚这样的方式，让同学发现身体也是一个小乐器。

（5）游戏创编：教师可根据难易程度进行选择，或者层层递进：男女比赛、小组对唱，或者随机指唱。可以在黑板上标注每个小组的名称，获胜的小组可以进行标注，增强学生的积极性。

（6）演唱形式：轮唱：教师可根据不同的歌曲，选择在几拍后加入。

合唱： 一年级可以在结尾加入和声，二年级可以加入片段和声，三年级开始书本上就有了合唱曲。因此，低年级的合唱形式，可以为以后的学习打下基础。

加入衬词： 说唱形式的"呼"和俏皮的"啦啦啦"，或者在长音后面加入重复词。如一颗星，两颗星，三颗星×× ×（三颗星）。

第三阶段： 巩固加强，课堂小结

总结上课重点内容，再次完整演唱或表演歌曲，加深和巩固学生的记忆。

**3. 灵动音乐课堂歌唱学习整体范式**

第一阶段： 多样导入

导入的形式是多种多样的，不能拘泥于一种形式。其中利用声乐的魅力导入新歌是行之有效的方法。创设情境导入、谈话导入、游戏导入、故事导入也能激发学生学习音乐的兴趣。

第二阶段： 发声练习

这个环节既要注意避免专业化倾向，又不能忽视它的作用。将发声练习与呼吸训练、听音、视唱等技能有机地渗透在教学之中。通过视唱练习，使学生掌握歌曲旋律，培养学生视唱歌曲的音高、音准能力。此环节可以让学生视唱音阶，可以从新课歌曲中提取骨干音组成旋律视唱，也可以用新课歌曲中的部分旋律作为练声曲目，形式可以多样化，根据学生的音乐素养的特点有针对性地加以练习。同时也可以加入节奏练习，通过视唱练习，使学生掌握歌曲旋律，培养学生视唱歌曲的音高、音准能力。

在这个环节就要注意强调学生的歌唱姿势和声音状态的要求。

第三阶段： 学唱新歌（至少听5遍，每一遍要有不同的要求）

学唱新歌是唱歌教学的中心环节，包括教师的范唱、视唱曲谱，学唱歌曲、歌曲处理等内容。特别要提出的是，要重视歌曲处理，这是培养和发展学生音乐思维的手段。学生通过音乐思维获得良好的乐趣，获得深刻的情感体验，这样才能更好地去表现音乐。

（1） 对于听歌的方法： 每一遍都要带着任务和问题来听，不能泛泛地听。既可以是录音，也可以是老师的范唱。如，第一遍听时老师可以提问：

这首歌曲的音乐情绪是怎样的？你听完以后心情怎样？有什么样的感受等问题，学生听完后可以踊跃地回答问题。第二遍听时可以提问关于这首歌曲的速度或节奏等问题，每一遍聆听都要解决一个问题。

（2）新歌的教唱方法：聆听和教唱可以有机结合进行。我们通常在教唱新歌曲时不要打断歌曲的完整性。在初接触歌曲时可以试着让学生小声哼唱旋律，如用"Lu""La""U"等母音模唱旋律，这样学生更容易掌握歌曲的音准。学生熟悉旋律后可以加入歌词。在整个教唱过程中，要把握好歌曲的教学重点和教学难点的处理，设计活动有序地穿插和进行，不要有太明显的痕迹。

第四阶段：情感升华

歌曲处理要有深度，逐句逐段加以分析。带有感情来歌唱，注意面部表情以及身体语言的变动，感受音乐之优美。在此环节，可以给学生设计活动或是以舞台的形式进行音乐表演或是音乐竞赛。注意学生对歌曲演唱的评价。

第五阶段：综合表演

在基本掌握新歌的基础上，可以用多种形式演唱。如：独唱、齐唱、小组唱、分排唱，还可以与其他教学内容相结合（放歌曲音乐欣赏、用乐器演奏歌曲等），与非音乐手段相结合（简介词曲作者、创作背景、影像资料等），增强对歌曲的感受和理解。还可以通过师生互动，生生互动，更好地挖掘音乐内涵。在此环节中应注意教学拓展与本课歌曲的关联度，在一定的关联度的基础上，对本课内容做音乐多元化的拓展，同时也开阔学生的音乐视野，提高音乐审美能力。

第六阶段：归纳拓展

归纳本节课所学内容，哪些内容学生掌握了，哪些内容有待于复习巩固，语言要简明扼要，并对此课进行简单的升华处理。

**（三）"灵动课堂"的评价标准**

依据稻香村课程醇香课堂的评价，从灵趣、灵巧、灵创、灵韵四个方面设计"灵动课堂"评价量表（见表4-3）。

表4-3 合肥市稻香村小学音乐"灵动课堂"的评价表

| 评价项目 | 评价内容 | 评价等级* 🌾　🌾　🌾 |
|---|---|---|
| 灵趣 | 1. 课堂设计有趣，设计紧扣教学内容，能激发儿童学习兴趣，能用律动活动组织教学；<br>2. 语言得体流畅，语音、语调、节奏自然；<br>3. 教师主导、儿童为主体，并能积极参与音乐活动。 | |
| 灵巧 | 1. 课堂活动形式多样有效，因材施教，对不同层次的儿童有不同的要求；<br>2. 师生交流亲切自然，彰显平等、民主、和谐的学习气氛。 | |
| 灵创 | 1. 歌唱和聆听教学要求儿童能够积极参与，儿童自学、小组创作，突出儿童的主体地位，发挥教师的引导作用；<br>2. 恰当运用小乐器辅助教学，增加课堂创作趣味性；<br>3. 拓展编创会运用，儿童能运用本课所学节奏、乐句等进行表演；<br>4. 参与面大，表演兴趣浓厚，思维活跃、大胆、大方展示。 | |
| 灵韵 | 1. 对音乐文化有更深刻的理解，促进儿童对多民族地域文化的理解，树立传承发扬优秀传统文化信念；<br>2. 评价语言丰富、有学科艺术性，评价形式新颖，评价激励性强，营造公正积极的课堂氛围。 | |
| 简评 | | |

＊分别为橙色树叶、黄色树叶、绿色树叶，依次代表优秀、良好、合格。

## 二、设立"灵动音乐节"，丰富课程内涵

以节日为途径，有主题、有内容地开展"灵动音乐节"活动，给全体师生提供分享、交流的平台，在丰富课程内涵的同时，为校园文化增添了色彩。

### （一）"灵动音乐节"的内容

"灵动音乐节"是音乐课程中的节日课程，以学科节的方式贯穿全年，以节日的形式拓宽儿童对音乐的了解，在节日中感受传统文化的魅力。通过一项项形式多样、内容丰富、精彩纷呈的活动，儿童开拓了视野，学会了合作。

### （二）"灵动音乐节"的活动设计

依据《义务教育音乐课程标准（2011年版）》，结合学校具体情况，我们分时间、分年级、分内容、分课程设计了丰富多元的特色节日课程（见表4-4）。

表4-4 合肥市稻香村小学"灵动节日"课程安排表

| 时间 | 年级 | 特色节日 | 实施 | 课程名称 |
|------|------|----------|------|----------|
| 一月 | 一上 | 儿歌节 | 每班自选主题，完整表演儿歌。 | 儿歌趣多多 |
| 二月 | 一下 | 音律节 | 声律启蒙（语文学科融合）加音乐律动表演。 | 随音而动 |
| 三月 | 二上 | 动画节 | 讲述动画故事，推荐动画歌曲欣赏。 | 有声有画 |
| 四月 | 二下 | 童声节 | 自选一首声乐作品进行演唱。 | 我是小歌星 |
| 五月 | 三上 | 母亲节 | 欣赏学唱一首表现母爱的作品。 | 感恩的♥ |
| 六月 | 三下 | 国风节 | 演唱经典古诗作品，并介绍诗词背景、作者等。 | 国乐飘香 |
| 七月 | 四上 | 合唱节 | 表演双声部及以上合唱作品。 | 一起歌唱 |
| 八月 | 四下 | 舞韵节 | 自选主题进行舞蹈表演。 | 舞动稻香 |
| 九月 | 五上 | 红歌节 | 讲红色故事传唱红色歌曲。 | 红星闪闪 |
| 十月 | 五下 | 乐器节 | 进行各种器乐项目表演。 | 丝竹共赏 |
| 十一月 | 六上 | 影音节 | 介绍或者推荐一部电影的主题曲或插曲欣赏。 | 银屏之声 |
| 十二月 | 六下 | 戏曲节 | 民歌、戏曲知识讲解或表演。 | 稻香花戏楼 |

### （三）"灵动音乐节"的评价要求

"灵动音乐节"采用综合评价法进行评价，从活动的主题、内容、形式、过程以及效果得出评价结果，评价结果分橙色树叶、黄色树叶、绿色树叶三个等级。橙色树叶表示优秀；黄色树叶表示良好；绿色树叶表示合格。在活动后，教研组进行教研会议，归纳活动亮点并提出建议，进而调整下一次的活动方案，这样活动才能够不断完善，常换常新。

## 三、开展"灵动赛事"，激发儿童创作

### （一）"灵动赛事"的主要做法

一年一度的"灵动赛事"以比赛互动的形式给予全校儿童充分展示发挥的舞台和空间。比赛是提升儿童们艺术体验参与能力最有效的途径，以赛事拓宽音乐的学习途径，以活动促进灵动音乐的课程实施。让儿童们在赛事中树立理想、展示自我，不断提高自身艺术修养。

表4-5　合肥市稻香村小学"灵动赛事"活动表

| 名称 | 类型 | 参与年级 |
|------|------|---------|
| "童心向党" | 合唱比赛 | 1—6年级集体 |
| 我最"响"亮 | 器乐比赛（西洋乐器、民族乐器） | 1—6年级个人 |
| "舞动精彩" | 舞蹈比赛 | 1—6年级个人、集体 |
| "声韵悠悠" | 歌唱比赛 | 1—6年级个人 |
| "稻香戏韵" | 戏曲比赛 | 1—6年级个人 |
| "我演我精彩"戏剧节 | 戏剧比赛 | 1—6年级个人 |
| Rap大赛 | 说唱比赛 | 1—6年级集体 |

## （二）"灵动赛事"的评价要求

表4-6　合肥市稻香村小学"灵动赛事"评价表

| 评价项目 | 评价要点 | 价值目标 | 任务要求 | 效果或成果呈现方式 | 评价等级 | | |
|---------|---------|---------|---------|------------------|------|---|---|
| | | | | | 🍂 | 🍂 | 🍂 |
| 合唱（集体） | 团队合作默契，声音和谐统一 | 愿意与别人合作，与成员共同呈现节目，有较好的表现力。 | 汇报表演 | 评价表、汇报表演、评比结果、视频及图片资料 | | | |
| 器乐（个人） | 相关的乐理知识，正确的演奏方法 | 培养学生掌握所学乐器的演奏方法，并能参与歌曲、乐曲的表演。 | 教师面测 | | | | |
| 舞蹈（个人、集体） | 良好的基本姿态，身体动作与音乐的协调配合 | 培养学生坐、立、行走的良好习惯和随乐动作时的韵律美。 | 表演、面测 | | | | |
| 歌唱（个人） | 专业技能的掌握 | 培养学生正确的歌唱姿势，自然的发声，按节奏和音调富有表情的歌唱。 | 教师面测 | | | | |

注：总分值结果分三个等级。🍂（橙色树叶）表示优秀；🍂（黄色树叶）表示良好；🍂（绿色树叶）表示合格。

"灵动音乐"以儿童为主体，尊重儿童的体验和感受，用多种形式，多样化的活动、实践、体验、探索学习，让每个孩子都有充分绽放自己的机会，个性得以舒展。让孩子们有体验有参与，有团体有个人，让孩子们徜徉在艺术海洋中，与音为伴、与乐为友、乐于参与、主动创造。让童年生活充满快乐和醇香。这是"灵动音乐"对稻小学子的浸润和滋养！

## 四、创建"灵动社团"，丰盈音乐体验

"灵动社团"把音乐与相关文化的推进融合做好年段分层，让艺术滋养有目标可循，有内容可实践。

### （一）"灵动社团"的主要类型

我校创建了"稻香花戏楼""鼓韵社""电影之声"等众多优质音乐学习社团。"灵动社团"为儿童提供多样化、个性化的自由展示空间，舒展个性，让儿童像一个个跳动的音符，在丰富的社团活动中谱写新歌。

表4-7 合肥市稻香村小学"灵动社团"安排表

| 所属村落 | 课程名称 | |
| --- | --- | --- |
| 稻香一村 | 童声小乐队 | |
| 稻香二村 | 儿童舞蹈 | |
| 稻香三村 | 竖笛 | 舞韵社 |
| 稻香四村 | 鼓韵社 | 合唱 |
| 稻香五村 | 体育舞蹈 | 口风琴 |
| 稻香六村 | 稻香花戏楼 | |

"童声小乐队"社团通过教会儿童正确的发声，学会自然的歌唱。通过歌唱，培养儿童的音乐表现能力。在学唱不同速度、节奏的歌曲时，让学生感受音乐所要表达的情绪。在歌唱中培养儿童的乐感，在音乐演唱中陶冶情操。

"儿童舞蹈"社团通过规范的肢体动作训练，促进儿童的身心健康发展，能够有效地提高他们的身体协调性、灵敏度和音乐节奏感。舞蹈学习有利于培养儿童鉴赏美，欣赏美，感受美的能力，促进学生良好的个性心理素质的发展。舞蹈训练还能锻炼孩子们的意志，增强儿童持续坚持的毅力精神。

"竖笛"社团通过认识简谱，掌握 8 孔竖笛的正确演奏手法和姿势，帮助儿童建立良好的音感基础。竖笛演奏可以独奏、重奏、齐奏，在配合演奏的过程中，通过互动式学习培养儿童合作交流的能力。发展儿童听觉，帮学生解决音乐学习中音准音高的问题，丰富了学生音乐学习的技能。

"舞韵社团"主要培养学生的舞蹈技能，通过基本功训练和中国舞身韵组合练习提高学生的身体协调性与审美能力，培养学习舞蹈的兴趣。通过社团活动增加了学生对中国舞蹈艺术的理解，在学习排练的过程中，团体的配合表演能让儿童大胆自信地表现自我，展示自我，并在集体中协调配合，互相合作。

"鼓韵"社团让儿童认识传统民族乐器大鼓，并掌握其正确的演奏姿势。学习大鼓能帮助儿童建立良好的节奏感，强化音乐学习中的各种节奏型，丰富学生的音乐世界，训练儿童的听觉能力。打鼓具有丰富多样的演奏方式、表现形式，在学习表演中锻炼了学生之间的合作表现能力。咚咚的鼓声节奏明快，能很好地释放情绪，培养自身气质。

"合唱"社团通过规范的声音训练，掌握正确的发声方法。在学习中，通过视唱、练耳、练声的训练，帮助儿童建立良好的乐感、听力和控制声音气息的能力。合唱的各个声部之间相互联系，相互配合，培养儿童相互倾听的习惯，建立立体多声部的听觉系统，帮助儿童在团队合作交流中提升修养、陶冶情操。在丰富学生第二课堂的同时，又能发展学生的专长和技能。

"体育舞蹈"社团，体育舞蹈是艺术与体育相融合的运动项目，类型多样，音乐情绪节奏多变，非常适合儿童学习。体育舞蹈社团通过欣赏国标、桑巴、伦巴等舞种了解多元的世界文化。儿童跟随有节奏的音乐，练习体育舞蹈步伐，不仅可以锻炼身体的协调性、柔韧性，也可以提升气质、锻炼体魄。

"口风琴"社团教儿童认识键盘、简谱和线谱，学习正确的吹奏手法和姿势。通过口风琴的学习可以增加儿童的艺术体验，在学习读谱的过程中，理解认识音级、音程、和弦等乐理知识。在学习弹奏的过程中，让儿童尝试音乐节奏旋律的创作实践，接触多声部音乐旋律。在各种配合演奏表演的过程中培养学生的合作交流，提高和丰富学生音乐学习的基本技能。

　　"稻香花戏楼"社团通过赏析描绘脸谱，欣赏聆听戏曲片段，学唱经典戏剧选段，让儿童了解中国戏曲表现形式唱、念、做、打，了解戏曲人物行当生、旦、净、丑。在学习传统中继承发扬优秀传统中华文化，增强学生文化自信。

### （二）"灵动社团"的评价要求

表4-8　合肥市稻香村小学"灵动社团"学生评价表

社团名称：　　　　　辅导教师：　　　　　实施时间：　　　　　姓名：

| 评价项目 | 评价标准 | 评价结果（🌾🌾🌾） |
|---|---|---|
| 情感态度 | 1. 参与活动及表现。 | |
| | 2. 提出活动的设想、建议。 | |
| | 3. 克服困难和挫折。 | |
| 合作交流 | 1. 帮助同学。 | |
| | 2. 倾听同学的意见。 | |
| | 3. 对社团的学习贡献。 | |
| 实践能力 | 1. 会用多种方法搜集、处理学习信息并作用于自己的学习过程。 | |
| | 2. 对音乐的兴趣、参与程度。 | |
| | 3. 会与别人交流合作。 | |
| | 4. 掌握基本音乐知识与技能。 | |
| 成果展示 | 1. 活动过程记录。 | |
| | 2. 音乐综合性实践展示。 | |
| | 3. 成果创意。 | |

## 五、选拔"灵动小主播"，展现学习成果

　　"灵动小主播"让学生发挥自主学习，自我创作的能力，

### （一）"灵动小主播"主要形式

　　音乐是最灵活多变的艺术表现形式，整合资源，与时俱进，通过为不同年龄段不同主题的儿童制定音乐内容的微课堂，由儿童自己担任微课堂小主播进行音乐知识技能的讲授、展示。通过"灵动小主播"评价标准，音乐工作坊成员遴选出每学期最灵动的音乐小主播。

## （二）"灵动小主播"评价要求

表 4-9　合肥市稻香村小学"灵动小主播"学生评价表

| 评价项目 | 评价标准 | 评价结果（🌾🌾🌾） |
|---|---|---|
| 主题内容 | 紧扣主题，内容健康向上。 | |
| 展现形式 | 流程设计富有创新，深入浅出，清楚表述要讲述的知识，展示技能完整流畅，具有个人风格。 | |
| 播放质量 | 1. 服装造型符合展示主题内容，化妆得体。<br>2. 视频图像清晰。 | |
| 成果展示 | 1. 课堂微课展示。 | |
| | 2. 音乐工作坊公众号主题展示。 | |
| | 3. 每学期选出一等奖作为学校"灵动小主播"，在升旗仪式上颁发奖状。 | |

综上所述，"灵动音乐"是以儿童为主体，激发艺术审美，通过创造性的合作自主性学习方式，让学生通过聆听、欣赏、歌唱、创编等多种形式，积累音乐素材，提升音乐修养。"灵动音乐"注重学生的审美体验，增加了学生艺术欣赏的积累，在学习过程中让儿童灵动美好。通过"灵动课堂"的学习、"灵动节日"的熏陶、"灵动赛事"的磨砺、"灵动社团"的浸润、"灵动小主播"的成长，陶冶情操，启迪智慧，使儿童真正乐享音乐学习过程的精彩和创造的乐趣。

（撰写人：　苏璐璐　张薇　沈晖）

第五章

童年时光是一幅多彩的画卷。在色彩和线条的交汇中，在互动和探索的体验里，在人文与天性的碰撞间，遇见、陶冶、生成。让儿童于纯良的天性中发现美，以纯真的眼眸欣赏美，用灵巧的双手创造美，缤纷、愉悦、丰盈每一个儿童的内心。

醇真美术：让孩子拥有纯真醇美的童年

合肥市稻香村小学是一所历史悠久的学校，现有美术教师 13 人。其中高级教师 1 人，一级教师 2 人，二级教师 3 人，合肥市小学美术学科骨干教师 1 人，蜀山区小学美术骨干教师 2 人。合肥市稻香村小学美术教研组中年教师经验丰富、勤于钻研、善于引导，青年教师虚心好学、积极向上、敢为人先，整个团队教研氛围浓厚，充满了阳光和活力。为落实中共中央、国务院《关于深化教育教学改革全面提高义务教育质量的意见》，把美育工作从"软要求"变成"硬指标"，稻香村小学美术教师团队集思广益、通力协作，提出了"最美的艺术出自最纯真的童心"的"醇真美术"课程哲学，依据《教育部关于全面深化课程改革落实立德树人根本任务的意见》及《义务教育美术课程标准（2011 年版）》，我们推进本校美术学科课程群建设。

# 学科课程哲学　最美的艺术出自最纯真的童心

　　小学美术课程注重引导学生在美术学习实践的过程中发展想象、实践和创造能力，让学生用眼睛去发现美，用心灵去感受美，用双手去表现美、创造美。旨在给学生营造开放的学习和探究空间，培养学生的综合素养。

## 一、学科性质观和价值观

　　《义务教育美术课程标准（2011 年版）》指出"美术课程凸显视觉性，具有实践性，追求人文性，强调愉悦性。是义务教育阶段全体学生必修的艺术课程，是学校进行美育的主要途径，在实施素质教育过程中有着不可替代的作用。"①

　　我们认为，小学美术课程是一门象行互融、文愉共生的课程。它注重多种感官经验的积累，发展感知能力、形象思维、表达和交流能力。它追求人文性，注重对美术作品的赏析，关注生活中的美术现象，涵养人文精神。同时，注重学生在美术学习中能自由抒发情感，表达个性和创意，形成健康的人格。

　　义务教育阶段美术课程的价值主要体现在："陶冶学生的情操，提高审美能力；引导学生参与文化的传承和交流；发展学生的感知能力和形象思维能力；形成学生的创新精神和创新意识。"②

---

① ② 教育部基础教育课程教材专家工作委员会.《义务教育美术课程标准（2011 年版）》解读［M］.北京：北京师范大学出版社，2012.

具体来说，小学美术课程追求的是培养"文美素养"与"审美创新"兼备的醇真少年，引导学生掌握基本的美术知识，激发学生自主学习美术的兴趣，培养学生的观察能力、造型表现能力、创造能力等，注重美术学科与其他学科之间的关联，关注中华民族传统文化、世界文化，关心社会生活，关心人类发展，形成创造美好生活的愿望与能力，增强社会责任感。

## 二、学科课程理念

为进一步优化小学美术课堂教学，促进国家课程校本化，校本教学特色化，我们依据《义务教育美术课程标准（2011年版）》的基本理念：面向全体学生，激发学生学习兴趣，关注文化与生活，注重创新精神，为促进学生发展而进行评价。结合对"醇真美术"课程哲学的理解，确定了"醇真美术"的学科理念。

### （一）"醇真美术"是纯真的艺术

"纯"乃无杂质，纯洁天真。"真"为"返朴归真"，谓还其原始的淳朴本真状态。"醇真美术"让儿童在美术学习中保持一颗真、善、美的童心，充满求知、探索的乐趣。

### （二）"醇真美术"是醇厚的艺术

《说文》曰："醇，厚也。""醇真美术"课程注重与生活经验紧密关联，积极在体验探究广泛的文化情境中，发展观察、想象和创造能力，提高审美品味和审美能力，为儿童的终生学习奠定厚实的基础。

### （三）"醇真美术"是传承的艺术

美术既是文化的门类，也是文化的载体①。为了保证传统文化得以良好地传承和发扬，"醇真美术"课程注重让每个儿童认识传统文化的价值和内涵，引导孩子学习传统文化知识和技能，在情感体验和实践操作中，走进艺术经典，培植学生传承文化的意识，树立尊重中华传统文化的风气。

### （四）"醇真美术"是创新的艺术

创新是一个民族或国家的灵魂。遵循国家课程目标，针对我校办学特色

---

① 教育部基础教育课程教材专家工作委员会.《义务教育美术课程标准（2011年版）》解读［M］. 北京：北京师范大学出版社，2012.

和学生情况，"醇真美术"课程注重培养学生的创新思维。课程培养学生多角度地、发散地想象等广阔的思维品质，努力营造有利于创造性思维的情境，引导学生采用多种思维方法进行学习，关注学生成长所需，培养学生的个性与创新精神。

综上所述，"醇真美术"课程根据小学生年龄特点和身心发展特点，在培养健康审美能力的基础上，注重与学生的日常生活经验紧密关联，给学生营造开放的学习和探究空间，以培养学生的审美素质和创新能力，全面提升学生的综合素养，追求生本之真、生本之美，让美好与孩子们相伴相随。

第二节

## 学科课程目标 在美术的
## 熏陶中浸润童年底色

美术课程以系统单元教学目标为核心，进行课程的整体教学设计，具体规划设计出"醇真美术"课程总体目标和分年段目标。

### 一、学科课程总体目标

《义务教育美术课程标准（2011 年版）》的总目标要求："学生以个人或集体合作的方式参与各种美术活动，激发创意，了解美术语言的表达方式和方法；运用各种工具、媒材进行创作，表达自己的情感和思想，改善环境与生活。学习美术欣赏和评述的方法，提高审美能力，了解美术对文化生活和社会发展的独特作用。学生在美术学习过程中，丰富视觉、触觉和审美经验，获得对美术学习的持久兴趣，形成图像识读、美术表现、审美态度、创新能力、文化理解的美术核心素养。"①

结合对"醇真美术"的理解，我们制定了学校美术学科课程的总体目标：通过小学六年的美术学习，培养儿童使用水彩笔、油画棒、勾线笔、刻刀、国画工具等媒材进行创作的能力；学会合作探究学习，能发现不同知识之间的联系；会创新，愿传承；能在生活中领悟美术的独特价值，具有终身学习的能力。通过美术学习不断增强学生学习美术的兴趣，力求培养具有美术素养、人文精神、创新能力和审美品位、有社会责任感，会创造美好生活

---

① 教育部基础教育课程教材专家工作委员会.《义务教育美术课程标准（2011 年版）》解读 [M].北京：北京师范大学出版社，2012.

能力的人。

## 二、学科课程年段目标

依据《义务教育美术课程标准（2011 年版）》的目标要求，我们将"醇真美术"课程分为六个学段目标。美术学习活动方式可以分为"造型表现""设计应用""欣赏评述""综合探索"四个学习领域，基于此，根据学生的身心发展水平、不同学段学生在美术方面的兴趣爱好、认知水平和实践能力水平，聚焦美术核心素养，对美术课程进行整体单元设计，我们制定了各年级美术课程目标。下面我们以四年级为例，阐述年级课程目标的设计。

表 5-1　合肥市稻香村小学"醇真美术"稻香四村课程目标

| 领域 \ 目标 \ 学期 | 稻香四村上学期 | 稻香四村下学期 |
|---|---|---|
| 醇真表现 | **第一单元　梦幻的色彩**<br>**共同要求：**<br>1. 学习《生活中的暖色》《生活中的冷色》，会运用三原色、三间色等色彩知识。<br>2. 在活动中丰富学生的感官认知，培养学生热爱大自然的情感。<br>**校本要求：**<br>1. 认识和运用色彩，并画出有关颜色主题系列的画，用绘本呈现。<br>2. 结合学校的"彩艺坊画室"，学生可以继续深入学习探索此类色彩课程。 | **第一单元　五彩巧手绘**<br>**共同要求：**<br>1. 学习《用彩墨画鱼》《动物的脸》，欣赏、分析动物的结构特征与动态变化，学习彩墨画的方法，体会墨色变化，从中感受彩墨学习的乐趣。<br>2. 培养学生的自学能力、分析能力和创造能力；感受中国传统文化的魅力，体会中国画的笔墨情趣，激发他们学习国画的热情。<br>**校本要求：**<br>1. 结合学校国家级语言文字示范校的特色，让学生用笔闯丹青，举办"诗意"插画节。<br>2. 巧妙运用适合的笔墨技巧表现作品。 |
| 醇真应用 | **第二单元　小小设计师**<br>**共同要求：**<br>1. 学习《笔的世界》《多姿多彩的靠垫》《剪纸中的吉祥纹样》《剪纸中阳刻与阴刻》，利用身边的材料，发现身边的美，重点了解分析物体各部分的特点和功能。<br>2. 学会用简单的设计方法，根据需要，抓住特点，设计制作具有创意的作品，培养观察周围事物的意识。<br>**校本要求：**<br>1. 学会细致观察物体，巧妙设计构思。 | **第二单元　生活巧利用**<br>**共同要求：**<br>1. 学习《巧用对称形》《衣架的联想》，利用原有造型特点巧妙设计。<br>2. 根据物品的形状特征进行设计，通过联想、想象，利用多种方法制作成新奇有趣的作品。<br>3. 培养学生丰富的想象力和创新能力。让学生在动手制作过程中，学会综合使用材料，激发学生的创新热情。 |

| 领域 \ 目标 \ 学期 | 稻香四村上学期 | 稻香四村下学期 |
|---|---|---|
|  | 2. 结合"西窗剪纸"社团，用有吉祥寓意的形象传递美好情感，创作具有吉祥寓意主题的系列作品。 | 校本要求：<br>1. 初步尝试运用生活中的媒材，进行简单组合和装饰，设计出新颖别致的作品，体验设计的乐趣。<br>2. 结合"发现身边的美"，让学生学会充分利用身边的材料设计新颖的作品，来装饰生活，美化生活。 |
| 醇真赏评 | **第三单元 飞天之美**<br>共同要求：<br>1. 通过对《飞天（一）》《飞天（二）》的学习，初步了解飞天艺术知识，加深对飞天文化的理解和认识。<br>2. 学会收集资料，在欣赏作品的过程中，感受作品"动"起来的美感。增强民族自豪感，培养儿童传承优秀传统文化的意识。<br>校本要求：<br>　用线条临摹或创作飞天主题系列的作品，让学生在梦飞翔"画风筝"节日中，传承风筝艺术的美。 | **第三单元 走进农民画**<br>共同要求：<br>1. 学习《艳丽的大公鸡》《学画农民画》，感受农民画特有的艺术魅力。<br>2. 通过借鉴农民画的用色方法，来巩固调配色彩的明度。<br>校本要求：<br>1. 了解有代表性的农民画。能用简单的美术语言表达所感所想。<br>2. 引导学生走进生活，走进社区学习参观，结合当地博物馆或"非物质文化遗园"等，让学生参与"阳光"童画节，用手中的画笔讴歌新时代，记录幸福的点滴生活。 |
| 醇真探索 | **第四单元 留住美好瞬间**<br>共同要求：<br>1. 学习《给小伙伴拍张照》，了解摄影的相关知识。学习简单的人像摄影知识，掌握照相机的基本操作技能。<br>2. 引导儿童发现人像摄影魅力，抓住身边小伙伴的精彩瞬间并及时拍摄下来，学会摄影艺术。<br>校本要求：<br>　利用"研学游"契机，拍摄伙伴系列的图片，力求图像清晰，构图饱满，人物突出，表情自然。 | **第四单元 珍惜水资源**<br>共同要求：<br>1. 学习《生命之源——水》，了解水的相关知识，学会珍惜水资源。<br>2. 通过宣传栏的制作，培养学生收集资料、整理资料和利用美术技能服务于生活的能力。<br>3. 提高保护水资源的意识，渗透可持续发展的思想。<br>校本要求：<br>　结合"世界水日"活动，开展"节约每一滴水"的标志和手抄报设计，唤起儿童的节水意识。 |

第三节

# 学科课程框架　让美术
# 为儿童构建多彩梦想

　　为了实现上述课程目标，我们建立了"醇真美术"学科课程框架。"醇真美术"教育教学遵循学生认知发展及成长规律，在"醇真美术"的理念和学科框架的设置规划下，稳步推进并逐步完善"醇真美术"课程设置。

## 一、学科课程结构

　　依据《义务教育美术课程标准（2011年版）》，结合美术课程以学生发展为本的思想，根据学科课程哲学以及儿童发展的特点，将课程具体分为"醇真表现""醇真应用""醇真赏评""醇真探索"四个领域，按学段、分学期设计课程。课程以"主题单元式教学模式"① 为载体，网络架构，纵向由浅入深、横向覆盖面广，学习内容丰富，贴近学生生活，是国家课程的拓展和补充（见图5-1）。

　　"醇真美术"课程框架设置以国家课程中的四个学习领域为支撑，在此四个学习领域下建构48课的校本课程。根据年级的不同有不同程度的学习要求，做到层层递进。

　　一、"醇真表现"课程：在整合国家课程内容的基础上，尝试用点、线、面和色彩，以游戏的方式体验美术学习的乐趣，感受不同工具和媒材的

---

① 林丹丹. 核心素养导向下小学美术教育的研究与实践［J］. 新课程，2019（4）.
　　许芩. 单元整合，主题单元式教学模式探索［J］. 新课程，2016（2）.

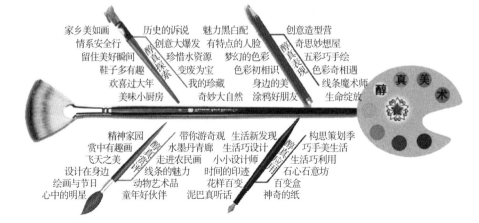

图 5-1　合肥市稻香村小学"醇真美术"学科课程结构

表现效果，让学生能够有意识地运用造型元素和形式原理，表达对生活的所感所想，培养学生的美术造型能力和审美能力。

二、"醇真应用"课程：在整合国家课程内容的基础上，对学生们特别感兴趣的国家课程进行深入开发整理，通过观察身边的物品，用容易找到的媒材进行简单的组合和装饰，用撕、剪、粘、刻、折、插接等方法进行简单的组合和装饰，发挥丰富的想象，让儿童树立学以致用的思想，培养儿童的设计意识，体验设计与制作的乐趣，形成儿童的美术表现和创新能力。

三、"醇真赏评"课程：通过对国家课程的欣赏、评析课程的整合研究与设计，学校美术组对一些有代表性和儿童喜欢的课程内容进行深层次的学习。培养学生用纯真的眼光欣赏作品，了解有代表性的美术家及他们的绘画风格，尝试描述、分析和讨论，能用简单的美术术语分析作品的内容和形式，表达自己的内心。

四、"醇真探索"课程：通过综合性的美术活动，开阔学生的眼界，拓展学生的想象空间，学会融合各学科课程，让学生积极探索发现身边的美好。

**二、学科课程设置**

课程设置根据一到六年级学生的不同年龄和知识特点，整体规划，有针对性地设定不同的主题。内容涉及学生们喜欢的折纸、泥塑、版画、叶画、剪纸等诸多内容，让孩子们对课本内容深入学习的同时，了解中国传统文化，感受不同媒材的特性，发现美就在身边。其中涂鸦好朋友、石心石意坊、绽放生命等课程，利用身边的石头、泥巴、蛋壳等媒材，为孩子们的童年展现一幅多彩画卷，为孩子们的童年开启最纯真的美术之旅（见表5-2）。

表5-2　合肥市稻香村小学"醇真美术"学科课程设置表

| 年段 | 学期 | 醇真表现 | | 醇真应用 | | 醇真赏评 | | 醇真探索 | |
|---|---|---|---|---|---|---|---|---|---|
| 稻香一村 | 上学期 | 涂鸦好朋友 | 让大家认识我 | 泥巴真听话 | 花点心 | 心中的明星 | 卡通明星总动员 | 美味小厨房 | 神气的小厨师 |
| | | | 看谁涂的更好看 | | 有趣的勺子 | | 妈妈和孩子 | | |
| | | | 大家一起画 | | | | | | |
| | 下学期 | 生命绽放 | 长呀长 | 神奇的纸 | 漂亮的瓶子 | 童年好伙伴 | 介绍我喜欢的玩具 | 奇妙大自然 | 可爱的动物 |
| | | | 出壳了 | | 狮子大王 | | 伙伴 | | 花的世界 |
| | | | | | 用春天的色彩装扮自己 | | | | |
| 稻香二村 | 上学期 | 身边的美 | 会变的线条 | 花样百变 | 百变团花 | 绘画与节日 | 绘画中的节日 | 欢喜过大年 | 过春节 |
| | | | 我们身边的痕迹 | | 摆花样 | | 节日装饰 | | |
| | 下学期 | 线条魔术师 | 认识身边的树 | 百变盒 | 纸盒变家具 | 动物艺术品 | 艺术作品中的动物 | 我的珍藏 | 我的收藏卡 |
| | | | 绘画游戏 | | 做笔筒 | | 童年 | | 我喜欢的鸟 |
| 稻香三村 | 上学期 | 色彩初相识 | 红色的画 | 时间的印迹 | 台历的设计 | 设计在身边 | 身边的设计艺术 | 鞋子多有趣 | 各种各样的鞋 |
| | | | 黄色和蓝色的画 | | 有趣的拼图 | | 多彩的民间美术 | | |
| | 下学期 | 色彩奇相遇 | 橙色的画 | 石心石意坊 | 有趣的蛋壳造型 | 线条的魅力 | 画中的线条 | 变废为宝 | 会变的盒子 |
| | | | 绿色和紫色的画 | | 卵石动物造型 | | 生活与艺术中的花 | | 变垃圾为宝 |

| 年段＼学期＼课程＼类别 | | 醇真表现 | | 醇真应用 | | 醇真赏评 | | 醇真探索 | |
|---|---|---|---|---|---|---|---|---|---|
| 稻香四村 | 上学期 | 梦幻的色彩 | 生活中的暖色 | 小小设计师 | 笔的世界 | 飞天之美 | 飞天（一） | 留住美好瞬间 | 给小伙伴拍张照 |
| | | | | | 多姿多彩的靠垫 | | | | |
| | | | 生活中的冷色 | | 剪纸中的吉祥纹样 | | 飞天（二） | | |
| | | | | | 剪纸中阳刻与阴刻 | | | | |
| | 下学期 | 五彩巧手绘 | 用彩墨画鱼 | 生活巧利用 | 巧用对称形 | 走进农民画 | 艳丽的大公鸡 | 珍惜水资源 | 生命之源——水 |
| | | | 动物的脸 | | 衣架的联想 | | 学画农民画 | | |
| 稻香五村 | 上学期 | 有特点的人脸 | 肖像艺术 | 生活巧设计 | 造型别致的椅子 | 赏中有趣画 | 帕特农神庙 | 情系安全行 | 防灾减灾 |
| | | | | | 立体贺卡 | | 认识抽象画 | | |
| | | | 画人像 | | 提线纸偶 | | | | |
| | | | | | 美术中的比例 | | 偶戏 | | |
| | 下学期 | 奇思妙想屋 | 奇思妙想 | 巧手美生活 | 提袋的设计 | 水墨丹青廊 | 人民艺术家齐白石 | 创意大爆发 | 给科学插上艺术的翅膀 |
| | | | | | 多彩的民族传统纹样 | | 20世纪的艺术大师马蒂斯 | | 科学创造新生活 |
| | | | | | 自制小相框 | | | | |
| 稻香六村 | 上学期 | 魅力黑白配 | 线描画中的黑白对比 | 生活新发现 | 箱板上的新发现 | 精神家园 | 神州风采 | 家乡美如画 | 家乡的艺术 |
| | | | | | 参观券的设计 | | 保护我们的精神家园 | | 家乡的历史和发展 |
| | | | | | 神秘的礼盒 | | | | |
| | 下学期 | 创意造型营 | 用各种材料来制版 | 构思策划季 | 彩球的设计 | 带你游奇观 | 追寻文明的足迹 | 历史的诉说 | 剪纸中的古老记忆 |
| | | | 画故事 | | 城市雕塑 | | 探访大自然的奇观 | | 复制与传播 |
| | | | 装饰画 | | | | | | 绣在服装上的故事 |

# 第四节

# 学科课程实施 在艺术的
# 摇篮里创造美好生活

　　《义务教育美术课程标准（2011 年版）》指出："美术要关注每一个孩子，明确'以学生为本'的指导思想，灵活利用当地资源，通过对教学各方面的精心策划和设计，用生动有趣的、适合学生身心发展水平的教学手段，以客观事实为基础，营造创新精神学习氛围，感悟作品，提高审美品位和判断能力，引导学生自主、合作、探究学习，关注自然环境和社会生活，注重评价与教学的协调统一，开展多元化评价活动，培养学生健康乐观的心态和持之以恒的学习精神，逐渐养成良好行为习惯。"①

　　**我们对"醇真美术"课程实施的认识**：以"主题单元式教学模式"② 为载体，为了优化"醇真美术"课堂教学，关注儿童成长所需，梳理整合国家课程中相关主题的教学内容，多方收集教学资源，尝试用主题单元式呈现课程。并把绘本作为美术教学的有效补充，融入美术教学之中，彰显美术校本课程特色，聚焦"绘"童心，让课堂"亮"起来。

　　**我们对"醇真美术"课程评价的认识**：有效的课程评价能更好地促进课程的建设和实施。以学生为中心，引导学生积极参与体验，培养学生创新意识，能张扬学生个性，方式多样，以突出学习的价值和有效性而展开多元化评价，注重评价的互动性，追求在"发现美、欣赏美、探索美、创造美"的

---

① 教育部基础教育课程教材专家工作委员会 .《义务教育美术课程标准（2011 年版）》解读
　[M]. 北京：北京师范大学出版社，2012.
② 林丹丹 . 核心素养导向下小学美术教育的研究与实践 [J]. 新课程，2019（4）.
　许芩 . 单元整合，主题单元式教学模式探索 [J]. 新课程，2016（2）.

过程中提升学生美术核心素养。

基于以上理解与认识，"醇真美术"以体验式学习为主，营造"醇真课堂"，举办"醇真节日"和创建"醇真社团"等课程。

## 一、打造"醇真课堂"，创造生活之美

"醇真课堂"是充满童趣的课堂，为了给儿童营造开放互联的空间，让学生走出课堂，亲近自然。让醇真课堂走进社区，服务社会；传承经典，弘扬优秀传统文化；开阔视野，拓宽学生学习的宽度与深度。让学生以多种感官感知美，体验美，探究美，并且用多种形式和方法创造美，表达美，激发学生对生活的热爱。

### （一）"醇真课堂"的基本要求

"醇真课堂"的基本要求总结为四个字：

趣："醇真课堂"依据不同年龄阶段儿童的认知特点，尊重每个孩子，关注成长，以生动有趣的教学手段激发儿童好奇心，让儿童在自主、愉悦的氛围中领略美术的独特价值，养成对美术学习的持久兴趣。

动："醇真课堂"在生生互动、师生互动的基础上，走出校园，走入社区，融入自然，进行观察写生，培养学生对大自然的热爱。书法绘画与语文古诗词，美术媒材与科学，美术与音乐、舞蹈的融合互动，让课堂更丰盈。

美："醇真课堂"让儿童在广泛的文化情境中认识美术的特征，通过欣赏感悟作品表现形式的多样性，体会美术对社会生活的独特贡献，注重美术与生活的紧密联系，提高审美品位和判断能力，追求对祖国优秀传统文化、多元世界文化的热爱和尊重，努力传播美术文化。

新："醇真课堂"致力于主体性和创造性，采用主题单元式，运用多种方法，自主体验，合作探究，重视对儿童个性和创新精神的培养，层层落实，跟进指导，转化具体成果，努力培养学生的创新意识和创造能力。

### （二）"醇真课堂"的实施策略

"醇真课堂"以教研为依托，以"主题单元式教学模式"为载体，以扎实的教学基本功为保障，"醇真美术"课堂实施从四大领域，五个环节，层层

落实，各学科联动推进，绘本融入教学①，彰显美术学科特色。"醇真课堂"实施过程如下（图5-2）。

图5-2　合肥市稻香村小学"醇真课堂"的实施过程

1. "醇真课堂"的具体实施

（1）"醇真课堂"的导入环节：为了使学生积极参与课堂活动，教师采用多种方法，如生活情境导入、问题情境导入等，通过猜谜语、说故事、做游戏、竞赛等情境导入，吸引学生注意，激发学生的兴趣并导入新课，让学生从无意注意转到有意注意。以人美版五年级下册《给科学插上艺术的翅膀》为例，通过科学、美术和语文等学科融合进行多维探索，导入新课。利用学校"静待花开"种植绘本节与诗配画的结合，将真实的大荷叶带到课堂，打破常规，提高学生注意力，激发学生学习兴趣。学生在体验生命科学，并运用艺术创造美好生活的过程中，将艺术和科学学科之间进行联系。

（2）"醇真课堂"的新授环节：通过初步规划设计，分场景感受体验，欣赏比较，深入研究新知等方式进行新课的传授，让学生了解新知，体验新知，学会融会贯通。同样以人美版五年级下册《给科学插上艺术的翅膀》为例，深入探究本课的新知识，利用智慧课堂的翻翻卡让学生了解微观世界，从宏观到微观等多角度直观的方式去了解研究。让学生开阔视野，突破难点，真正体会艺术源于生活而高于生活。

（3）"醇真课堂"的示范环节：为了解决教学重难点，教师采用谈话法、现场演示法、实验或微视频形式等方法。同以人美版五年级下册《给科学插上艺术的翅膀》为例，科学和艺术如钱币的两面，在山脚下分开，在山顶上聚合。在实际的教学中，孩子们探求知识的能力远大于教师的想象，立

① 戴燕飞．关于绘本融入小学美术教学的研究［J］．新校园，2015，5：22.
　迟裕琦．以绘本为载体，优化小学美术教学［D］．沈阳：辽宁师范大学，2020.

体沙漏制作成型后，仍不能满足孩子的探索脚步，于是教师便设计了"让科技美起来"和"让艺术动起来"相结合的方式，进一步突出重点，突破难点。

（4）"醇真课堂"的艺术实践环节：引导学生实践，采用讨论、练习的方法，启发学生分场景体验，使他们能够从不同视角发现美、欣赏美、创造美，促使学生自主探究。一般 2 人一小组， 4—6 人一大组，分小组合作探究，分工明确，人员分工视具体情况而定。四年级梦幻的色彩单元是关于生活中的冷暖色。在认识和运用色彩的同时，用微绘本形式呈现。为了发展学生特长，深入研究，可以结合学校的选修社团课"彩艺坊画室"，让学生继续学习探索此类色彩课程，并画出有关颜色主题系列的画。

（5）"醇真课堂"的评价拓展环节：为了更好地落实"醇真美术"课堂，制定相应的课堂评价体系，组织学生在班级交流探讨，实时利用希沃授课助手，展示评价学生的作品。引导学生关注身边艺术与科学结合的现象。互动交流探讨展示课堂，从平面绘制沙漏到立体制作沙漏，多角度地体现艺术与科学比翼双飞。让学生最终学会"举一反三"，汇报展示成果，拓展延伸环节，使学生体验探究的愉悦和成功感。

2. "醇真课堂"的实施保障

为保障主题单元式教学模式的落实，教师由单人备课转向备课组集体备课，设计单元课程，注重课程之间的纵向衔接和横向联系并自成体系。在教学中教师以主题为线索，开发和重建相关的教学内容，以问题为中心，注重情境教学，帮助学生建构新的知识体系。为夯实教学常规、促进学习，美术教研组建立学习共同体、师徒结对、骨干联盟等组织。依据课程教学理念，在自己的教学经验基础上，总结提炼教学主张，"快乐美术""图文美术""创意美术"等一一诞生。教研组采取推门听课评课制度，听课后，进行集中研讨，对课堂中出现的问题及时讨论解决。对于部分课程，美术组开展"一课三上""同课异构"活动。在平时的教学中，美术组老师力求关注不同层次的学生，帮助学生获得体验感。同时，通过对学生和家长的问卷调查，多角度多层面地了解教师教学中的优缺点，培优补差，提升教学质量。

3. "醇真课堂"的实施特色

"醇真课堂"以主题"绘本"为特色，贴近学生生活，是学生美术学习的拓展和补充，也是学生喜闻乐见的一种美术表现形式。在特色课程实施过程中，除了学校"静待花开"种植系列活动绘本展之外，我们平时还注意通过绘本融入教学的形式，让学生学会观察生活，积累素材，体验生活，记录生活，学会成长，培养学生热爱生活的情感，为美术学习打下坚实的基础。

### （三）"醇真课堂"的评价标准

《义务教育美术课程标准（2011年版）》指出："围绕学生为中心展开多元化评价活动。注重评价与教学的协调统一，尤其要加强形成性评价和自我评价。"教师从课堂教学目标出发，注重从孩子的视角灵活把握课堂，努力营造优质有效的课堂。

"醇真课堂"依据《义务教育美术课程标准（2011年版）》课程设计思路，将美术学习活动大致分为创作和欣赏两类。根据学科课程哲学以及儿童发展的特点，按学段、分学期设计课程，在形式多样的美术活动中，让学生获得积极愉快的体验；教学内容注重联系地方文化特色，唤醒学生的生活经验；及时鼓励学生，对学生的表现作出恰当的评价反馈；体现多学科融合，以丰富的知识和多样的教学方式和手段，激发学生的好奇心和感官体验，唤起学生内在的学习兴趣，使他们获得美术学习的满足感和成功感。

"醇真课堂"倡导以孩子的纯真童心去发现生活中的美，整合树叶、石头、蛋壳、废旧纸盒等多种媒材，引导孩子多角度多感官去观察、发现、讨论、思考，逐步形成丰富多彩的美术形象，让孩子们乐学、善学，在宽松、自主的创意活动中尽情发挥想象，创造性地表现美。"醇真课堂"不仅重视教师教什么，如何教，更加注重学生的学习态度和学习效果（见表5-3）。

表5-3　合肥市稻香村小学"醇真课堂"教师评价量化表

| 类别 | 评价标准 | 分值 | 得分 |
|------|----------|------|------|
| 教师素养 | 教态自然，举止优雅，语言准确、生动，板书美观。 | 5 | |
| | 有娴熟的美术技能，广博的知识，能灵活驾驭课堂。 | 5 | |
| | 具有较高素质，能够和学生真诚交流，保护学生自尊心。 | 5 | |
| 教学目标 | 符合课标理念、美术核心素养要求，为学生终身学习奠定基础。 | 10 | |

续 表

| 类别 | 评价标准 | 分值 | 得分 |
|---|---|---|---|
| 教学设计 | 符合课标理念，重难点突出，结构合理，循序渐进，符合学生特点。 | 10 | |
| | 课堂立足美术学科素养，教学内容丰富，形式多样。 | 5 | |
| 教学过程 | 发挥教师的主导作用，以生为本，倡导个性化、多样化学习。 | 10 | |
| | 努力激发学生探究欲望，留足探究问题的空间，给学生足够的自主学习和互动交流时间。 | 10 | |
| | 教师善于引导、鼓励学生质疑，培养学生的质疑能力。 | 10 | |
| | 学生积极参与任务情境学习，注重具身体验，气氛和谐融洽。 | 10 | |
| 教学方法 | 善用问题引领学生探究、创造。 | 5 | |
| | 适时引导，关注有效生成，使问题获得解决。 | 5 | |
| 课堂亮点 | 学生参与度高、思维活跃、联想丰富，评价多样，教学有特色，效果好。 | 10 | 合计：分 |
| 自我评价 | | | |
| 综合评价 | | | |

"醇真课堂"是综合性学习活动，为孩子搭建了一个童真、童趣的广阔创意空间，让学生在宽松、自主的创意活动中尽情地发挥，让孩子用纯真的眼睛去发现美，用灵巧的双手表现美、创造美；美化生活，提升自我。适应不同年龄段学生在美术方面的认知水平和实践能力，旨在发展学生的综合实践能力和探究学习能力。

"醇真课堂"从课程设置、社团活动、节日赛事等入手，为学生提供广阔的学习空间。学生作为学习主体，在学习活动中能保持持久的兴趣，有良好的学习态度，能学会观察，学会感知。通过自主合作探究学习，积极开展讨论、交流，引导学生学会独立思考，同时教师在教学中引领学生走进自然、走进生活、走进社区中去学习，丰富学生阅历，为生活增姿添色。开展"醇真小主播"美术微视频学习成果展，让孩子们当小主播，进行作品展示和作品创作的介绍，除了在班级群里直播，还在学校的微信平台进行宣传，家长们也非常支持此项活动，主动和学生们一起探讨学习。丰富的学习活动提高了学生的学习兴趣，增强了学生的自信心，培养健全的人格，促进学生的个性形成和全面发展，为学生终身学习奠定基础。

"醇真课堂"评价要求从学生是否积极参与，是否对美术感兴趣，是否能正确使用绘画工具和表现手法，是否有正确的审美态度，是否能正确表达美术观点等方面进行评价（见表5-4）。

表5-4　合肥市稻香村小学"醇真课堂"学生评价表

| 评价项目 | 评价要点 | 过程性评价 | | | 终结性评价 |
| --- | --- | --- | --- | --- | --- |
| | | 自评 | 互评 | 师评 | 等级（优、良、中） |
| 醇真表现 | 是否对美术课程感兴趣。 | | | | |
| | 能否通过绘画的形式，大胆、自由地表达自己的感受。 | | | | |
| | 使用多种媒材，制作简单的物体或动物形象。 | | | | |
| | 能否认识常用颜色。 | | | | |
| 醇真应用 | 是否对美术设计感兴趣。 | | | | |
| | 是否对设计有初步的认识，安全地使用材料和工具。 | | | | |
| | 联系生活进行设计，有设计服务生活的理念。 | | | | |
| 醇真赏评 | 是否对自然美和美术作品感兴趣。 | | | | |
| | 能否用美术语言表达对自然美、艺术作品、艺术大师的看法和感受。 | | | | |
| 醇真探索 | 能否对生活中的材料进行联想。 | | | | |
| | 能否结合其他学科内容进行大胆创造。 | | | | |
| | 能否与同学合作学习，结束时进行收拾整理。 | | | | |
| 综合评述 | | | | | |

　　评价标准：　四个评价项目共12条标准。"终结性评价"填"优良中"等级，"过程性评价"中，自评、互评、师评满分9🐝，达到5🐝为优，4🐝为良，3🐝及以下为中。等级获6个优以上"综合评述"为优；等级获5个优以上"综合评述"为良；等级获5个优以下"综合评述"为中。"综合评述"栏不仅可以进行等级评价，还可用文字进行具体评述。

## 二、开展"醇真节日"，提升学生的审美品味

节日文化是人类精神文化的升华，节日对人们来说，有着极其重要的意义。学校以传统节日为载体，为孩子们制定了他们喜爱的节日，如游戏节、读书节、艺术节等。"醇真节日"课程结合美术学科特点，为不同学段的学生们量身定制了属于他们的节日课程，如"小稻秧"绘本节、"奇妙"巧手节、"阳光"童话节等。

### （一）"醇真节日"的活动设计与实践操作

表5-5 合肥市稻香村小学"醇真节日"课程内容

| 时间 | 主题 | 目标 | 内容 |
|---|---|---|---|
| 三月 | "小稻秧"绘本节 | 观察自然景物和学生感兴趣的美术主题，用绘本的方式表达感受。 | 依托学校种植活动，制作种植绘本。（3—4年级） |
| 四月 | "梦飞翔"风筝节 | 运用线条、形状、色彩等造型元素，进行简单组合和装饰，体验设计的乐趣。 | 画风筝。（1—2年级） |
| | "阳光"童画节 | 了解时代的变迁和党的发展历程，表达对祖国的热爱之情。 | "党是阳光我是苗"绘画比赛。（1—6年级） |
| 五月 | "奇妙"巧手节 | 用身边容易找到的各种媒材，进行创意设计和工艺制作，改善环境与生活。 | 用树叶、石头、黏土等媒材进行生活创意制作。（1—6年级） |
| | "诗意"插画节 | 尝试不同工具，采用各种方法，大胆、自由地表现，表达所感所想。 | 以水墨等多种表现形式，呈现中国经典诗词文化作品。（3—4年级） |
| | "翰墨飘香"节 | 用软笔或硬笔进行创作与展示，体会美术与传统文化的关系。 | "小小书法家展风采"书法比赛。（1—6年级） |
| 九月 | "奇思"创想节 | 发展具有个性的表现能力，表达思想与情感。 | 科幻画赛事。（1—6年级） |
| 十一月 | "妙想"创意节 | 采用造型游戏的方式，与各学科相联系，大胆地想象、创作和展示。 | 1. "创意书签趣游书海"书签设计。（1—3年级）<br>2. "创意封面设计"。（4—6年级）<br>3. "图书跳蚤市场"海报设计。（5—6年级） |

"醇真节日"课程既是节日的展现，也是丰富多彩的节日活动课程，学生在实践活动中能关注民俗风情，了解华夏文明，包容多元文化，弘扬民族精神。节日课程既是一种美术学习和生活体验，也是孩子们展示艺术才华的一个舞台。

（二）"醇真节日"的评价要求

"醇真节日"课程是学校美术活动的一项常态活动，不同的活动有不同的实施对象，相同的实施对象有不同的实施要求。各项节日赛事活动均成立评审小组，在班级评审上报的基础上进行校级评选。对不同活动主题的作品给予不同的评审标准，主要从作品的主题、内容、形式和学生们参与的过程、态度和效果等方面来评价。下面以1—3年级"梦飞翔"画风筝比赛为例，阐述评价表（见表5-6）。

表5-6　合肥市稻香村小学"梦飞翔"画风筝比赛评价表

| 合肥市稻香村小学"梦飞翔"画风筝比赛评价表 | | | | | |
|---|---|---|---|---|---|
| 班级 | 姓名 | 原创、主题鲜明、内容积极向上（4🏆） | 构图合理、画面内容丰富、生动（2🏆） | 作品整洁美观、有较强的艺术感染力（2🏆） | 色彩和谐、有创作说明（2🏆） | 合计（　）🏆 |
| | | | | | |
| | | | | | |
| | | | | | |
| | | | | | |

"醇真节日"是学生们喜爱的课程，是学生展示才华、创新、创造的舞台，让学生了解美术与社会、历史、文化的关系，充分利用地方文化资源，涵养学生的人文精神。

## 三、建立"醇真社团"，塑造个性的舞台

"醇真社团"是学生的第二课堂，是学生自主选修的课程，是学生合作学习的场所，也是学生展现自己的舞台，同时可以享受学习的乐趣。为学生创造了一个拓展的空间，激发了儿童对美术的学习热情，让不同学段的学生通过社团课程，走进充满魅力的艺术世界。

### （一）"醇真社团"的类别与实施

我校美术课程在开发和实施过程中，以"醇真美术"的课程目标为导向，注重将学生的喜好和传统文化、艺术创作相融合，根据我校学生年龄和认知发展的特征开设了"西窗剪纸""巧手泥塑馆""茁花堂"等社团课程。为保证社团活动的顺利开展，在校内根据教师的专业特长为社团确定了指导

教师。根据课程需要，在校内为学生选择合适的活动场所：学生每个学期初通过网络选择自己感兴趣的社团，并于每周固定时间参与社团活动。

各社团指导教师制定社团活动计划，根据安排开展活动。每次社团活动有活动计划，并落实到人，做到有组织、有实施。每次活动严格按计划进行，做好相关记录；记录内容齐全，拍摄图片以作保存。学校领导小组成员对其进行不定期检查，各社团辅导教师随时了解学生的感受，按时到岗，认真负责，完善自己的教学辅导工作。每学期学校组织各社团进行展示，评选出优秀社团进行奖励（见表5-7）。

表5-7　合肥市稻香村小学"醇真社团"课程安排表

| 课程名称 | 年级 | 课程介绍 |
|---|---|---|
| 涂鸦小屋 | 1—2年级 | 以游戏等多种方式体验不同媒材带来的不同创作效果，大胆尝试用线条、形状和色彩进行绘画表现活动、有主题地自由地表现所见所闻、所感所想，体验造型表现活动的乐趣。 |
| 巧手泥塑馆 | 1—3年级 | 尝试用泥材及简便的工具，通过揉、搓、捏、压、刻等方法，进行造型活动，体验泥工活动的乐趣，提高学生的动手操作能力，培养学生耐心细致的学习态度。 |
| 茧花堂 | 2—3年级 | 了解我国悠久的蚕桑文化，通过巧妙的创意，把普通的蚕茧和现代简单的胶水、颜料等工具加以融合，设计创造出构思巧妙的艺术作品，同时也培养了儿童的创新精神。 |
| 布艺轩 | 3—5年级 | 布艺是我国传统的手工艺术，布艺制作是一个手脑并用的过程，既可开发儿童的智力，又能培养儿童注意力、想象力。通过布艺制作学习，使儿童掌握简单的布艺制作方法、技能技巧，从而进一步培养儿童爱动手、爱动脑的好习惯，并尝试用作品美化生活。 |
| 彩艺坊画室 | 3—5年级 | 通过水粉画的学习，学生进一步了解水粉画的基本知识，提高欣赏水平，培养学生的观察能力和创新思维能力，提高学生的审美能力和审美品位。 |
| 美发屋 | 4—6年级 | 了解当下儿童的心理发展特点，紧跟潮流趋势，指导学生动手编发、制作发饰，引导学生保持健康的审美观。 |
| 手偶剧团 | 2—4年级 | 了解手偶的相关知识，从制作手偶、编写剧本到表演手偶剧，充分调动儿童的语言表达能力、肢体表达能力，培养儿童的动手能力、合作意识，增强儿童的艺术修养。 |
| 五彩编织社 | 5—6年级 | 编织是一项深受儿童喜爱的手工艺术，在我国有着悠久的历史传承，通过编织学习活动，了解编织材料性能，学习编织技术，激发学生热爱祖国传统工艺的情感。 |

| 课程名称 | 年级 | 课程介绍 |
|---|---|---|
| 服装设计室 | 5—6 年级 | 通过绘制设计稿、动手制作作品，激发学生的创造力、想象力、色彩搭配能力，锻炼学生的动手能力，同时培养挖掘未来的时装设计师。 |
| 慧心刺绣 | 4—6 年级 | 刺绣是中国优秀的民族传统工艺之一。练习刺绣需要手、眼、脑的密切配合，不仅可以锻炼学生的动手能力，还能有助于其克服浮躁心理，体验成功的喜悦。 |
| 西窗剪纸 | 1—5 年级 | 剪纸是中国的传统文化艺术，小小剪纸传递的是凝聚在心的浓浓中国情。一张纸，一把剪刀，一双手加上大胆的创意就可以创造美妙的作品。一幅幅剪纸作品就是一张张闪亮的校园名片，给人们带来的是儿童们眼中的真、心中的美，是温暖与热情。期待更多同学参与其中，共剪"西窗"之福。 |

社团课程不仅提升了学生的艺术表现力和创造力，也锻炼了学生的表达能力和人际交往能力。

**（二）"醇真社团"的评价要求**

"醇真社团"评价综合运用教师评价、学生自评和互评等方式，注重对学习过程的整体评价，注重引导学生自评和互评，帮助其形成积极的自我概念。评价按类别分三个方面：态度、能力、效果。

1. 学习态度可以从学生能否积极参与活动进行评价，基本完成学习任务奖一个🐾；主动参与活动，表现较积极，较好地完成学习任务奖二个🐾；积极参与活动，表现积极主动，很好地完成学习任务奖三个🐾。

2. 学习能力评价要努力开发自然美、积极创造美、宏扬心灵美、实践行为美、培养内在美、修饰外在美。学生能掌握课程中所学的基本知识与技能。基本掌握奖一个🐾；掌握较熟练奖二个🐾；熟练掌握并会创新奖三个🐾。

3. 学习效果从作品呈现完成度来评价，基本能完成作品奖一个🐾；可较好完成作品奖二个🐾；能够很好完成作品奖三个🐾。

4. 作品创新方面评价，有少许创新意识奖一个🐾；创新意识良好奖二个🐾；创意新颖、独具特色奖三个🐾。

学期末综合学生各方面能力，评选出"美术之星""色彩小达人""全勤之星""进步之星"等。

## 四、开拓"醇真探访"活动，培养探究学习之路

美术教育既要在美术课堂中传授知识与技能，更需要与其他学科紧密地联系起来，不只是凸显视觉性和创造性，更要强调美术课程的人文性"。①"醇真探访"美术课程基于国家课程，为增强学生的实践、探究和自学能力，以实践探究为途径，充分调动儿童的观察、感悟和实践能力，引导学生走进一些场馆去感受家乡文化历史及内涵。

合肥古称庐州，素以"三国旧地、包拯故里、淮军摇篮"闻名于世，是安徽省的政治经济文化中心，历史文化底蕴深厚、人杰地灵。合肥"十景之一"的逍遥津是环境优美、景色宜人的综合性公园。除此之外，李鸿章故居、包公祠、三河镇、明教寺、大蜀山、开福寺、名人馆、创新馆、渡江战役纪念馆……都是儿童进行探索学习的丰富的课程资源。"醇真探访"实施途径如下：

结合节假日和学校的春季和秋季研学游实践活动的契机，带领儿童到名人馆了解安徽的名人及故事。

参观李鸿章故居，了解李鸿章的生平，用儿童画、版画、刮画、手抄报、剪纸等多种形式，表达自己对家乡名人的认知。

去包河公园游览，让儿童尝试表现"我眼中的包公"，通过对包公祠写生，用笔墨或相机等方式记录清风阁、包河公园、包公祠的美景。用中国画的形式表现包河的荷花，出淤泥而不染，包河的藕"无丝"，感受包拯一生刚正不阿，大公无私的精神。

去爱国主义和革命传统教育基地渡江战役纪念馆开展爱国主义教育，让学生了解当年渡江战役战斗的激烈和我们今天美好生活的不易。尝试表现奋勇前进的人物或战斗场景，或表现场馆的外景和巢湖的美景。

创新馆则让学生了解了家乡的高科技发展，用美术的形式表现自己的所见所闻。活动结束后，学校举办相关摄影、手抄报和绘画作品的评选和展览，一幅幅构图饱满、色彩鲜艳、充满童趣的作品，吸引众多同学欣赏围观。儿童作品把校园装扮得缤纷多彩（见表5-8）。

---

① 中华人民共和国教育部. 关于推进中小学生研学旅行的意见［Z］.2016：11-30.

表5-8　合肥市稻香村小学"包公祠探访研学"手抄报评分表

| 合肥市稻香村小学"包公祠探访研学"手抄报评分表 | | | | | |
|---|---|---|---|---|---|
| 班级 | 姓名 | 主题明确<br>内容充实<br>4分 | 版面布局<br>图文并茂<br>3分 | 书面整洁<br>无错别字<br>2分 | 刊头格式<br>创新亮点<br>1分 | 得分 |
| | | | | | |
| | | | | | |
| | | | | | |

### 五、开展"醇真赛事"活动，提高创新实践能力

开展"醇真赛事"是为了激发学生学习美术的兴趣，鼓励学生充分发挥个人的主体性和创造性，在运用美术的方法将创意转化为成果的过程中，培养学生的个性与创新精神。

#### （一）"醇真赛事"的实施路径

立足于美术学科的特点，赛事涵盖了国画、水粉、水彩、线描、泥塑等方面。从形式上看，将班级比赛和年级比赛相结合，普及和提高相结合，从个人、小组、班级到全校层层深入，从学校向家庭、社会层层辐射。

"醇真赛事"的校级比赛如下：

1. "阳光下成长"绘画比赛。通过用趣味、易记图案、数字等元素表达一幅全面展现新时代青少年学生热爱中国共产党、热爱祖国、热爱人民、热爱生活的作品。班级选取优秀作品至年级参评，学校择优选取作品进行布展。此活动旨在激发学生的创新意识，培养造就德智体美劳全面发展的社会主义建设者和接班人。

2. "皖韵稻香，国画促成长"比赛。用国画的形式表现安徽地区的人文或者自然景观，凸显地域特色。经班级、校级选拔后评奖并布展。本活动旨在让学生了解家乡的历史文化，关注自然，热爱生活。

3. "科学幻想画"比赛。作品内容从实际生活出发，突出思维与方法的独创性，发现并解决学习生活和社会实践中出现的实际问题。班级择优选取三幅作品交送至学校参评，学校按2：3：5的比例，选出一、二、三等奖。所有获奖作品均在校内展出，一等奖推送至区赛。本活动旨在鼓励青少年参与科技创新，提高青少年科学素质，加强对青少年科学探究和创新实践能力

的培养。

4. "翰墨飘香，诗画相彰"诗配画比赛。学生选择适合配画的古诗内容进行创作并以书法入画。班主任选取优秀作品参加校级比赛，获奖作品进行校内展示。旨在使学生吸取中国传统文化精华，培育民族精神和爱国情怀，提高学生的人文素养和审美情趣，为终身发展奠定基础。

5. "我有一双小巧手"泥塑比赛。学生自主报名，班级初选 5 名选手自带材料到美术教室参加年级现场比赛。获奖作品在礼堂展示架进行展评。活动旨在培养学生的动脑、动手能力，激发学生对手工制作的兴趣。

6. "巧手绘美"刮画比赛。学生在掌握刮画技法的基础上进行创作，班级择优选择三幅作品参加校级评选。获奖作品在校内进行展出。活动旨在丰富学生的校园生活，激发学生学习美术的兴趣，使美术特长得到有效发挥。

**（二）"醇真赛事"的评价**

"醇真赛事"的活动过程力求完整，活动的方案力求详尽，活动的内容要与美术学科课程目标相符合，不仅要体现学校课程特色，更要面向全体学生、激发学生对美术的学习兴趣、培养学生的创新精神。具体评价细则如下（见表 5 - 9）。

表 5 - 9　合肥市稻香村小学"巧手绘美"刮画比赛评价细则

| 合肥市稻香村小学"巧手绘美"刮画比赛评价细则 | | | | | |
|---|---|---|---|---|---|
| 班级 | 姓名 | 主题鲜明<br>4分 | 构图完整<br>3分 | 色彩和谐<br>2分 | 作品感染力强<br>1分 | 总分 |
|  |  |  |  |  |  |
|  |  |  |  |  |  |
|  |  |  |  |  |  |
|  |  |  |  |  |  |
|  |  |  |  |  |  |

走进美的世界，感悟美的真谛，丰盈美的情怀。儿童的自然纯良天性不断显现，合肥市稻香村小学"醇真美术"应运而生，儿童的童年画卷在"稻小美术人"的努力下日益绚烂。

（撰写人：王亚屏　姚艳　陈盼盼　牛利艳）

# 第六章

阳光体育：让儿童在阳光中茁壮成长

我们惊叹阳光运动的力量之美，我们钦佩阳光体育的活力与韧劲，我们享受阳光健康的趣味与活动，我们探索阳光心理的奥秘与宝藏。我们引领儿童在阳光运动中，强身健体，迸发力量，我们带领儿童在阳光心理活动中，汲取幸福的味道，向阳而生，逐光前行！

合肥市稻香村小学现有专职体育教师 20 名，其中副高级教师 1 名，一级教师 4 名。学校体育教研组承担着学校的体育教学、"三操""两活动"以及各种体育竞赛活动。近年来在上级教育部门关怀下，工作井井有条，并形成自己的体育特色。 2002 年和 2005 年分别荣获"安徽省贯彻《学校体育工作条例》优秀学校"称号， 2002 年被评为"安徽省乒乓球普通级传统学校"，2009 年被评为首批"全国校园足球特色学校"、"安徽省贯彻《体育卫生两个条例》优秀学校"， 2012 年被评为"安徽省足球传统项目学校"， 2015 年被评为"全国体育工作示范学校"。在"乒足"特色的优良氛围中，体育教师的个人成长也很显著。为进一步深化学生的学科素养，我们依据教育部《关于深化课程改革落实立德树人根本任务的意见》以及《义务教育体育与健康课程标准（2011 年版）》等文件精神，推进体育学科课程群建设。

## 学科课程哲学　让儿童
## 在阳光中点燃生命的希望

　　体育学科的核心素养是指自主健身，其核心能力由运动能力、健康行为和体育学科的核心素养是对知识与技能、过程与方法、情感态度的融合，核心价值就是学生全面的发展。

### 一、学科性质观和价值观

　　《义务教育体育与健康课程标准（2011 年版）》指出："体育与健康课程的性质是一门以身体练习为主要手段、以增进中小学生健康为主要目的的必修课程，是学校课程体系的重要组成部分，是实施素质教育和培养德智体美全面发展人才不可缺少的重要途径。"[①] 阳光体育是在原有的体育课程基础上进行拓展，以突出显示健康为目标的一门课程，学科的性质决定了体育学科必须是阳光的。其价值观在于提高学生的身体素质和运动能力，发展学生的综合素质，培养现代化建设所需的人才，具有非常重要的作用。由此可见，要实现体育课程价值，学生需要不断地发展体能，提高交往的能力，养成良好的品质，掌握一定的知识和技能，所以体育课程价值必须是阳光的。

### 二、学科课程理念

　　基于体育学科特点，我们确定了"阳光体育"的课程哲学，在教学中，

---

① 中华人民共和国教育部．义务教育体育与健康课程标准（2011 年版）[S]．北京：北京师范大学出版社，2012：2.

贯彻对儿童进行身体教育和体育品德为主的教育思想，重视品德的教育和运动所具有的魅力，强调开发儿童对体育的学习兴趣与创造性学习，致力于培养拥有强健体魄的阳光少年。

### （一）"阳光体育"是健康的体育

阳光体育以促进学生身体、心理和社会适应能力整体健康水平的提高为目标，构建了多领域的体育课程结构，整合了多学科的相关知识。从而使每位学生不断提高健康意识、养成良好的锻炼习惯和卫生意识，确保每位学生都能够健康成长。

### （二）"阳光体育"是快乐的体育

阳光体育以学生兴趣为目标，不断更新教学方法，提高学生的兴趣，积极进行体育锻炼。只有激发学生参加运动的兴趣，才能够使学生自主地进行锻炼，从而培养学生终身进行体育锻炼的意识。

### （三）"阳光体育"是自主健身的体育

兴趣是最好的伙伴，兴趣也影响着学生的学习行为和效果，只有对体育活动产生了兴趣，才会自主地进行体育锻炼，并形成自主健身的意识，养成终生锻炼的习惯。

### （四）"阳光体育"是关注个体发展的体育

阳光体育课程考虑到了学生个体差异，并根据学生的差异性制定了丰富多彩的体育活动，从而保障全体学生都能体验到学习的乐趣。

总之，"阳光体育"追求的是让每个孩子都有机会充分发掘自身潜能，让孩子在成长中汲取阳光的力量，强健体魄，坚定志向，在阳光的滋养下茁壮成长。

第二节

# 学科课程目标　让儿童
# 在阳光下汲取成长的力量

## 一、学科课程总体目标

我们依据《义务教育体育与健康课程标准（2011 年版）》，结合对阳光体育理念的理解，确定了学校体育课程总体目标：

通过阳光体育课程的学习，学生将了解体育与健康的知识和运动技能的运用，增强体质，发展对体育的兴趣，养成锻炼的意识，形成良好的人际交往能力，具备优秀的品质，培养乐观向上的生活态度。

## 二、学科课程年段目标

基于上述学科课程总体目标，我们依据教材和教参，结合学校实际，制定了各年级体育学科课程目标，这里我们以一年级为例，阐述年级单元课程目标的设计（见表 6 - 1）。

表 6 - 1　合肥市稻香村小学阳光体育课程年级目标表

| 年级 | 上学期 | 下学期 |
|---|---|---|
| 稻香一村 | 1. 队列队形单元：懂得队列练习中单个动作的要点，能识别动作的对或错；养成坚持不懈、积极向上的良好品质；增强纪律和集体意识，逐步形成良好的教学氛围；结合"小军人"课程体验正确的基本队列姿势，养成遵规守纪的意识，提高适应能力。 | 1. 跑与游戏单元：通过 30 米快速跑与游戏教会学生跑的方法，不断促进学生跑的能力的发展，结合校本课程"动物模仿秀"促进学生正确跑姿的形成；发展灵敏、协调的素质；培养坚持不懈的精神品质。<br>2. 跳跃与游戏单元：使学生获得跳跃的 |

| 年级 | 上学期 | 下学期 |
|---|---|---|
|  | 2. 基本体操单元：使学生懂得徒手操的基本知识和方法，能够分清动作方向；结合社团课程"形体训练"初步掌握整套操的动作能力；发展身体的协调性和节奏感。<br>3. 跳绳单元：发展学生的协调素质，培养学生基本活动能力、合作能力；掌握跳短绳的动作；结合社团课程"绳采飞扬"养成乐学、善思、勤练等学习习惯以及克服困难、坚持不懈的良好品质。<br>4. 走与跑和游戏单元：学会原地摆臂及直线跑的简单动作，跑得自然、快速，发展快速奔跑的能力；在跑的活动中感受合作学习的乐趣，结合校本课程"阳光行走"尝试简单的自我、相互评价；养成勇于克服困难、互帮互助、合理竞争的良好意识和品质。<br>5. 小足球单元：通过学习原地持绳颠球游戏的基本动作方法，培养活动兴趣爱好；促进学生协调能力的发展，培养学生形成认真学习的品质，体验运动的乐趣。<br>6. 乒乓球单元：学习乒乓球的简单知识，体验感受乒乓球的球性特点，学习乒乓球握拍的动作方法；练习端球比稳游戏，发展灵敏、协调素质；结合社团课程"开心球童"，培养同学间愉快协作的良好精神品质。 | 基本知识，通过模仿动物跳、集体双脚连续跳动作与游戏提高跳跃能力，结合校本课程"田径运动会"增强身体机能，发展灵敏、协调等身体素质，培养学生勇敢果断的心理品质。<br>3. 投掷与游戏单元：通过教学，使学生获得投掷的基本知识和活动乐趣，初步掌握用自然挥臂的方法进行单双手抛接轻物和掷远、投准练习，促进上肢力量的发展，培养学生认真学习、听从指挥的优良品质，树立安全意识。<br>4. 小篮球单元：发展基本控制球和拍球的能力，增强上肢力量及身体协调性和灵敏性；结合社团课程"篮球少年"，体验控制篮球和不同高度拍球的动作和方法；养成乐学勤练的学习习惯，初步树立良好的集体主义观念和对篮球运动的喜爱。<br>5. 小足球单元：学习传球地滚球游戏，促进学生灵敏素质的培养，结合校本课程"亲子足球赛"，发展学生刻苦锻炼的精神品质以及团结合作的能力。<br>6. 乒乓球单元：基本掌握颠球动作，进行颠球比多游戏；发展身体的协调素质和灵敏素质；培养学生的集体合作精神。<br>7. 体育与健康知识单元：知道体育课的常规要求，积极愉快地上好体育课，激发学生对体育课的兴趣；了解并知道正确的坐、立、行姿势，学习预防和矫正不良身体姿势的方法；了解水对人体健康的重要性，认识过多饮用碳酸饮料、含糖饮料的危害，养成合理饮水的良好习惯。 |

# 学科课程框架　让儿童感受
# 体育带来的快乐

为实现上述课程目标，学校依照《义务教育体育与健康课程标准（2011年版）》和体育核心素养的基本要求，基于"阳光体育"课程理念，设立了基础性课程和拓展性课程相融合的"阳光体育"课程体系，力求让儿童在阳光的照耀下强健体魄，茁壮成长。

## 一、学科课程结构

依据《义务教育体育与健康课程标准（2011年版）》，根据体育与健康课程的特点，将课程内容划分为运动参与、运动技能、身体健康、心理健康和社会适应五个学习领域，并根据领域目标，构建课程的内容体系。结合"阳光体育"学科课程哲学以及儿童发展的特点，我校将体育与健康课程分为"阳光运动、阳光技能、阳光健康、阳光心理"四个模块进行课程构建（见图6-1）。

下图中，各板块课程具体如下：

阳光运动：指的是运动参与，是孩子获得体育知识，技能与方法，锻炼身体和提高健康水平，形成积极的体育行为的重要途径，重在引导学生体验运动的乐趣。

阳光技能：指的是运动技能，是学生在体育练习中完成运动动作的能力培养途径。通过丰富的课程学习，提高学生的运动能力。

阳光健康：指的是身体健康，引导学生努力学习和进行体育锻炼，全方面发展体能与运动能力，培养团结协作的精神，提高健康的意识与能力。

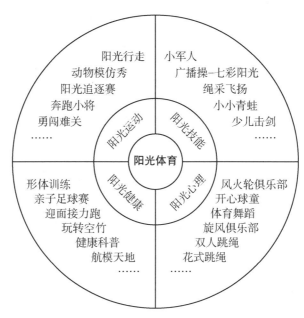

图 6-1 合肥市稻香村小学"阳光体育"学科课程结构

阳光心理: 指的是心理健康与社会适应,重在培养学生自尊自信、团结互助、坦然面对挫折的能力,是课程功能重要的体现。

## 二、学科课程设置

"阳光体育"的育人目的,是通过体育教育实现的。体育教育不在于运动技能的传授,而是表现在启发、创造、鼓励、尝试等效应上。除了基础课程之外,根据课程标准要求,结合我校体育课程总目标和1—6年级的学情,我们将体育课程设置如下(表6-2):

表 6-2 合肥市稻香村小学"阳光体育"课程设置表

| 年级/学期 | 课程 | 阳光运动 | 阳光技能 | 阳光健康 | 阳光心理 |
|---|---|---|---|---|---|
| 稻香一村 | 上学期 | 阳光行走 | 小军人 | 形体训练 | 风火轮俱乐部 |
| | 下学期 | 动物模仿秀 | 七彩阳光 | 亲子足球赛 | 开心球童 |
| 稻香二村 | 上学期 | 阳光追逐赛 | 绳采飞扬 | 迎面接力跑 | 体育舞蹈 |
| | 下学期 | 奔跑小将 | 小小青蛙 | 玩转空竹 | 旋风俱乐部 |
| 稻香三村 | 上学期 | 勇闯难关 | 少儿击剑 | 健康科普 | 双人跳绳 |
| | 下学期 | 趣味跳 | 护眼行动 | 航模天地 | 花式跳绳 |

| 年级/学期 | 课程 | 阳光运动 | 阳光技能 | 阳光健康 | 阳光心理 |
|---|---|---|---|---|---|
| 稻香四村 | 上学期 | 飞奔少年 | 排球小子 | 少儿啦啦操 | "8"字绕长绳 |
| | 下学期 | 你追我赶 | 篮球少年 | 方圆棋社 | 无敌风火轮 |
| 稻香五村 | 上学期 | 田径俱乐部 | 玩转篮球 | 鼓韵社 | 拔河大战 |
| | 下学期 | 十人十一足 | 排球训练营 | 旭日东升 | 快乐足球 |
| 稻香六村 | 上学期 | 田径运动会 | 篮球训练营 | 拓展训练营 | 校园乒乓联赛 |
| | 下学期 | 奔跑吧 | 玩转排球 | 稻香武馆 | 校园足球联赛 |

第四节

# 学科课程实施　让儿童<br>在阳光体育中茁壮成长

《义务教育体育与健康课程标准（2011 年版）》中"中共中央国务院关于深化教育改革全面推进素质教育的决定"指出："健康体魄是青少年为祖国和人民服务的基本前提，是中华民族旺盛生命力的体现。学校体育教育要树立健康第一的指导思想，切实推进体育工作"，使课程能够激发学生参加体育锻炼的兴趣，养成优良的意志品质，促进学生全方面的发展。

我们对"阳光体育"课程实施的认识：以"健康第一"为指导思想，努力搭建完整的课程体系和评价方式，激发学生学习的兴趣，培养良好的锻炼意识，从而使学生全方面发展。[1]

我们对"阳光体育"课程的评价认识：课程评价是促进课程目标实现和课程建设的重要手段。阳光体育把学生的体能、态度等方面纳入学习评价范围，保证了学生的主体性地位，从而提高学习的动力。

我们对"阳光体育"课程研发的认识：教师可以依据教材相关知识进行拓展，从时间角度出发，既立足于传统，吸取传统体育文化中的精华，开设"稻香武馆""玩转空竹"等具有文化底蕴且富有乐趣的体育课程，又立足于现代，在对学生进行广泛调研的基础上，悉心听取各方意见，开设如"绳采飞扬""运动会"等学生喜闻乐见的体育活动；从空间角度出发，以国家体育课程为研发的重要依据，开发"阳光体育课程"，结合地域特征，打造"阳光课堂"，着眼于本校特色，举办"阳光体育节"与"游戏节"，鼓励创建班

---

[1] 赵旎. 郑州市金水区小学武术教育现状及发展研究 ［M］. 郑州：郑州大学，2016：3.

级队伍，积极开展校足球、乒乓球班级比赛。通过对体育活动的观察与思考、记录和总结，团队不断提炼宝贵经验，不断完善与更新"阳光体育"课程。

基于以上理解与认识，"阳光体育"从打造"阳光课堂"、开发"阳光体育课程"、举办"阳光体育节"、开设"双球特色比赛"、创建"班级足球、乒乓队伍"，开展"校足球、乒乓比赛"进行课程实施及评价。让"阳光少年"在学习锻炼中强健体魄，发展智力，坚定志向。

## 一、打造"阳光课堂"，推进学科课程实施

"阳光课堂"在教学过程中，教师利用情景教学，用欢快的语言带领儿童快乐学习，感受乐趣，从而积极地进行体育锻炼。

### （一）"阳光课堂"的内涵

根据儿童身心发展的特征划分学习水平，《义务教育体育与健康课程标准（2011 年版）》根据儿童身心发展的特征，将中小学的学习划分为六级水平，并在各学习领域按水平设置对应的水平目标。水平一至水平三分别相当于 1~2 年级、 3~4 年级、 5~6 年级段儿童预期达到的学习结果[①]。

为了学习目标的实现，学习目标应该是便于观察的。在阳光课堂中，要求儿童在学习的同时，感受和体验心理的微妙变化。这既可以使儿童学习时认识自我，也能使教师对儿童的评价更直接和客观，使课程目标更加有效地实现。

### （二）"阳光课堂"的实施与操作

"阳光课堂"的主要任务是探索在"阳光体育"学科理念指导下的课堂教学基本模式，建构"阳光课堂"教学模型，同时以该模型指导教师进行"阳光运动、阳光技能、阳光健康、阳光心理"四个模块的教学研究实践，以体育核心素养内容为线索，选择学习主题，对学习内容进行整体分析，确定学习目标，进行主题单元教学，引导教师从学科教学走向学科育人。

1. "阳光课堂"主题单元式教学设计。以"阳光体育"核心素养内容为

① 杨文轩，季浏．《义务教育体育与健康课程标准（2011 年版）》解读［M］．北京：高等教育出版社，2012：10．

主线，进行主题单元教学研讨，从体育学科四大模块对学习内容进行整体分析，研讨单元学习目标，进行教学，具体如下：（1）明确单元主题的知识领域。单元主题的选择要以"阳光体育"核心素养为基础，确定单元核心内容，明确单元内容归属。（2）研讨单元四个维度目标。小学体育课程以培养儿童体育素养为宗旨，从"阳光运动"四个模块等对课程目标加以阐述。主题单元教学从整体上研讨并建构单元目标四个维度框架，以指导具体课堂教学的开展。（3）强化单元重点教学。引导学生做好每一个动作练习。注重开发儿童对体育的学习兴趣与创造性学习，培养他们的创新精神和实践能力，是促进体育学科核心素养形成的重要方面。

2. "阳光课堂"教学模式。具体环节有： 师生共建——围绕重点释疑——展示与反思——拓展延伸。

**第一环节：师生共建**

师生共建。它打破了传统的教师教、儿童学，主张教师与儿童互换角色，以儿童为学习的主体，因此，在具体实施上，可以从以下几方面着手：

（1）内容选择： 从教材等方面选择课题，积极开发课程资源，力求上课内容更富有吸引力。根据学生不同的情况，依据教材内容确定具体教学内容，尽量选择让学生感兴趣的教材，让学生积极主动地参与其中，快乐地掌握知识和技能。

（2）具体方式： 为了让学生尽快进入体育学习状态，可以先引导学生通过做游戏等准备活动，吸引学生的注意力，使之能积极参与体育活动。时间控制在8分钟左右。

**第二环节：围绕重点**

每堂课都有自己的重点和难点，挖掘重点，突破难点，也是掌握体育知识和技能的关键，这个环节是让儿童在自学的基础上探寻重点。因此，在具体实施上，可以从以下几方面着手：

（1）教师制作挂图和学习单，布置儿童课前带着问题自学，对本节课的基本结构做到心中有数。

（2）教师引导自学，引导儿童分组自学本课的动作方法，运用已掌握的动作技能，分析动作的结构层次，尝试新的动作练习，从易到难。自学时间8分钟。

（3）儿童自学过程中，教师巡视，针对性地点拨释疑，同时关注全体儿童学习进度，以便控制自学时间。

（4）自学结束后，依据儿童自学情况，先就各自理解的本节课重难点畅所欲言。在此基础上，师生共同汇总、提炼，明确技术动作要领以及突破重难点的解决手段，以此提高练习的效果。时间控制在10分钟左右。

（5）教师巡视，分组进行练习，教师深入各小组进行点拨，对练习效果较好的小组进行表扬，对有创造性想法的儿童给予肯定，同时教师还要把握全班总体练习时间。时间控制在6分钟左右。

### 第三环节：展示与反思

（1）明确展示要求。每组派一名代表展示所学动作。

（2）明确交流内容。一是对展示动作的评价，提出意见；二是小组合作学习后仍未解决技术动作的问题；三是其他组补充的发言。

（3）针对已解决的问题，教师可以适当引导，归纳小结。针对未解决的问题，教师可再次引导儿童思考。如若都不能解答，教师再进行技术性的点拨讲解并示范动作。

（4）发言结束后，教师要及时进行点评，有缺失的内容要及时补充，创造性的内容要及时表扬。时间控制在5分钟左右。

### 第四环节：拓展延伸

拓展升华。从课内学习拓展到课外学习乃至生活，感受课堂内容来源于我们的生活，激发儿童对身边体育活动的爱好和学习，让儿童在这种情境下，养成体育锻炼的好习惯，提高身体素质。时间控制在3分钟左右。

围绕着让每个儿童享受阳光学习的乐趣，引领儿童体验运动的快乐，养成爱运动的习惯，发展学习的能力，提高体质健康水平的目标，我们不断实践总结出阳光课堂的四大教学法。即"快乐游戏法""小组合作法""引导教学法""激情比赛法"：

1. 快乐游戏法："阳光体育"认为，体育游戏就是以身体练习为主要手段的活动，具有良好的强身健体的效果。以游戏的方式开展学习，加强儿童锻炼，既能活跃课堂气氛，又能促进儿童锻炼的习惯养成，收到良好的教学效果。

2. 小组合作法：包括自然分组、同质分组、异质分组、伙伴型分组、兴趣型分组五种分组方法。根据教学内容，教师启发儿童进行合理的分组，积极进行课堂教学。

3. 引导教学法：在阳光体育的教学中，教师根据教学内容、环境，适当地采用引导教学方法，启发儿童发展自主学习能力。

4. 激情比赛法：可以有效改变儿童上课的惰性心理，提高儿童对体育运动的兴趣，培养其勇敢拼搏、遵守规则的体育精神。

**（三）"阳光课堂"的评价标准**

《义务教育体育与健康课程标准（2011年版）》指出："课程评价是促进课程目标实现和课程建设的重要手段"。通过评价既要了解儿童掌握的程度，又要激励儿童积极锻炼，所以评价不仅要关注学习的结果，也要重视儿童在学习过程中的表现，从而提高学习的效果（见表6-3）。

表6-3　合肥市稻香村小学"阳光课堂"教师评价量化表

| | 目标 | 标准解读 | 分值 | 得分 |
|---|---|---|---|---|
| 学习态度 | | 1. 锻炼出勤情况 | 10分 | |
| | | 2. 能够积极主动参与体育学习和锻炼 | 10分 | |
| 目标达成 | | 1. 积极学习体育运动知识 | 10分 | |
| | | 2. 能够掌握运动技能和方法 | 10分 | |
| | | 3. 具有一定的安全意识和防范能力 | 10分 | |
| | | 4. 掌握基本保健知识和方法 | 10分 | |
| | | 5. 塑造良好体形和身体姿态 | 10分 | |
| | | 6. 努力提高身体灵活性、力量、速度和心肺耐力 | 10分 | |
| 情感意志 | | 1. 具有坚强的意志品质 | 10分 | |
| | | 2. 学会调控情绪的方法 | 5分 | |
| | | 3. 具有合作意识与能力以及良好的体育道德 | 5分 | |
| 综合评价 | | 自我评价 | | 合计： |

**（四）"阳光课堂"儿童的要求**

我们的评价从出勤率、效果、态度三个方面进行。

1. 根据儿童平时参与体育课、大课间以及各类体育兴趣小组的出勤率，将儿童定为优秀、良好、合格、待合格四个等次。

2. 根据儿童在学习中能否掌握运动技能和方法，能否养成运动规则意识和运动中自我保护的能力以及终身体育的意识，将儿童的学习效果定为优秀、良好、合格、待合格四个等次。

3. 根据儿童在学习中能否积极主动参与体育学习和锻炼，以及能否在运动中养成吃苦耐劳和坚韧不拔的意志品质，将儿童的学习态度定为优秀、良好、合格、待合格四个等次。

## 二、设立"阳光体育节"，激发体育学习兴趣

节日文化是人类精神文化中必不可少的一部分，以赛事或某项运动为载体，培养学生的运动能力和遵守规则的优良品德，是主题活动的重要组成部分。

### （一）"阳光体育节"的活动设计

本着全面发展儿童体能，增强体质，促进儿童健康成长，并让儿童通过"阳光体育节日"的学习，掌握一些最为基本的体育技术动作的宗旨，体育组每年精心策划体育月活动，包括体育知识竞赛、足球节、快乐寒暑假等等，让儿童在竞赛活动中遵守规则，树立自信。在学期课程建设中，不固守教材，也不过多过满地选择节日，让节日课程走向序列，充满乐趣。

### （二）"阳光体育节"的评价

"阳光体育节"是校园体育文化建设的重要部分，为达成体育节活动完成的目标，我们主要从活动方案的实效性、活动参与的全员性、活动过程的主体性、活动项目的丰富性四个方面进行评价，具体评价标准如下：

1. 活动方案的实效性。方案的设计要基于儿童体育素养的目标要求，在确保安全的基础上，与儿童已有的体育经验和生活经验相联系，关注儿童在体育技能、行为习惯、体育品德上的全面发展。

2. 活动参与的全员性。活动的组织面向全体学生、家长，确保每一位儿童都能得到公平公正的展示机会。

3. 活动过程的主体性。一评价内容新颖、符合儿童年龄特征。二活动具有典型性、有感染力。三评价奖项设置与活动过程中学生的主体参与度，如儿童参与裁判、宣传、场地布置等方面。

4. 活动项目的丰富性。活动项目的设置要结合师资、场地以及不同水平段儿童的体能实际，同时要兼顾学校特色项目，既要有展示儿童体育技能的

个人项目，也要有团结协作的集体项目。

表6-4 合肥市稻香村小学"阳光体育节"课程评价表

| 项目 | 评价标准 | 等级 | 亮点 | 建议 |
|------|---------|------|------|------|
| 主题 | 新颖、有特色 | | | |
| 内容 | 符合学生实际 | | | |
| | 体现体育基本技术及知识 | | | |
| 形式 | 丰富多样 | | | |
| | 充分展示儿童特长 | | | |
| 过程 | 教师组织有序 | | | |
| | 学生参与度高 | | | |
| | 严格遵守比赛规则 | | | |
| 效果 | 学生参与、体验、感悟 | | | |
| | 学生了解掌握运动技能 | | | |

### 三、创建"阳光社团"，在阳光社团中增强体质

#### （一）"阳光社团"的主要类型

社团课程的目的在于培养儿童的学习能力，激发运动的兴趣，以提高身体素质为己任。遵循儿童的身体发育的特点，根据课程标准的要求，结合学校的实际情况，稻香村课程开设了轮滑、乒乓球、足球、体育舞蹈、击剑、武术、棋类、篮球、田径等课程。在今后的课程建设中，我们还要注意各课程在年级中的分配，争取让学生通过社团课程掌握一项体育技能，并充分利用资源，开发儿童喜欢、乐于学习、学有所获的校本课程。

#### （二）"阳光社团"学生综合评价表

表6-5 合肥市稻香村小学体育社团学生综合评价表

| 课程名称 | 评价标准 |
|---------|---------|
| 风火轮俱乐部（轮滑） | 1. 社团设计合理，符合儿童的身体、心理、已有知识能力的基础。 |
| 开心球童（乒乓球） | 2. 社团有完整详细的课程设计，并有评价和反思。 |
| 快乐足球 | 3. 教师认真组织活动，能根据儿童的不同特点进行教学。 |
| 方圆棋社 | 4. 学期结束时，儿童能展示出所学的技术动作。 |
| 体育舞蹈 | 5. 通过网上调查问卷、谈话、访问等形式了解儿童对社团的满意度（满意度超过60%为合格，75%为良好，85%为优秀）。 |

| 课程名称 | 评价标准 |
|---|---|
| 乒乓小将 | |
| 旋风俱乐部 | |
| 开心游戏 | |
| 少儿击剑 | 6. 除了具有体育学科特色的评价，稻香村课程还设置了一学期 |
| 少儿啦啦操 | 　 一张的综合性毕业证，从学习态度、学习能力、学习效果三 |
| 篮球少年 | 　 个维度出发，记录儿童的出勤情况，张贴个性化的学习成果 |
| 花式集体跳绳 | 　 和作品，形成有效的过程性评价。 |
| 田径俱乐部 | |
| 奇幻魔方 | |

## 四、推行"阳光赛事"，激发儿童参与课程的兴趣

"阳光赛事"是评价儿童体育运动技能练习成果及学校课程品质的有力抓手，增加学生自信，培养集体主义感，满足个性化发展的需求。学校体育组依据学校特色的发展需求，积极组织儿童参与各级别比赛，努力搭建赛事平台，帮助儿童发展体育特长，获得学习的成就感，享受运动带来的乐趣，为终身体育锻炼打下良好的基础。

### （一）"阳光赛事"的实践操作

"阳光赛事"节日课程，让儿童可以在多种平台上展示才华。醇美、求真、乐动、智慧、快乐等系列比赛，极大地激发了儿童参与课程的兴趣。其主要实践形式有：阳光体育的校园足球联赛和广播操、眼保健操比赛、合唱、舞蹈赛事、求真科学中的科技动手做、美术的绘本制作、绘画比赛等。

表 6-6　合肥市稻香村小学"醇香赛事"课程设置

| 比赛时间 | 比赛内容 | 比赛级别 |
|---|---|---|
| 三月 | 合肥市青少年校园足球比赛 | 市级 |
| 四月 | 护眼行动 | 校级 |
| 五月 | 快乐足球 | 校级 |
| 六月 | 蜀山区校园足球比赛 | 区级 |

| 比赛时间 | 比赛内容 | 比赛级别 |
|---|---|---|
| 七月 | 安徽省传统项目足球比赛 | 省级 |
| 十月 | 飞奔少年 | 校级 |
| 十一月 | 蜀山区中小学田径运动会 | 区级 |
| 十二月 | 小军人队列展示 | 校级 |

### （二）"阳光赛事"的评价要求

"醇香赛事"分学科，活动形式多样，每种赛事都会制作不同的评价表，从比赛形式、儿童参与度、节目的效果和节目的创新度等方面多角度地评价比赛。

为了提高赛事组织质量，实现以赛事促进学习、促进技能提升的学科培养目标，校"阳光体育赛事"对体育赛事的评价主要从赛事组织实施、赛事成效两个方面展开。首先，赛前筹备工作严谨细致。体育组教师合理制定赛事方案，布置场地，宣传到位。其次，赛事举办合理有序，做好教练员、领队、裁判员等赛事培训，有序进行开闭幕式、检录、成绩统计与公告。最后，学校对赛事进行评估总结、表彰及相关文件归档。

表6-7　合肥市稻香村小学"阳光赛事"课程评价表

| 项目 | 评价标准 | 等级 | 亮点 | 建议 |
|---|---|---|---|---|
| 主题 | 新颖、有特色 | | | |
| 内容 | 符合学生实际 | | | |
| | 体现体育基本技术及知识 | | | |
| 形式 | 丰富多样 | | | |
| | 充分展示学生特长 | | | |
| 过程 | 教师组织有序 | | | |
| | 学生参与度高 | | | |
| | 严格遵守比赛规则 | | | |
| 效果 | 学生参与、体验、感悟 | | | |
| | 学生了解掌握运动技能 | | | |

综上所述，"阳光体育"课程让每个孩子享受体育的乐趣，以培养孩子的运动能力、健康行为、体育品德为根本追求，依托"阳光体育"课程体系，通过价值引领、组织建设、队伍保障等措施，激发儿童运动兴趣，促进儿童身心健康发展，培养儿童终身体育意识和能力，致力于培养拥有健康体魄的阳光少年。

（撰写人：刘敏　常开彬　水海龙　祝仕强　李红林）

# 第七章

## 求真科学：
## 让儿童探索真实的世界

科学之美，美在探索。宇宙之浩瀚深邃、自然现象之庞杂微妙，科学就在我们触手可及的地方：它藏在喝可乐的打嗝声中，它是迎着风的方向而翩翩起舞的风筝，它是树上落下的苹果，它是向日葵向着太阳……它驻足在每一次带着问题的求真与探究之中，去揭开科学神秘的面纱。科学是艺术的，格物致知，科学之路，求美求真，求证求智，意味无穷！

合肥市稻香村小学科学教研组现有教师 20 人，其中市骨干教师一人，区骨干教师一人，高级教师一人，市优秀科技辅导员二人。教研组团结协作，获得全国科技创新青少年科技实践活动一等奖、二等奖、三等奖各一次。"循着对现象追本溯源，对科学原理探实求真的态度"，稻香村小学科学教研组秉承"让儿童探索真实的世界"的教育哲学，以教研组为单位开展教学研究，扎实进行、积极参与各级各类教育教学活动，精心打磨各级各类科技比赛，根据《义务教育小学科学课程标准（2017 年版）》，研制本校科学学科课程群建设方案。

第一节

## 学科课程哲学　自主
## 求真中提升核心素养

### 一、学科性质观和价值观

《义务教育小学科学课程标准（2017 年版）》指出："小学科学课程是一门基础性课程；小学科学课程是一门实践性课程；小学科学课程是一门综合性课程；探究活动是学生学习科学的重要方式"。[①]

基于以上认识，我们科学团队认为，小学科学课程追求的是儿童掌握基本科学知识，提出质疑和创造性见解，亲历探究与交流实验活动，分析概括得出结论，具有善于创新的精神；培养儿童具有科学探究意识，在真实情境中提出科学问题、形成猜测和假设，利用科学方法获取和处理信息、形成结论，以及对实验探究过程和结果进行交流、评估和反思的能力。

### 二、学科课程理念

依据《义务教育小学科学课程标准（2017 年版）》，结合学校科学学科实际，确立了"求真科学"学科课程哲学。

《现代汉语词典》中，"求"是追求、探求；"真"是真知、真实。求真就是追求真理。"求真科学"即是追求真理的科学，通过让儿童探索真实的世界，达到逐步提升科学素养的目的。

依据"求真科学"课程哲学，提出"让儿童探索真实的世界"的学科课

① 中华人民共和国教育部．义务教育小学科学课程标准（2017 年版）〔S〕．北京：北京师范大学出版社，2002.

程核心理念，践行在"勇于实践中追求怒放成长"的信条，培养儿童的科学核心素养。

科学素养是什么？《义务教育小学科学课程标准（2017 年版）》指出："学科素养是指了解必要的科学技术知识及其对社会与个人的影响，知道基本的科学方法，认识科学本质，树立科学思想，崇尚科学精神，并具备一定的运用它们处理实际问题、参与公共事务的能力。"① 当前，胡卫平教授提出的"科学学科核心素养"在国内科学教育界备受大家认同，即学生在接受科学教育过程中逐步形成的适应个人终身发展和社会发展需要的必备品格和关键能力，是学生通过科学学习内化的带有科学学科特性的品质，是科学学科育人价值的集中体现。胡教授从科学观念与应用、科学思维与创新、科学探究与交流、科学态度与责任四个方面建构科学学科核心素养。科学观念与应用是从科学视角形成的对自然现象的基本认识，是科学概念和规律等在头脑中的提炼和升华，是运用科学知识和方法解释自然现象和解决实际问题的能力，它是其他素养的重要基础，特别强调学生对核心科学知识的深度理解以及灵活应用。科学思维与创新是以科学视角对客观事物本质属性、内在规律及相互关系的认识方式，是对科学中的基础理论、理想模型和经验事实之间的关系的理解，是分析综合、抽象概括、推理论证等科学思维方法的内化，是基于事实证据和科学推理对不同观点和结论提出质疑、批判，进而提出创造性见解的能力和品质。科学探究与交流是指具有科学探究的意识，能在真实情境中提出科学问题、形成猜测和假设，利用科学方法获取和处理信息、形成结论，以及对实验探究过程和结果进行交流、评估、反思的能力。科学态度与责任指在认识科学本质、理解科学、技术、社会、环境关系的基础上形成的对科学和技术应有的正确态度以及责任心，具有学习科学和探索质疑和善于反思的创新精神，以及保护环境、推动可持续发展的责任感。科学探究与交流是一个过程，是一种科学学习方式和科学研究的方式，是形成科学观念、发展科学思维、形成科学态度的主要手段和途径，同时也是一种综合的能力。科学思维是科学学科核心素养的核心。

① 中华人民共和国教育部. 义务教育小学科学课程标准（2017 年版）［S］. 北京：北京师范大学出版社，2002.

在 2017 年版《小学科学课程标准》中，未直接提出科学思维是小学科学学科核心素养，但多处出现了"思维能力"，尤其是在科学探究的总目标中提到初步了解分析、综合、比较、分类、抽象、概括、推理、类比等思维方法，发展学习能力、思维能力、实践能力和创新能力。观察、实验与思维相结合，是科学学科的基本特征；学会学习、批判性思维和创新是学生发展核心素养的重要成分。因此，将科学思维确立为小学科学学科核心素养的核心，也是科学学科最本质的特征。基于以上对于核心素养的解读和理解，建构出科学核心素养图谱，用来指导课程目标确定和课程体系设计（见图 7-1）。

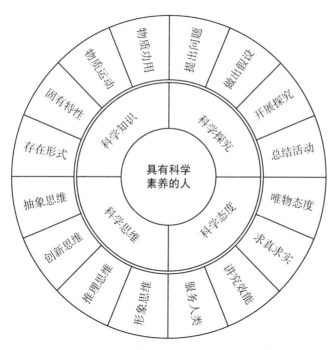

图 7-1　合肥市稻香村小学"求真科学"核心素养体系

我们求真团队认同借鉴《义务教育小学科学课程标准（2017 年版）》的诠释，加入科学素养的概念，基于学科核心素养，认为"求真科学"的核心素养在课堂上表现为以下四个方面：一是科学实验；二是技能方法；三是理性思维；四是崇尚求真。"求真科学"在内容上指导学生做好每堂课的实验；在技能和方法上，提出问题、形成假设、检验求证、得出结论；在理性思维上，尊重事实和证据；在崇尚求真上，人人平等。因此，"求真科学"在实践创新中，让教师和儿童一起勇于主动探究，共同怒放成长，达到提升培养儿童的小学科学核心素养的目的。

1. "求真科学"是引导做好每一个实验的学科。努力创设适宜的实验情境，提供有效的实验材料，为学生探究活动创造条件，促进儿童主动参与探究，引导儿童做好每一个实验。注重引导儿童手脑并重，培养儿童的创造精神和实验能力。引发儿童共鸣，促进科学学科核心素养的形成。

2. "求真科学"是注重主动参与、勇于探究的学科。先提出一个问题，再做假设，然后用做实验检验我们的假设，最后得出结论。积极鼓励儿童动手、动脑、动嘴、动笔做实验。以科学的方法获取有用的知识，掌握科学技能和方法，最终达成提升科学素养的目标。

3. "求真科学"是重事实、有实证的学科。理性思维，重点是尊重事实和证据，有实证意识和严谨的求知态度，理性务实，逻辑清晰，能运用科学的思维方式认识事物、解决问题、规范行为等，培养儿童的科学求真思维能力，最后达到提高科学素养的目标。

4. "求真科学"是崇尚求真、人人平等的学科。学习科学技术知识和成果，掌握基本的科学方法，有真理面前人人平等的意识。培养孩子具备求真、求实精神的教育，才是真正的科学教育。重在遵循科学学科本身的价值体系，培养儿童的科学求真精神。

第二节

# 学科课程目标 实验创新中探索真实世界

学科课程目标既是科学学科教学的起点，也是科学学科教学的前进方向。学科课程目标的设计要立足儿童发展需要，关注儿童学习需求。

## 一、学科课程总体目标

根据《义务教育小学科学课程标准（2017 年版）》的总目标要求，结合我们对"求真科学"理念的理解，制定了学校科学学科课程的总体目标。我们通过看一看、问一问、比一比、做一做、捋一捋、我的发现六个方面来概括，即儿童通过六年的科学学习，能够利用科学方法和科学知识，初步解释身边自然现象和解决某些简单的实际问题；保持一颗好奇心和创新的意识、环境的保护意识、合作的意识和社会的责任感，为今后的学习、生活以及终身发展奠定良好的基础。

## 二、学科课程学段目标

依据《义务教育小学科学课程标准（2017 年版）》的课程目标要求，小学科学课程以培养学生科学素养为宗旨，涵盖科学知识，从"科学概念""科学探究""科学态度""科学、技术、社会与环境"四个方面加以阐述。结合我校科学课程总目标，教研组将科学课程年级目标按照《义务教育小学科学课程标准（2017 年版）》的要求，分别从"物质科学""生命科学""地球与宇宙科学""技术与工程"四个内容领域入手，进行了校本目标的拓展，丰富了课程内容。我们制定了各年级科学课程目标，这里以一年级为例，阐述年级课程目标的设计（见表7－1）。

表7－1　合肥市稻香村小学科学课程稻香一村目标表

| 上学期 | 下学期 |
| --- | --- |
| **第一单元：植物**<br>**共同目标：**<br>1. 能给校园常见的植物编号，写说明。<br>2. 从多种角度（长短、高矮、宽窄等）观察和比较物体。<br>3. 栽种一棵植物，看和写它的生长过程。<br>4. 用科学词汇描述看到的信息，用图文并茂的方法记下来。<br>5. 遵守课堂常规，比较不同的叶，知道叶具有相同的结构，但又存在差异。<br>6. 带着叶子在校园中找一找它们是哪一种植物的叶。<br>7. 认真观察、认真记录，学会倾听、学会分享，乐于表达。<br>**校本目标：**<br>1. 通过捡落叶活动，认识植物的叶形状是多种多样的。<br>2. 能用自己捡到的落叶设计作品，介绍作品，参加创意比赛。<br>3. 通过"食物的秘密"求真之旅，观察豆芽的生长过程，绘制豆芽的一生。<br>4. 培养儿童审美和创新的能力。<br>**第二单元　比较与测量**<br>**共同目标：**<br>1. 知道测量可以量化比较结果。<br>2. 知道"拃"是张开的拇指到中指的长度，可以用来进行测量。<br>3. 精确地用"拃"来测量桌子的高度。<br>4. 通过用手测量的活动，知道用拃测量可以让测量结果更准确。<br>5. 倾听同伴的意见和表达自己的观点，乐于小组合作探究学习。<br>6. 意识到比较和测量是人们认知世界的基本方法。<br>**校本目标：**<br>1. 通过自制一个测量纸带，学会用纸带进行准确的测量。<br>2. 能针对测量中出现的问题，提出自己的解决方案。 | **第一单元：我们周围的物体**<br>**共同目标：**<br>1. 知道物体都具有一定的特征，可以用科学词汇描述物体的特征。<br>2. 知道质量是物体的基本特征之一，并且可以被测量。<br>3. 能较准确地描述物体的特征；能有序地进行观察和描述。<br>4. 借助简易天平量出两种质量非常接近的物体质量。<br>5. 愿意倾听同伴对物体特征的描述，并积极提出自己的意见。<br>6. 尝试比较轻重，有序地掂一掂、量一量、比一比、称一称，快速地量出物体的质量，尊重预测和实测的结果，保持严谨的科学态度。<br>**校本目标：**<br>1. 学会自制简易天平。<br>2. 培养儿童动脑思考，动手制做，动嘴表达的能力。<br>**第二单元：动物**<br>**共同目标：**<br>1. 寻访校园的动物，知道校园里不同的环境中生活着不同的动物。<br>2. 用画一画、写一写、说一说等方式记录动物的主要特征。<br>3. 用观察和比较的方法知道动物的共同特点。<br>4. 经历从认识蜗牛的结构名称到会做实验，了解它的运动方式的探究过程，学习使用放大镜做更细致的观察，用简图画出蜗牛的外形，认识蜗牛身体上的结构。<br>5. 用棉签触碰蜗牛，发现蜗牛的应激反应。<br>6. 如实地记录和描述蜗牛的形态结构，形成实事求是的科学观察态度。<br>**校本目标：**<br>1. 用智慧不断修正方案，给动物建一个"家"，能用多种方式正确地表达交流。<br>2. 培养儿童爱护小动物、爱护大自然的情怀。<br>3. 通过"生态之旅"，了解动物的栖息地，给小鸟建一个"家"。 |

# 第三节

## 学科课程框架　格物致知①中建构科学图谱

在国家课程的基础上，依据学校的"稻香村课程"体系，基于学生心理发展特点、教师兴趣特长、社区资源等现状，我校按照科学核心素养要求的维度延伸、拓展开发了一系列课程，形成"求真科学"学科课程群，旨在培养学生的科学素养，同时满足学生个性化学习需求，为他们的学习提升和终身发展打下良好基础。

### 一、学科课程结构

《义务教育小学科学课程标准（2017年版）》指出："小学科学课程内容包含物质科学、生命科学、地球与宇宙科学、技术与工程四个领域。从这四个领域中选择适合小学生学习的18个主要概念，其中，物质科学领域6个，生命科学领域6个，地球与宇宙科学领域3个，技术与工程领域3个。"② 科学教研组除实施小学科学国家课程外，融合校本课程，对应国家课程的四个版块，研制出"美妙物质""神奇生命""谈天说地""妙技空间"四大科学学习领域的"求真科学"课程群，为学生科学素养的建构提供全面丰富的课程资源（见图7-2）。

---

① 格物致知，意思是探究事物原理，从中获得智慧。出自《礼记·大学》。
② 中华人民共和国教育部．义务教育小学科学课程标准（2017年版）[S]．北京：北京师范大学出版社，2002.

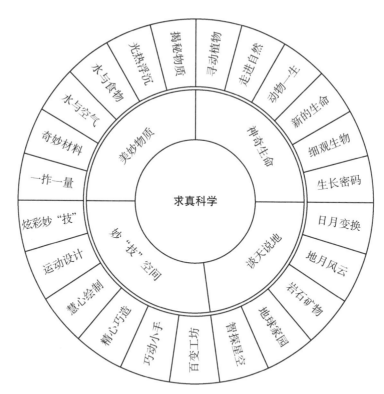

图 7-2 合肥市稻香村小学"求真科学"课程结构图

具体表述如下:

美妙物质——内容主要为物质科学领域。以实验探究为主要学习方式,引领学生了解常见物质的变化,知道不同能量之间的转换,增强学生探索物质世界的好奇心,使学生感受到各类物质对促进社会进步和提高生活质量的重要性,帮助学生们培养乐于善于观察、注重事实证据、勇于探索奥秘的科学素质。

神奇生命——内容主要为生命科学领域。通过对动物、植物、微生物的观察,以及通过一些中长期的种植、养殖等活动,学习了解我国特有的动植物资源,掌握一些观察、比较、记录等方法,激发学生认识自然、了解自然的兴趣,丰厚学生热爱大自然的情感。

谈天说地——内容主要为地球宇宙科学领域。通过对月相、影子、星空、气象、土壤、岩石等现象或物体的观察,激发学生对地球和宇宙的求知欲望,培养学生们的空间立体想象、模型建构思维、逻辑推理等能力,初步建立科学的宇宙观和自然观。

妙"技"空间——内容主要为技术工程领域。通过对身边工具、物品的观察比较等活动，引导学生综合运用所学知识和能力，进行产品的设计、制造或改进，提高学生解决实际问题的能力，培养、发展学生的创新思维和创造力。

## 二、学科课程设置

依据"求真科学"课程结构以及不同年龄段学生成长的需要和认知规律，我校从一年级到六年级，分十二个学期设置了"求真科学"课程（见表7-2）。

表7-2 合肥市稻香村小学"求真科学"课程设置表

| 年级 | 学期 | 美妙物质 课程名称 | 课程内容 | 神奇生命 课程名称 | 课程内容 | 谈天说地 课程名称 | 课程内容 | 妙"技"空间 课程名称 | 课程内容 |
|---|---|---|---|---|---|---|---|---|---|
| 一年级 | 上学期 | 一拃一量 | 认识一拃 | 寻访动植物 | 寻访植物 | | | 百变工坊 | 自制纸带 |
| 一年级 | 下学期 | 一拃一量 | 谁轻谁重 | 寻访动植物 | 寻访动物 | | | 百变工坊 | 给鸟做窝 |
| 二年级 | 上学期 | 奇妙材料 | 认识材料 | 走进自然 | 环境与我们 | 日月变换 | 辨方向看月相 | 巧动小手 | 做一顶帽子 |
| 二年级 | 下学期 | 奇妙材料 | 探秘磁铁 | 走进自然 | 时间与生长 | 日月变换 | 磁极指示方向 | 巧动小手 | 制作指南针 |
| 三年级 | 上学期 | 水与空气 | 混合和分离 | 动物一生 | 动物的繁殖 | 地月风云 | 观测风与云 | 精心巧造 | 制作热气球 |
| 三年级 | 下学期 | 水与空气 | 风的形成 | 动物一生 | 蚕的一生 | 地月风云 | 太阳、地球和月球 | 精心巧造 | 制作过山车 |
| 四年级 | 上学期 | 水与食物 | 溶解与蒸发 | 新的生命 | 我们的身体 | 岩石矿物 | | 慧心绘制 | 天气日历 |
| 四年级 | 下学期 | 水与食物 | 食物与营养 | 新的生命 | 花的一生 小蝌蚪找妈妈 | 岩石矿物 | 晶体与结晶 | 慧心绘制 | 简单电路 |
| 五年级 | 上学期 | 光热浮沉 | 沉浮的奥秘 | 细观生物 | 生物与环境 | 地球家园 | 地表的变化 | 运动设计 | 热水器和小赛车 |
| 五年级 | 下学期 | 光热浮沉 | 热胀与冷缩 | 细观生物 | | 地球家园 | 自转和公转 | 运动设计 | 保温杯、钟摆和计时器 |
| 六年级 | 上学期 | 揭秘物质 | 钻木取火 | 生长密码 | 基因密码 | 智探星空 | | 炫彩妙"技" | 搭桥建塔 |
| 六年级 | 下学期 | 揭秘物质 | 探秘铁锈 | 生长密码 | 观"微"识"微" | 智探星空 | 寻北极星 | 炫彩妙"技" | 妙炫"废品" |

**第四节**

<h2 style="text-align:center">学科课程实施　勇于<br>实践中追求怒放成长</h2>

《义务教育小学科学课程标准（2017 年版）》指出："培养学生的科学素养是科学课程的宗旨。小学阶段的科学教学是为培养学生科学素养打基础的，科学教师应将科学素养的培养作为教学设计与实施的最高准则。"[①] 在实施过程中，关注科学知识，也要关注科学素养的其他成分，注重各方面目标的整合与平衡。为彰显"让儿童探索真实的世界"这一学科理念，"求真科学"课程主要从构建"求真课堂"、创设"求真节日"、开展"求真之旅"、推行"求真赛事"、组建"求真社团"五个方面进行实施和评价。课程实施过程中遵循科学学科特点，主要采用推进项目式学习法。项目式学习法是一种基于真实情境、真实发生在学生身上的求真学习，也是一种深度学习。同时在"求真科学"课程中采用项目式学习的学习方式和策略，可以方便指导教师有效进行课堂教学和活动课程开展，激发儿童对生活中的科学现象强烈的好奇心，促进儿童通过科学实验探究，提升求真能力，推动学生逻辑思维能力的发展，从而全面提升科学素养，顺应了课堂教学变革的大环境趋势和学生核心素养发展的需要。

**一、构建"求真课堂"，筑学科课程脊柱**

课堂是课程实施的主要渠道，课堂教学质量是提高课程实施质量的关

---

① 中华人民共和国教育部．义务教育小学科学课程标准（2017 年版）［S］．北京：北京师范大学出版社，2017.

键，"求真科学"课程实施的核心在于"求真课堂"。

"求真课堂"教学活动，是"重根基"的课堂，不仅要正确确定每节课教学目标，还要以学生为主体，注重课程目标的达成。"求真课堂"教学活动，是"需拔节"的课堂，不仅要依据教材，更要高于教材，有创造性地去拓展教材；"求真课堂"教学活动，是"乐实验"的课堂，不仅要学会知识，更要提供多样化的学习知识的方式，强调实验，动手动脑并重，提倡探究式学习；"求真课堂"教学活动，是"真合作"的课堂，不仅要注重个体差异，因材施教，更要关注学生间的合作交流、分享讨论；"求真课堂"教学活动，是"学无涯"的课堂，不仅局限于教室和实验室两个学习场所，更要在生活的广阔时空中学习科学；"求真课堂"教学活动，是"广联动"的课堂，不仅局限于本学科内部，更要提倡跨学科学习方式，加强与其他学科的关联与互动。

**（一）"求真课堂"的实施与操作**

"求真课堂"的主要任务是探索在"求真科学"学科理念指导下的课堂教学基本模式，建构"求真课堂"教学模型，同时以该模型指导教师进行"美妙物质、神奇生命、谈天说地、妙技空间"四个领域的教学研究实践，以科学核心素养内容为线索，选择学习主题，对学习内容进行整体分析，确定学习目标，进行主题单元教学，引导教师从学科教学走向学科育人。

1. "求真科学"主题单元式教学设计。以"求真科学"核心素养内容为主线，进行主题单元教学研讨，从科学学科四大领域对学习内容进行整体分析，研讨单元学习目标，强化单元重点实验教学，具体如下：

（1）明确单元主题的知识领域。单元主题的选择要以"求真科学"核心素养为基础，确定单元核心内容，从"物质科学""生命科学""地球与宇宙科学""技术与工程"四个内容领域入手，明确单元内容归属。

（2）研讨单元四个维度目标。小学科学课程以培养学生科学素养为宗旨，从"科学概念""科学探究""科学态度""科学、技术、社会与环境"四个方面对课程目标加以阐述。主题单元教学从整体上研讨并建构单元目标四维度框架，以指导具体课堂教学的开展。

（3）强化单元重点实验教学。引导学生做好每一个实验，注重引导学生动手动脑并重，培养他们的创新精神和实践能力，是促进科学学科核心素养形成的重要方面。确定单元重点实验，有的放矢，强化实验教学是主题单元教学的重中之重。

2. "求真科学"四环节项目学习

（1）聚焦问题。这是教学的开始环节，从生活中具体情境导入，聚焦生活现象，激发学生探究兴趣，从而发现问题，明确这节课的任务。以教科版二年级科学上册第一课《磁铁能吸引什么》为例，在聚焦导入环节，引导学生分享尽量多的关于磁铁吸引的情景，充分调动学生兴趣和营造积极表达参与的课堂气氛，有的同学会对其他同学描述的情景予以质疑，在表达中产生不同观点。碰撞过程中学生会产生很多疑问，提出各种问题，将课堂自然推入下一环节。这一环节活动设计有利于培养学生的质疑精神，是核心素养中"树立科学思想、崇尚科学精神"的落实体现。

（2）自主探究。作为课堂第二环节，也是课堂主体环节，在这个环节中，学生需要自主收集资料，选择合适的实验材料，设计并确定实验方案，进行小组合作实验探究，记录相关实验数据，并检查完善实验过程，进行多次实验（为确保实验准确性，一般建议三次左右为宜）。仍以教科版二年级科学上册第一课《磁铁能吸引什么》为例，此环节可以让同学们搜集身边各种不同材料物质构成的常见物品，再用身边各种各样的磁铁去完成能否吸引实验探究，反复操作两次，并完成依据具体实验而设计的相关表格记录。这一环节充分体现了学科课程"实验创新中探索真实世界"的总目标，在每堂课的实验中培养"知道基本科学方法"的核心素养。

（3）研讨问题。此环节承接第二环节，重点对实验结果和数据进行分析，点拨引导学生得出实验结论，解决聚焦质疑的问题。在教科版二年级科学上册第一课《磁铁能吸引什么》这个环节的教学中，主要引导学生通过对自己记录的表格进行分析后发现磁铁不能吸引所有物体，只能吸引铁质物质，所以磁铁又有个大家都耳熟能详的俗名：吸铁石。在理性分析的过程中得出科学结论，认识事物本质，落实"认识科学本质"的学科核心素养。

（4）拓展应用。本环节是结束环节，在这个环节中，让学生回顾反思本节课的重要科学结论，再次回归我们的生活，去发现生活中科学原理的更多实际运用，感受科学源于生活又服务生活的本质，完成拓展和升华。在进行教科版二年级科学上册第一课《磁铁能吸引什么》的拓展活动设计时，鼓励同学们去发现生活中更多的关于磁铁吸引的实例，思考这些应用给我们带来哪些便利，感受科学让生活更美好的本质，最后激励同学们去大胆设想创新，尝试利用磁铁吸引制作一些实用的小发明、小创造，课堂止于此，课堂又并非止于此，开启了新的探索起点。在拓展活动中体验感悟"科学技术知识对社会和个人的深远影响，以及运用它们处理实际问题"的重要意义，实现核心素养的提升。

### （二）"求真课堂"的评价标准

教学和评价是课程实施的两个重要环节，相辅相成。评价既对教学的效果进行监测，也与教学过程相互交融，从而促进与保证学生的发展。

为了解学生在学习过程中的表现及其存在的问题，全面评估学生的学业质量和水平，加强教师对"求真课堂"的理解，丰富教师课程经验，促进教师专业发展，我们以"求真科学"理念为核心，从"四环节项目学习"的聚焦、探究、探讨、拓展四个环节进行课堂评价（见表7-3）。

表7-3 合肥市稻香村小学"求真科学"课堂教学评价量表

| 评价指标 | 编号 | 具体要求 | 优秀 | 良好 | 一般 | 较差 |
|---|---|---|---|---|---|---|
| 聚焦问题 | 1 | 聚焦生活现象。 | | | | |
| | 2 | 激发兴趣、讨论现象。 | | | | |
| | 3 | 发现，质疑，提出科学问题。 | | | | |
| | 4 | 教师明确这节课的任务。 | | | | |
| 探究问题 | 1 | 教师准备适宜的结构材料，学生收集资料。 | | | | |
| | 2 | 学生设计并确定实验方案，做出科学假设。 | | | | |
| | 3 | 学生自主分组合作，开展实验探究活动，在实验中操作熟练。 | | | | |
| | 4 | 组内分工，边实验边记录，丰富翔实探究活动。 | | | | |
| 研讨问题 | 1 | 教师点拨引导，学生检查完善实验过程和记录表，实验记录内容完整，现象描述正确，养成求真求实的本质态度。 | | | | |
| | 2 | 学生分析整理得出实验结论，组内展示实验成果，培养科学推理和科学抽象的思维能力。 | | | | |
| | 3 | 全班交流，描述表达流畅，认真倾听，及时补充、评价，提出建议，锻炼科学思维，总结探究活动。 | | | | |
| | 4 | 在求真求实的本质态度激励下，解决聚焦质疑的问题，掌握科学知识。 | | | | |

续　表

| 评价指标 | 编号 | 具体要求 | 优秀 | 良好 | 一般 | 较差 |
|---|---|---|---|---|---|---|
| 拓展问题 | 1 | 师生评价，生生评价反馈，思考该项目问题在生活中更多的实际应用，体验感悟科学技术知识对社会和个人的深远影响，养成讲究效能的效用态度和服务人类的关怀态度。 | | | | |
| | 2 | 关注学生回答，帮助学生理清思路，促进学生科学思维发展。 | | | | |
| | 3 | 课堂和谐，平等交流，相互启发。 | | | | |
| | 4 | 巩固拓展升华，促成科学态度养成。 | | | | |

## 二、创设"求真节日"，使课程实施氛围更加浓厚

"求真节日"作为"求真科学"的课程脉络分支，是提升孩子科学核心素养的节日性主题活动。围绕主题，开展特色活动，营造浓厚的求真科学节日氛围，尊重孩子崇尚真知；培养孩子能思善变的能力；引导孩子主动探究尽情怒放；为"求真科学"课程实施创设良好的环境，为"求真课堂"核心脊柱提供"养分"支持，大大助力课程实施。

### （一）"求真节日"实施与操作

1. 富有特色的主题是求真节日实施的基础。结合学校的学科课程建设，以学科为载体，紧密结合一学年中不同时间段的特点，设计了以三月植树节为契机的"种植节"、六月世界环境日为契机的"环保节"、十月份配合区科技嘉年华举行"科创节"、十二月份天气寒冷适宜开展以室内活动为主的"绘图节"，四大科学主题节日，以课程目标为依据，以校本目标为导向，创设浓厚的课程实施氛围，进一步促进科学核心素养的提升。

2. 围绕主题开展的一系列活动是求真节日实施的核心。围绕不同时期的主题，我校求真节日开展环保动手制作、科技剧场表演、静待花开种植和各种科技制作发明活动，保证课程实施。

3. 丰富多样的活动方式是求真课程实施的保证。在活动开展过程中，教师要善于引导学生通过图像记录、调查记录、图表绘制、实验报告、研究记录等丰富的活动方式来提升学生的科学探究素养。

4. 节日成果展示总结是求真节日实施的依据。每一个主题的求真节日在实施过程中，给予孩子充分的展示成果的舞台，主题展示会、科技剧场演

出，以实践活动评价要求进行成果总结，使求真节日更具真实性、示范性、教育性和完整性（见表7-4）。

表7-4 合肥市稻香村小学"求真节日"一览表

| 时间 | 课程 | 实施 | 课程名称 |
|------|------|------|----------|
| 三月 | 种植节 | 1. 种植植物展示<br>2. 生态瓶制作展示 | 寻动植物<br>生长密码 |
| 六月 | 环保节 | 1. 环保小制作展示<br>2. 环保科技剧场 | 百变工坊<br>奇妙材料 |
| 十月 | 科创节 | 1. 区科技动手做主题下开展具体活动<br>2. 各年级根据各自技术与工程领域的具体目标开展制作竞赛，发明展示活动 | 炫彩妙"技"<br>运动设计<br>电与电路 |
| 十二月 | 绘图节 | 1. 各年级结合各自学段特点，围绕重点实验开展实验表格设计大赛<br>2. 科学绘图展示嘉年华 | 巧动小手<br>慧心绘制 |

### （二）"求真节日"的评价体系

从评价的科学性、全面性和可操作性等原则出发，结合活动课教学的理论与实践，提出如下节日活动课程教学评价参考体系：

1. 重视过程评价。设置"求真节日"目标的重点在于培养学生的态度和能力，激发兴趣，而非知识和技能。所以评价时，不应该过于看重学生所获得的知识的多少及作品的优劣，而应特别关注学生参与的态度、解决问题的能力和创造性，关注学习的过程和方法，关注交流与合作，关注动手实践以及所获得的经验与教训。因此要采用形成性评价的方式，一般不采用等级评分的方法，重视对过程的评价和在过程中的评价，使评价成为学生学会实践和反思、发现自我、欣赏别人的过程。同时要强调评价的激励性，鼓励学生发挥自己的个性特长，施展自己的才能，努力形成激励广大学生积极进取、勇于创新的氛围。

2. 以学生自我评价为主。节日活动评价可采用多种方式，如对书面材料的评价与对学生的口头报告、活动、展示的评价相结合；教师评价与学生的自评、互评相结合；小组的评价与组内个人的评价相结合等。其中以学生的自我评价为主。由于是让学生自我评价，其压力较小，学生可以充分地畅谈自己参与活动的体验、经验和教训，自由地交换意见。同时，这种集体和个人的自我评价也可以使学生享受到健康的民主风气的熏陶和教育。

3. 构建开放性的评价体系。活动课程具有开放性的特点，评价也应该具有开放性，在学生自我评价的基础上，应尽可能采用集体讨论和交流的形式，将个人和小组的经验及成果展示出来，并鼓励相互之间充分发表意见和评论。这样的评论不仅可以使学生吸收他人的有益经验，还可以促使学生加深对问题的认识，有助于培养学生敢于和善于发现问题并发表个人见解的优良品质（见表7-5）。

表7-5 合肥市稻香村小学"求真节日"评价量表

| 项目 | 评价标准 | 等级（星级） | 亮点 | 建议 |
|---|---|---|---|---|
| 主题 | 有丰富的文化内涵，方向明确。 | | | |
| | 突出爱国主义，尊重传统，讲文明树新风精神。 | | | |
| 内容 | 活动内容新颖，学生在节日中了解人文知识。 | | | |
| | 主题与学科结合性强。 | | | |
| | 结合实际，贴近学生生活和社会现实。 | | | |
| 形式 | 玩中学，学中玩，为学生创造个性特长的展示平台。 | | | |
| | 加大宣传，烘托节日主题。 | | | |
| | 丰富多样，学生喜闻乐见。 | | | |
| | 环境营造得体，营造节日氛围。 | | | |
| 过程 | 综合实践活动倡导团体主题活动与协同主题活动。 | | | |
| | 循序渐进，激发学生爱祖国、爱生活、爱他人的热情。反映了学生的认识特点和情感发生规律。 | | | |
| | 能积极地对待主题活动中出现的问题并善于解决，学会更有效的交流。 | | | |
| 效果 | 学生积极体验，感受到节日的快乐。 | | | |
| | 能够形成学科主题节日的意识，使其常规化。 | | | |

### 三、开展"求真之旅"，在推进社会实践课程中落实科学素养

拥有科学素养最终目的是具备一定的运用它们处理实际问题、参与公共事务的能力。社会实践课程为科学素养最终落实提供渠道。社会实践课程是学生在教师指导下，走出教室，参与社区和社会实践活动，以获取直接经验、发展实践能力、增强社会责任感为主旨的学习领域。该学习领域可以增进学校与社会的密切联系，不断提升学生的精神境界、道德意识和能力，使

学生人格臻于完善。基于此，在设计"求真科学"特色校本课程时，从重实践的角度思考设置"求真之旅"模块，全面推进社会实践课程，让科学素养落在实处。

**（一）"求真之旅"实施与操作**

1. 寻求优质资源是前提。从近年来社会实践实施活动实际情况看，社会实践活动首先需要寻求优质教育资源。一些比较优秀的教育资源对于社会实践活动具有极大的促进作用，对于培养学生创新精神和实践能力所起的积极作用也是有目共睹的。从现实情况看，我们需要认真研究已有的教育资源，去粗取精，取优劣汰，结合当地的具体情况，研制和开发具有地区特点的教育资源。

2. 保证活动安全是基础。实践活动是户外活动，安全问题是实施过程中需要确保的首当其冲的问题，因此实施之前一定要详细计划，科学部署，同时也要适当放手，给予学生一定的自主管理锻炼，还可以邀请家长一起，利用家长资源开展活动，最大程度保证求真之旅的安全实施（见表7-6）。

表7-6　合肥市稻香村小学"求真之旅"活动一览表

| 课程 | 参与人员 | 时间 | 地点 |
|---|---|---|---|
| 食物的秘密 | 1—3 年级 | 10 月 | 青松食品厂 |
| 水的净化探秘 | 5—6 年级 | 10 月 | 合肥污水处理厂 |
| 观鸟 | 3—4 年级 | 5 月 | 长丰鸟岛 |
| 探究科技之旅 | 5—6 年级 | 5 月 | 合肥科技馆 |
| 生态之旅 | 1—2 年级 | 5 月 | 牛角大圩 |

**（二）"求真之旅"的评价体系**

1. 校内统一组织的活动由相关部门提供证明，校外活动由学生以组为单位申报，提交相关证明材料（实践地或服务社区负责人签字盖章证明）；

2. 通过学生的交流，学生分别进行组内互评和全班互评；

3. 班主任考核，并引导学生对活动进行反思，强化体验，表扬先进，对学生进行综合评价；

4. 德育处审核，并在学期结束前统一公示学生社会实践和社区服务内容和学分。

　　注：在课程展示和活动汇报过程中，可邀请家长、社区相关人员等参与活动。学校在审核、班主任和指导教师在考核过程中，根据具体情况应听取家长、实践地或服务社区负责人方面的意见（见表7-7）。

表7-7　合肥市稻香村小学"求真之旅"评价量表

| 评价主体 | 评价内容 | 评价标准 | 评价结果（★级评价，1~3★） |
|---|---|---|---|
| 学生自评 | 实践能力 | 1. 课前搜集课程相关文字资料、图片等 | 1. 能参与搜集。★<br>2. 积极主动搜集。★★<br>3. 积极主动搜集并能向大家介绍搜集的资料。★★★ |
| | | 2. 对课程兴趣，动手参与程度 | 1. 有兴趣，会动手参与。★<br>2. 很有兴趣，会主动参与。★★<br>3. 兴趣浓厚，会积极参与。★★★ |
| 教师评价 | 习惯养成 | 1. 组织有序 | 1. 队伍偶尔有序。★<br>2. 队伍绝大多数时间有序。★★<br>3. 队伍始终保持有序。★★★ |
| | | 2. 安全守纪 | 1. 能遵守景点纪律，但时常需要提醒。★<br>2. 能遵守景点纪律，偶尔需要提醒。★★<br>3. 能主动遵守景点纪律，始终不需要提醒。★★★ |
| | | 3. 爱护公物及保护卫生 | 1. 能保护公共设施、保持景区整洁，偶有不遵守的现象发生。★<br>2. 能主动保护公共设施，注重保持景区整洁，偶有不遵守的现象发生。★★<br>3. 能主动保护公共设施，注重保持景区整洁，并能主动清理垃圾。★★★ |
| | 合作交流 | 1. 帮助同学 | 1. 旅途、景点中有帮助同学的意识。★<br>2. 旅途、景点中帮助同学的意识较强。★★<br>3. 旅途、景点中帮助同学的意识非常强。★★★ |
| | | 2. 倾听景点老师的讲解 | 1. 能倾听景点老师讲解。★<br>2. 能倾听景点老师讲解，分享自己的体会感受。★★<br>3. 能倾听景点老师讲解，并能受到启发，表达自己的见解。★★★ |
| | | 3. 与人合作、团结同学的意识 | 1. 与人合作、团结同学的意识一般。★<br>2. 主动参与合作，能够团结同学。★★<br>3. 积极参与合作，主动团结同学。★★★ |

| 评价主体 | 评价内容 | 评价标准 | 评价结果（★级评价，1~3★） |
|---|---|---|---|
| 情感态度 | | 1. 参与活动及表现 | 1. 能够参与活动，完成学习任务。★<br>2. 主动参与活动，表现较积极。★★<br>3. 参与活动有热情，表现积极主动。★★★ |
| | | 2. 拓展视野，培养爱国情怀 | 1. 能拓展学生的视野，培养一定的爱国情怀。★<br>2. 能大范围拓展学生视野，增强学生的爱国情怀。★★<br>3. 能极大丰富学生认知，拓展学生视野，增强学生爱国情怀和历史责任感及使命感。★★★ |
| | | 3. 克服困难和挫折能力 | 1. 有克服困难和挫折的意识。★<br>2. 能主动克服困难和挫折。★★<br>3. 积极主动克服困难和挫折。★★★ |
| 学生自评或互评、教师评价 | 成果展示 | 1. 活动过程记录 | 1. 参与活动。★<br>2. 主动参与活动。★★<br>3. 参与活动积极活跃。★★★ |
| | | 2. 作品展示呈现 | 1. 完成作品。★<br>2. 完成良好。★★<br>3. 完成优秀。★★★ |
| | | 3. 成果创意 | 1. 有创新意识。★<br>2. 创新意识良好。★★<br>3. 创意新颖、独具特色。★★★ |
| 家长评价 | 在家庭中表现 | 1. 完成课前准备任务 | 1. 参与准备。★<br>2. 积极准备。★★<br>3. 积极参与，准备充分。★★★ |
| | | 2. 向父母展示并介绍自己的学习成果 | 1. 能够展示并介绍自己的学习成果。★<br>2. 主动展示并较为完整地介绍自己的学习成果。★★<br>3. 积极展示并完整介绍自己的学习成果，抒发自己的见解或体会。★★★ |
| | | 3. 利用课余时间继续学习和补充学习的内容并进一步向家长分享自己的感受 | 1. 能够参与。★<br>2. 积极参与。★★<br>3. 积极主动，表现出色。★★★ |

## 四、推行"求真赛事"，激发学生参与课程的兴趣

兴趣是学习最好的导师，心理学研究发现，兴趣是可以激发和培养的。从小激发和培养学习科学浓厚的兴趣是促进"求真科学"课程实施的重要手

段。结合学科课程建设实际情况，推行一系列"求真赛事"，激发学生参与课程的兴趣，推进"求真科学"课程实施。

**（一）"求真赛事"实施与操作**

1. 培养动手能力，促进思维发展。儿童的思维来源于儿童的动作。因为手的动作是和思维活动直接联系的，信息从手传到大脑，又由大脑反馈到手，二者之间是双向联系，这种联系越多，越能促进两方面的发展。因此，积极培养儿童的动手能力，对于思维发展是极为有利的。一系列的"求真赛事"要求学生动手的活动很多，这恰好给学生创造了动手的机会。

2. 突破传统樊篱，力求全面创新。教师在求真赛事指导中要锐意进取，冲破传统思维和教学模式的樊篱，用新颖的方式处理问题，以达到培养学生创新思维和创新能力的目的。

3. 面向全体学生，激发参与兴趣。动手操作是孩子们最喜欢的学习方式，"求真赛事"面向全体学生，最大限度地激发全体学生参与的积极性，实现了激发学生参与课程的兴趣的目的（见表 7-8）。

表 7-8　合肥市稻香村小学"求真赛事"活动一览表

| 课程 | 实施 | 年级 | 时间 |
|------|------|------|------|
| 运动设计 | 自制小车竞赛 | 3—5 | 4 月 |
| 神奇生命<br>美妙物质 | 科学短视频大赛 | 1—5 | 6 月 |
| 寻动植物 | 静待花开种植活动 | 1—3 | 3—6 月 |
| 谈天说地 | 醇香少年科学论坛 | 3—6 | 5 月 |
| 美妙物质 | 醇香少年科学论坛 | 1—2 | 5 月 |
| 慧心绘制 | 科学绘图大赛 | 1—2 | 5 月 |
| 精心巧造 | 科技小发明评比 | 1—6 | 10 月 |

**（二）"求真赛事"的评价体系**

1. 评选标准

（1）"三自"：自己选题：发明选题必须是作者本人发明、提出的；自己设计：设计中的创造性贡献，必须是作者本人构思、做出的；自己制作：作者本人必须参与作品的制作。

（2）"三性"：科学性：包括选题与成果的科学技术意义；技术方案的合理性；发明创造的科学性。先进性：包括新颖程度、先进程度、技术水平与难易程度。（鉴于小学生发明活动的教育性特点，以及查新资料等方面的困难，新颖程度的要求在不同层次的评选中具有相对性。）实用性：是否具有广泛的教育意义和推广价值。

2. 评选的有关规定

（1）参赛作品凡符合"三自"和"三性"要求的，根据作品的实际情况，由评审组按照评分表综合评分。

（2）参赛作品可以在学校一些活动平台或者媒体平台展示，组织学生进行大众投票评审。

（3）专业评审和大众投票评审结合，核算评定出最后的获奖等级。颁发具有纪念意义的徽章或者奖状，激励获奖同学，激发学生参与兴趣。

## 五、组建"求真社团"，发展学生兴趣爱好

"求真社团"主要从开发资源设计活动、寻求支持搭建平台、多元管理提升品质三个方面来实施，在具体实施中发展学生兴趣爱好，推进"求真科学"整个课程体系更完善，更丰富，更常态化。

### （一）"求真社团"实施与操作

1. 充分开发资源，设计社团活动。充分利用我校校园植物角、校园创客中心、实验室等资源优势，为学生开展科学社团活动提供多样选择，满足不同社团开展探究活动的需求。我校课程开发小组还购买了专业的社团指导服务，为促进学生在科学社团活动中主动地、富有个性地学习和社团课程的高效有序实施提供了高质量的师资保障。

2. 寻求多方支持，搭建展示平台。学校领导、老师、家长和社会的理解和支持，是社团课程开发与实施的基础。我校探索多种渠道，寻求多方支持，努力为学生创造更好的探究活动条件。同时通过优化整合各项科学活动，为学生搭建丰富多样的展示平台，提供展示、表现、交流的机会，以培养学生的创新思维，发展创新能力，体验科学的魅力，激励学生更多、更好地参与到科学社团活动中来。

3. 实行多元管理，提升社团品质。在社团的管理上，主要实行指导教师

负责、学生自我管理和自我服务制度。每个社团设置团长 1 名、副团长 2 名，各社团指导教师负责依据学生的心理特点和能力基础合理制定活动内容和方式，按方案实施社团活动（每周五下午第一节课为社团活动课），团长和副团长负责及时登记考勤、整理器材、回收过程性资料、反馈社团活动情况等自我管理和服务工作（见表 7-9）。

表 7-9　合肥市稻香村小学"求真社团"课程一览表

| 参加人员 | 课程名称 |
| --- | --- |
| 一年级 | 稻香蔬果园 |
| 一年级 | 稻香科学妙妙屋 |
| 二年级 | 稻香科学妙妙屋 |
| 二年级 | 稻香物质馆 |
| 三、四年级 | STEAM 课程 |
| 三年级 | 绿野苗圃 |
| 三年级 | 科学王国 |
| 四年级 | 百变回收站 |
| 四年级 | 科学王国 |
| 五年级 | 科学探秘队 |
| 六年级 | 神奇博物馆 |

### （二）"求真社团"评价标准

为了实现对"求真社团"更好地进行科学管理，提高各社团的活动效率和质量，我校从社团管理、活动开展、活动展示、活动成果四个方面制定了"求真社团"的评价标准。

1. 社团管理。社团活动记录完整。社团活动的整个过程应体现活动方案的规范标准、内容制定详细、活动设计丰富、开展有效的行动方针、记录详细的行动过程和学期末的总结。

2. 活动开展。教师充分履行指导职责。社团活动中，教师可以提供有效的建议，帮助学生发展自己的长处和技能。教师应和学生一起加强社团管理、注重社团核心文化建设。社团活动开展应该文明有序并能体现社团主题特色。

3. 活动展示。学期结束时，社团能以体现社团主题特色的方式展示社团活动成果。

4. 活动成果。通过网上调查问卷、学生座谈会、社团活动展示反馈等多种形式了解学生、家长和社会对该社团的满意度（满意度超过 60％为合格，75％为良好， 85％为优秀）。

5. "明星社团"评选。结合学校每学期举行的"明星社团"评选，由社团负责老师自主申报，并对照社团课程评价标准将社团活动的过程性资料、取得的成绩、品牌特色、经验总结等有形成果结集成册。学校根据各社团申报材料的详实性、特色程度，结合学生座谈、问卷反馈的信息，对社团进行综合评价。

综上所述，科学教育的本质是将生命之初的混沌状态发展至求美求真，求证求智的状态，并最终臻至精神的健全与完满。聚焦"求真"，突出"求证"，达到"求智"，探寻思索，理性实证，质疑创新，实践独立。

（撰写人： 吕伟　史晶秀　夏惠　钱晶）

# 后记

　　自 2015 年至今，我校作为合肥市蜀山区第一批课程实验校，"稻香村课程"已走过整整五年的历程。回顾这五年的时间，课程项目组以"推进课程建设，打造醇香稻小"为工作核心，不断地探索和创新，深化课程改革实验，致力于学校课程品质的不断提升。

　　经过长时间的探索和实践，我们将"发展学生核心素养，落实立德树人"作为学校课程建设的总体方向，让醇香教育逐步走向学科深处，构建描绘醇香学科课程的新蓝图，让各学科校本课程历久弥香。在孕育书稿的过程中，我校课程组研究团队精诚合作集思广益。付出的时光总是让人难忘，我们感慨这段字斟句酌、探索创新的日子；我们难忘这段从迷茫到豁然开朗的潜心研究的过程。老师们在思维的碰撞中，重新认识和深入理解了教材，厘清了不同层次教学目标的内涵，教师自身的课程开发和实施能力显著提升。在这将近两年的课程群建设方案研究中，我们不仅有团队的合作，更重要的是专家的引领。衷心感谢上海市教育科学研究院品质课程专家团队对我们极大的帮助，尤其是杨四耕教授从课程群研究伊始，对具体的课程哲学、课程目标、课程框架、课程实施途径的详细解析和指导，感谢崔春华教授后期对整个书稿框架的把握和语言的推敲，正是他们精湛的专业水平使得我们的课程群方案有逻辑有特色；也要感谢团队老师们的积极探索，各学科骨干教师线上线下不分日夜研究探讨，才成就了今天每个课程群方案的精彩！

　　从"醇香课堂"到微课程，从"醇香节日"到"醇香赛事"，学校总是不停地从多角度尝试学科课程的实施途径，让其落地生根。《学科育人的整体课程范式》一书呈现的是我校七个学科课程群的研究成果，是我们在教育探索中积累的宝贵财富，更见证了我们的专业成长！蓦然回首，课程组团队每位成员在付出汗水的同时，心中收获的也是满满的成就感。然而，我们的课程群建设还有一些需要完善的地方待我们共同努力，尚存在一些问题促我们思考，而新思考又引领新实践和反思，再次生成新的问题，在今后的摸索和实践中，我们将对以下方面做进一步研究和完善。

潜心于完整和全面的课程群实施路径的探究。在课程群研究的过程中，我们依据各学科的不同特色，着力探索课程实施途径和方式，比如：我们研究出了各学科的具体醇香课堂实施步骤；打造了各学科精彩的醇香节日和醇香赛事等等。在强调学生学习方式转变的课程改革背景下，在今后的课堂实践中，各课程群还应该积极探索能够落地生根的实施途径，使学生在真实的情境和丰富的探究活动中得以成长！

着力于具有学校特色文化的课程群建设研究。学校课程改革的不断深入其实也是学校文化内涵不断深入的过程。文化是课程的灵魂，课程也是形成学校文化的关键因素。在以"发展学生核心素养，落实立德树人"为总体方向的前提下，每个课程群的建设都要立足于学校的文化，让课程群之花在学校文化的滋润下醇美绽放！

致力于跨学科综合课程群的建设研究。七个学科课程群各具特色、各具创意。今后无论是在课堂教学还是活动开展中，我们还要深入思考，创新设计，注重资源整合，挖掘跨学科课程之间的联系，发现多样的课程范畴，例如生活教育、道德教育、生命教育等等，将这些都纳入各学科课程群建设研究中，使我们的课程更加彰显活力，使学生成为真正的收获者！

课程改革的道路是辛苦漫长的，有风和日丽也有斜风细雨，有成功的喜悦也有失败的哀伤，学校学科课程建设的道路任重而道远，从国家课程到课堂嵌入式的微课程，再到极具学校特色的社团课程，每一步的研究和落地都是一个艰辛的过程！让我们心中有阳光，脚下有力量，让一朵朵娇艳的课程之花成长和绽放，醇香稻小，醇美童年！让美好与孩子们相伴相随！

再次感谢蜀山区教育体育局为我校课程建设搭建的有梯度有高度的成长平台，感谢上海市教育科学研究院品质课程专家团队的指导，感谢学校课程组团队全体同仁的坚守和不懈努力，未来我们将一如既往，在教育探索之路上不断前行，再创辉煌！

| | | | |
|---|---|---|---|
| 学校整体课程规划的七个关键 | 978 - 7 - 5760 - 0424 - 3 | 62.00 | 2021 年 3 月 |
| 课堂教学的 30 个微技术 | 978 - 7 - 5760 - 1043 - 5 | 52.00 | 2020 年 12 月 |
| 教学诠释学 | 978 - 7 - 5760 - 0394 - 9 | 42.00 | 2020 年 9 月 |
| 原点教学:提升区域育人质量的策略研究 | | | |
| | 978 - 7 - 5760 - 0212 - 6 | 56.00 | 2020 年 8 月 |

## 学校课程发展精品丛书

| | | | |
|---|---|---|---|
| 学科课程群与全经验学习 | 978 - 7 - 5760 - 0583 - 7 | 48.00 | 2021 年 1 月 |
| 育人目标与课程逻辑 | 978 - 7 - 5760 - 0640 - 7 | 52.00 | 2021 年 2 月 |
| 学科课程与深度学习 | 978 - 7 - 5760 - 0505 - 9 | 52.00 | 2021 年 2 月 |
| 学校课程的文化表情:百花园课程的学科指向与深度实施 | | | |
| | 978 - 7 - 5760 - 0677 - 3 | 38.00 | 2021 年 2 月 |
| 学校文化与课程变革 | 978 - 7 - 5760 - 0544 - 8 | 62.00 | 2021 年 2 月 |
| 语文天生重要:语文学科课程群设计 | 978 - 7 - 5760 - 0655 - 1 | 44.00 | 2021 年 2 月 |
| 五育并举的课程体系:致良知课程的旨趣与探索 | | | |
| | 978 - 7 - 5760 - 0692 - 6 | 48.00 | 2021 年 1 月 |
| 学科课程与育人质量 | 978 - 7 - 5760 - 0654 - 4 | 48.00 | 2021 年 1 月 |
| 在地文化与课程图谱 | 978 - 7 - 5760 - 0718 - 3 | 46.00 | 2021 年 2 月 |
| 中观课程设计与学科课程发展 | 978 - 7 - 5760 - 0624 - 7 | 36.00 | 2021 年 1 月 |
| 大教学:英语学科核心素养培育的课程模式 | | | |
| | 978 - 7 - 5760 - 0462 - 5 | 46.00 | 2021 年 1 月 |

## 特色学校聚焦丛书

| | | | |
|---|---|---|---|
| 不一样的生命,一样的精彩 | 978 - 7 - 5675 - 8675 - 8 | 34.00 | 2019 年 3 月 |
| 童味正醇:特色学校的文化图谱 | 978 - 7 - 5675 - 8944 - 5 | 39.00 | 2019 年 8 月 |
| 特色普通高中课程建设探索 | 978 - 7 - 5675 - 9574 - 3 | 34.00 | 2019 年 10 月 |

儿童是天生的探索者：360°科学启蒙教育

|  | 978 - 7 - 5675 - 9273 - 5 | 36.00 | 2020 年 2 月 |

做精神灿烂的教师：教师自我成长的 5 个密码

|  | 978 - 7 - 5760 - 0367 - 3 | 34.00 | 2020 年 7 月 |

| 让教育温暖而芬芳 | 978 - 7 - 5760 - 0537 - 0 | 36.00 | 2020 年 9 月 |
| 快乐教育与内涵生长 | 978 - 7 - 5760 - 0517 - 2 | 46.00 | 2020 年 12 月 |
| 故事教育与儿童发展 | 978 - 7 - 5760 - 0671 - 1 | 39.00 | 2021 年 1 月 |
| 美好教育：学校内涵发展的循证研究 | 978 - 7 - 5760 - 0866 - 1 | 34.00 | 2021 年 3 月 |
| 把美好种进儿童心田 | 978 - 7 - 5760 - 0535 - 6 | 36.00 | 2021 年 3 月 |

倾听生命的天籁："天籁教育"的实践与探索

|  | 978 - 7 - 5760 - 1433 - 4 | 38.00 | 2021 年 9 月 |

| 为了每一个孩子的美好心愿 | 978 - 7 - 5760 - 1734 - 2 | 50.00 | 2021 年 9 月 |

向着优秀生长："模范教育"的理念与实践

|  | 978 - 7 - 5760 - 1827 - 1 | 36.00 | 2021 年 11 月 |

## 跨学科课程丛书

| 大情境课程：主题设计与创意评价 | 978 - 7 - 5760 - 0210 - 2 | 44.00 | 2020 年 5 月 |
| 社会参与素养的培育模型与干预机制 | 978 - 7 - 5760 - 0211 - 9 | 36.00 | 2020 年 5 月 |

大概念课程：幼儿园特色主题活动设计

|  | 978 - 7 - 5760 - 0656 - 8 | 52.00 | 2020 年 8 月 |

| 项目学习：进入学科的课程智慧 | 978 - 7 - 5760 - 0578 - 3 | 38.00 | 2021 年 4 月 |
| STEAM 课程的设计与实施 | 978 - 7 - 5760 - 1747 - 2 | 52.00 | 2021 年 10 月 |
| 幼儿个性化运动课程 | 978 - 7 - 5760 - 1825 - 7 | 56.00 | 2021 年 11 月 |

## 核心素养导向的课堂教学丛书

| 漾着诗性智慧的课堂教学 | 978 - 7 - 5675 - 9308 - 4 | 39.00 | 2019 年 7 月 |

转识成智的课堂教学：核心素养导向的历史教学

|  | 978 - 7 - 5760 - 0164 - 8 | 40.00 | 2020 年 5 月 |

| 学导式教学：学会学习的教学范式 | 978 - 7 - 5760 - 0278 - 2 | 42.00 | 2020 年 7 月 |

| | | | |
|---|---|---|---|
| 高阶思维教学的关键技术 | 978 - 7 - 5760 - 0526 - 4 | 42.00 | 2021 年 1 月 |
| 会呼吸的语文课：有氧语文的旨趣与实践 | | | |
| | 978 - 7 - 5760 - 1312 - 2 | 42.00 | 2021 年 5 月 |
| 高阶思维教学的核心指向 | 978 - 7 - 5760 - 1518 - 8 | 38.00 | 2021 年 7 月 |
| 磁性课堂：劳动技术课就这样上 | 978 - 7 - 5760 - 1528 - 7 | 42.00 | 2021 年 7 月 |
| 核心素养导向的作业设计 | 978 - 7 - 5760 - 1609 - 3 | 40.00 | 2021 年 8 月 |
| 语文，让精神更明亮 | 978 - 7 - 5760 - 1510 - 2 | 42.00 | 2021 年 9 月 |
| "六会"教学法：基于核心素养的课堂教学 | | | |
| | 978 - 7 - 5760 - 1522 - 5 | 42.00 | 2021 年 9 月 |

## 特色课程建设丛书

| | | | |
|---|---|---|---|
| 教师，生长的课程 | 978 - 7 - 5760 - 0609 - 4 | 34.00 | 2020 年 12 月 |
| 学校课程发展的实践范式 | 978 - 7 - 5760 - 0717 - 6 | 46.00 | 2020 年 12 月 |
| 丰富学习经历：如歌式课程的愿景与深度 | | | |
| | 978 - 7 - 5760 - 0785 - 5 | 42.00 | 2020 年 12 月 |
| 学科课程群设计方法 | 978 - 7 - 5760 - 0579 - 0 | 44.00 | 2021 年 3 月 |
| 学校美育课程的立体建构：菁华园课程的逻辑与框架 | | | |
| | 978 - 7 - 5760 - 0610 - 0 | 36.00 | 2021 年 3 月 |
| 关键学习素养与学科课程设计 | 978 - 7 - 5760 - 1208 - 8 | 34.00 | 2021 年 4 月 |
| 学校课程设计：愿景建构与深度实施 | 978 - 7 - 5760 - 1429 - 7 | 52.00 | 2021 年 4 月 |
| 生长性课程：看见儿童生长的力量 | 978 - 7 - 5760 - 1430 - 3 | 52.00 | 2021 年 4 月 |
| "慧阅读"课程：儿童视角 | 978 - 7 - 5760 - 1608 - 6 | 42.00 | 2021 年 6 月 |
| 诗意栖居的课程愿景：智慧岛课程的逻辑与深度 | | | |
| | 978 - 7 - 5760 - 1431 - 0 | 44.00 | 2021 年 7 月 |
| 每一个孩子都是最重要的人：V - I - P 课程的内在意蕴与学科视角 | | | |
| | 978 - 7 - 5760 - 1826 - 4 | 54.00 | 2021 年 8 月 |
| 给每一个孩子带得走的能力：井养式课程的旨趣与探索 | | | |
| | 978 - 7 - 5760 - 1813 - 4 | 42.00 | 2021 年 10 月 |
| 指向核心素养的课程统整框架：I AM BEST 课程的学科之维 | | | |
| | 978 - 7 - 5760 - 1679 - 6 | 48.00 | 2021 年 11 月 |